台灣八○

跨領域靈光出現的時代

1980s

THE DAWN OF A
TRANSDISCIPLINARY
TAIWAN

王俊傑 黃建宏 主編

目　錄

部 長
序

李永得

　　文化部自2017年推動前瞻基礎建設計畫「重建台灣藝術史」，鼓勵並支持大專院校、學術研究團體及組織、公私立博物館等單位，發展台灣藝術史的研究與展演計畫。其中包含「研究推廣」與「發展協作」兩類。一方面，透過研究、收集、修復、出版、辦理公眾項目及加值應用活動，培養研究人才並推行多元藝術觀點的詮釋與推廣；另一方面，鼓勵機構、社群之間的協作，以及成立台灣藝術史研究的相關組織，使重建台灣藝術史成為結合政府與民間的共同長期目標。台灣特殊的歷史因素，使得台灣人對自己土地上的藝術家、作品及發展的了解十分片段且有限，期盼藉由藝術史料的蒐羅、典藏、修復，甚至對藝術事件的重新理解，補上台灣史的一塊重要拼圖，以厚植台灣的文化力。

　　「台灣八〇：跨領域靈光出現的時代」研究計畫為「重建台灣藝術史」支持的兩年計畫，不僅整合起各創作領域，亦關注「藝術與大眾文化」、「藝術與政治脈絡」的連動關係，以跨領域視角，重新審視由外交困境、經濟奇蹟及黨外運動開啟的八〇年代，並藉由各領域藝術家的書寫、創作與行動，擴展對解嚴前後社會氛圍的理解。此計畫在文化部與諸多機構的協作下，除了使許多被忽略的事件與觀點得見，也提供獨特的視角，使台灣藝術的發展及傳承持續發生。

華麗的反叛
台灣八〇年代的迴光

詹宏志

　　那曾經是我用力生活的年代，那曾經是我困惑掙扎的年代，那也曾經是我奮發爭鬥的年代，如今它不但成為遠去的昔日，也成為新一代觀察者、理論家研究與議論的歷史材料與社會現象。我，和其他人一樣，我們曾經是如火如荼的當下，如今是一種近乎謠言與傳說的過去……

　　1980年到1989年（也許不是所有的研究題目都用了這麼平整方便的斷代），恰是我仍然青春的24歲到33歲，也許那是我活動力最大的時期，現在回想起來（我並不常有機會回頭瞻望），那也可能是我人生變化跨度最大的時刻，場景從台北到紐約再回到台北（還不包括許多工作中我必須造訪的國家與城市），工作場域則橫跨了報紙、唱片、電視、出版、到電影，這可能還不包括許多我偶然參與的跨領域合作或說不出分類的各種企劃工作。

　　但這些發生在我個人身上的事，如今我仔細摩挲，就慢慢意會這其實是發生在台灣全島的事，或者說，這是發生在我這一整

個世代的事。我的父執輩，雖然他們也經歷了另外一種劇烈的地殼變動（譬如我的父親的生命史從日治變成民國，而我的岳母的生命史則從江南變成了海島），但我們經歷的世界變動在本質上是很不相同的。我會說，他們痛苦撞見的是國族遷變與統治更迭，我的世代所遇到的卻是民主體制的拉踞鬥爭、以及資本主義下的工業生產與消費社會的全面接管。

　　如果用一個大遠景的視角來看（且不管在其中微小個體的感受），八〇年代，我的世代的台灣，無疑上演了一場華麗壯觀的盛大反叛。反叛行動和反叛群體發生在每一個領域，政治、社會、經濟各方面都是（雖然經濟活動的反叛比較幽微，但我也願意試著指認出來），而文化藝術創作的各個領域也幾乎都或快或慢地爆發了某種斷裂意圖的反叛。

　　這些反叛者究竟反叛了或者對抗了什麼？還有，他們又用了什麼工具或武器來反叛？

　　反叛的意義，在行動上是與它所對照事物的對抗或遠離。在我的看法，覺得我的世代最大的對抗在於戒嚴時期所帶來的禁錮與封閉。在政治與民權領域，這些對抗是直面交鋒的，但在文化領域，這些對抗其實是針對那些白色恐怖以來無所不在的窒息氛圍，你不喜歡行政體系管制你的題材、你的表現手法，更不喜歡飽受控制的生產機制和行銷管道，這些統統是某種形式的思想審查和資源剝奪。所以，我的世代的反叛者，不一定自覺得地，他們想要繞過禁區，避開控制，尋找未曾被定義的無人地帶，這些個別或集體行動，今天看起來，無一不是創意與創舉；又因為出路在無人地帶，每個行動找到的路徑各自不同，意外地也完成了多元的喧囂與憤怒。

　　經濟活動的力量也助長了這些尋找出路的奮鬥，七〇年代台灣社會累積的第一桶金造就第一個世代的消費大眾，就像今天我們從群眾募資裡學到的一樣，文化藝術創作者第一次有機會直接訴求他們的消費者，而不必屈從於分配一切社會資源的黨國體制。

　　也許我的理論能力與學術裝備不足以讓我細說其間的關聯與意義，但做為一個經歷並目睹整個八〇年代台灣文化變局的參與者與觀看者，今天面對這部以八〇年代思潮與創作為研究對象的專輯，不能不有一種迴光返照的激越心情……

台灣八〇・
自我啟蒙技術
跨領域靈光出現的時代

王俊傑、黃建宏

　　八〇年代是台灣現代發展中的特殊時刻，是特別衝突、活潑而多樣的時期，現當代藝術、小劇場、新電影、當代思潮、流行音樂與民主社會等等，無論是狂飆、躍進、轉型、提升或是尖端，它們共同以「動態」標誌出所謂的「黃金年代」。但我們該如何來認識並理解對於台灣如此重要而意義特殊的一段時期與當時的社會現象？藝術文化又如何在眾多人們的支持與投入下，以何種方式回應當時的處境？這些問題幾乎都還未累積足夠的假設和研究，因此也萌生出這個研究的原初構想。理解台灣現當代的藝術發展脈絡，對於分析、詮釋與建構文化生產機制和台灣認識論的特質與型態，以及提供為後續台灣特色美學（Aisthesis）的建立、文化對話場域的開展，都具有非常根本且迫切的重要性。長期以來，我們運用廣義西方、狹義歐美共構的藝術史與藝術評論來檢視台灣現當代藝術發展時，往往獲致的並非相對客觀的研究，而

是重複著一種單向的比較和對話，也因為個別研究參照對象的分歧與片段化，加上翻譯語言的不精準或詮釋版本差異，而讓對話與討論難以聚焦。

事實上，如何就台灣在多重且延續的殖性支配與跨文化的特有經驗材料、書寫資料與文件進行整理、描繪、分析與提問，一直都是台灣現當代藝術研究中相對匱乏的部分，也因此我們的研究找到了需要聚焦的方向。在殖民時期，文化與技術在地域上形成的「差異」，逐漸因為不斷混雜而形成時間向度的差異，這種時間差異在台灣歷史發展上不斷圍繞在「延遲的現代性」與「另類現代性」間的爭論，既可以被視為台灣藝術史必要面對的「殖性」面向，也就是跨文化與政治化的「知識域」（épistémè）和「歷史性」，更是在美學探究上迫切需要釐清的感性特質及歷史樣貌。從口述、書寫、收集、演繹到建檔，這層層疊疊的過程都多加覆蓋一層所謂的「雙重偶連性」（double contingency），意即自我與他者交互依存纏繞的狀態，也因此更為確切的經驗資料，是穿透「殖性」以形成檔案的基礎。

檔案如何趨近「時代」？

基於台灣整體複雜歷史情境，對於「檔案」建構及描述的客觀性，常呈現選擇及扭曲的意識型態爭辯。話語權力的爭奪亦將檔案淪為單向思考的片面詮釋，檔案熱潮最終只存在於櫃架上塵封的檔案夾。上述正是殖性「雙重偶連性」下的檔案宿命，並連帶地成為台灣記憶長久以來的宿命。檔案，不僅僅是還原歷史的證物，亦帶領我們追索更宏觀的時代樣貌，透過比對與多向交叉提問，解構被意識型態化的分類邏輯，在層層疊疊的資料海中，摸索出其關聯性。歷史中的每一個思想、事件或行動，都帶出其時代性的技術操作隱喻，而交織其間的想像空隙與氛圍，便是我們欲探尋的時代性知識論體系。

時代，就是這樣一種充滿質地與表現性的歷史時間樣貌，同時也是一種時間生態，因為它是由各種異質性的生命與行動痕跡、乃至於事件影響和景觀改變所構成。時代本身就是一種超越光速的有機產物，它讓如此複雜繁多的時間歷程能夠被語言、文字、影像、聲音、甚至空間和行動予以穿透，所以時代也就是讓

展覽策劃　王俊傑
行政執行　孫天珍
平面設計　台灣製造場

時間變得可感、可知、可述、可演的方法集結，而「時代的呈現」本身就是一種方法論的生成。那麼時代在它過往無數的「當時」裡，究竟和這未來的超光速可述性之間又有何關係呢？每一個以及許許多多的「當時」，都像是時間地表上一只只特殊的指紋，雖然相對於綿延的時間來說都是一些片段，但這些「片段」會呼應著其他片段，編織或共振出既觸及過去也蘊含未來的「時間」。台灣檔案，自身就是關係性的，唯有在關係的行動與實踐中，不同的受殖身體之間與記憶之間，才能夠激盪出更大的意志，令殖性關係發生質變。由此，這項研究的第一步就是從理解許許多多的「當時」開始，並聚焦在跨文化語境下的台灣特質來推進觀察與研究的記錄和寫作。

訊息如何成就「關係性民主」？

「時代」本身就是生態的，它涵括了許多異質且多重的組成，因而必然是「跨域」的，八〇年代作為跨域時代，意味的就是這個時期步向解嚴的民主化並非真正民主體制的成形，而是社會與文化層面在快速交流與連結中所生成的「關係性民主」，意即在關係的實踐與創造中，經驗和趨向「民主」狀態，或說尋找民主的樣貌。然而，九〇年代後至今，現代化的「專業」大旗所帶動的「原子化」認知，即使進入所謂的後現代主義階段，仍讓大多研究聚焦在特定領域，並持續侷限在各種領域的界定工作上，陷入難以呼應社會變化與回應現實問題的困境。

台灣八〇年代作為一個時代的特殊性，除了先前許多以政治民主化和市場活絡兩個方向為主軸所產出的各種分析與詮釋研究外，基於這段承繼七〇年代的主體性危機、開啟九〇年代初大鳴大放的時間，八〇年代充分體現台灣在現代性歷程中擾動各領域交流、廣納異質性因素、技術轉型等等的本體狀態，所以這項研究透過流通的訊息，更集中在對於生態式跨域狀態的追索與描繪，並期許在閉門論壇、專訪與田調分析上，更了解到人流、訊息流與資本流匯聚或交叉的狀況，領會到人（個體）與其關係社群的能動性就是這個時代的「動能」與「特徵」。從許多當時參與者的見證和回想，八〇年代初，確實因為政治鬆綁與經濟快速成

長的現實改變，而鼓舞著大家求新求變的激情，這股在戒嚴下壓抑許久的激情，也非常快速的在自由化壓力與正義訴求下得到環境的回應，藝文圈交流頻繁、知識資訊爆炸、政治訴求多元、媒體的自覺與各種市民運動遍地開花，這也成為許多人試圖回溯討論的八〇年代，甚至大多覺得這樣的特殊時空已經不再可能。

　　人與人之間的機動串連、試驗新做法的衝動、社會與政治議題的發聲、流行文化的快速成長，讓視覺藝術無論在體制內或體制外都對於嘗試不同事物躍躍欲試，並開啟探索作品空間和場域的外延與質性、新媒材的語言特性、直至身體行為對於社會公共空間的試探。八〇年代的台灣小劇場運動與實驗劇場在引進美國的劇場身體訓練方法，並以在地得以實踐的方式進行，大量開發並建構日常身體與身體方法之間的連結，可以說是六、七〇年代小說中描述和積累的現實經驗，以及八〇年代躁動的壓抑身體，透過身體訓練的方式獲得再現與抒發的具體形式。而台灣電影於七〇年代末在票房上已經不敵香港商業電影的攻勢，中央電影公司在此狀態下必須因應黨國面對自由化要求的挑戰，也因為電視資源轉向新的媒體需求，讓潛在的新銳電影導演有了嘗試的機會，同時間承繼過去文學領域積累的成果，以及八〇年代紀實攝影的影像，讓電影導演對影像有了新的判斷方向（寫實）、對演員有了新的理解（小劇場演員與素人），電影，遂成為當時文化人與知識份子的重要交流憑藉；此外，隨著媒體的多樣化以及家用錄影機的普遍化，再加上國外影視資源大量從各種管道進入（特別是電視、影展與盜版錄影帶），影像實驗成了很多學生與年輕人交流想法與創作的憑藉，也因此「金穗獎」成了當時非常重要的發表平台。上述觀察到的現象或事件，更多顯現出商業文化在中產階級形成過程中對於訊息的生產、再製和交流扮演著非常重要的角色，而這些也都是關係性民主在消費社會成熟之際的展現和變異。

跨域靈光的所在：
從實驗、鄉土到主體性

　　1981年初，詹志宏發表〈兩種文學心靈——評兩篇聯合報小說得獎作品〉引述「邊疆文學」一詞，再度挑起七〇年代末鄉土文學論戰未完的戰火，更進一步掀起對台灣文學本位的爭論——

以陳映真為首的「第三世界論」與葉石濤代表的「台灣本土論」。《中國時報》副刊與《聯合報》副刊從七〇年代即隨著嬰兒潮成長出的新一代社會中堅,開始成為匯聚海外先進思想與新銳作家的場域;1985年陳映真創刊《人間》雜誌,稍後1986年金恆煒亦創刊《當代》雜誌,思潮、翻譯與出版大力推動了知識與論述的生產,各種學科的嚴肅論述也形成當時許多人對於討論各種議題的共通語言。我們可以說文學、劇場和電影成為八〇年代知識份子、藝文人士高密度高強度交流的共通平台,因為有這些平台的存在,讓人們有更高跨域交流與合作的機率,而這些平台式領域分別在台灣七〇與九〇年代又有其特殊歷程,主要是片段接收國外訊息後佐以想像進行實驗以獲得經驗,同時又在理解國外脈絡時發現重返自身文化的急迫性,或說理解到了解自身發展脈絡的重要性,「鄉土」成為一種指涉自身存在所在的「處所」(chora),卻在「雙重偶連性」自身出現差異,而在七〇年代末出現「鄉土論戰」,當八〇年代展開追尋個體的歷程後,在九〇年代初匯聚出台灣主體性的課題,進而引發現代性的論戰。

如此,在我們著手這項研究前,就可以在基礎調查中發見「實驗」、「鄉土」和「主體性」都分別呈現為面對國際性殖性支配,所驅動的「跨域」運動。換言之,「跨域」在台灣或許不只是特定時代的課題,而是聯繫台灣自身本質的特性。也因此台灣的跨域是由人與連結的能動性發動的。當我們對時代或現有機制、體制、價值提出質疑的同時,什麼樣的問題是無法在自身領域被處理的?尋找答案或破口的路徑時常要從現有領域框架的外部著手。這樣的路徑,必需積極與如劇場、電影、文學、建築、藝術等不同領域的人交會、互動,進而連結彼此來踏出,其過程帶有強烈隨性的遊戲實驗精神。繞道於僵化的體制框架,與外部串連的行動方法看似隨機,卻極具批判性與積極性,反映了對自身領域的框架或內部機制有所不滿或無法以現有感知所處理的問題,並從而逐漸發展、集結不同領域的夥伴,建立在框架之外、具共同價值與態度的跨領域社群集結。這樣的社群或許鬆散且無組織性,確仍可以一種共同抵抗的姿態動員與合作,來對環境與機制回應、互動,並在與社群內部互動的過程中,創發出各種抵抗模式與行動。八〇年代,是凝聚出跨域的「靈光」或說觸及台灣「核心意義」的時刻。

文化造型：自我啟蒙的實踐

　　八〇年代的台灣文化藝術領域尚未出現「跨領域」這樣的說法，但整個時代與醞釀的前期思想，無論是文化躍進、串連或論戰，都具體表現了知識份子的理想、激進與純粹，在台灣近代文化史上乃絕無僅有。1976年王淳義於《雄獅美術》發表〈談文化造型工作〉一文，質疑台灣長久以來全盤接受西方藝術教育與審美觀點，完全忽略了創建屬於民族性的新生文化，並鼓吹藝術家應以「文化造型家」自居，化被動為主動，汲取傳統與在地文化的再認識與理解，擾動歷史並轉化未來文化形式的積極性自我主體追求。這些反省引發了巨大迴響，蔣勳在《仙人掌雜誌》撰文將文化造型工作更提升為「文化造型運動」，將藝術工作者對社會的關心視為具體的改變，亦破除了狹隘的美術範疇定義。1978年3月起，蔣勳擔任《雄獅美術》革新號總編輯，高舉「文藝的、民族的、現實的」具體思維，擴大雜誌的內容，涵蓋攝影、戲劇、舞蹈、建築、音樂、文學等不同文藝方向，將原先期刊架構由「美術的」成為「文化的」，宣告「……應當走到大街上去，只有那裡有文藝的活路。」這些都是開創性跨領域及思索主體身分的先聲。

　　台灣的「前衛」或「前衛性」不是以單一時間軸線為方向、與過往進行斷裂的「揚棄」。不同領域、背景聚集在一起，混雜在地與外部的知識和訊息，共同創發出跨域的事件、活動、展覽……等以突破現有價值邊界，在往往非善意或不明的環境裡完成一次次保存自身的「前衛性」。也因此，從中發展出新的路徑與價值實踐，勢必衝擊現有價值體系，難以被收納、歸類，讓其坐立難安甚至無法容忍，冒犯而具侵略性的回應自身領域中難以被解答的問題、理解的價值。叛逆的實驗冒險精神，製造出矛盾的顛覆性。跨域的行動方法在此有了觸發「前衛」的可能性，這裡的「前衛」更是種在相互跨域交流的行動過程中所激發的顛覆性實驗精神。所以，「前衛」必定是保持起步動身的初始狀態，永遠是進行中的，帶著戲劇性的挑戰姿態，前瞻性的朝向未來。如果說「跨域」是面對傳統，對既定模式運作的邊界的突破與逃離，那跨域所觸發的「前衛」便是訴諸當下的驗證實踐，挑釁地打開未來的諸多可能性。

1983年臺北市立美術館開館，標誌了台灣「美術館時代」的來臨，其標榜的「現當代」定位雖寬泛，但無可諱言，對於當時仍保守的台灣美術環境來說，無疑注入視覺藝術觀念多元化的新可能，當代藝術觀念大量進入台灣官方機構，在體制內產生了刺激性的本質變化，同時對應的是躁動雲湧的民間體制外前衛發展，各種尋求對抗或突破的「出口」，成為連結當時整體文化環境的前進動力。無論是對進步知識的渴望，抑或是劃開僵化保守思維，從實驗劇場、身體行為、新電影浪潮到反學院的美術畫會成立⋯⋯，大跨度的連結成「面」的進擊，粗糙的技術或美學正是激撞前衛性歷史斷面的再次探求。1986年發生於台北東區空公寓的「息壤」聯展，代表了某個歷史回應的斷點，在解除戒嚴前混沌環境之下，其強烈反叛的政治性意涵，以及參與者的多元領域身分，一方面不同於之前的藝術生產樣貌，更帶出逆流解放的實踐企圖，加深了時代中前衛精神的純粹性。

　　「前衛」本身即具有進化的功能，而在此種為追求更自主、自由的實驗性過程中，與過往決裂，朝向的是尚未被定義的目標，然而相較於這種對未來的期待或成就一種運動，「前衛」作為一種積極向上的精神，在反體制、反傳統、反主流、反權威、反商業等等的批判性之下，不僅僅只是挑釁，更深層的內在欲望實是召喚「自我啟蒙」，從開始質疑到衝撞，不斷地積極實踐，主動性地去開發知識、創造價值。「自我啟蒙」必須是實驗性的，敢於逾越、敢於求知，而非仰賴與相信權威及僵化的環境體制，以此取徑達到自我啟蒙，再而建立新的觀點與關係。當台灣置身更為複雜的多重「雙重偶連性」的歷史束縛中，我們的「啟蒙」不會在靈魂的洞穴裡或是大腦的松果體裡，而會在「文化」生成中進行，「社會場景」便是我們自我啟蒙的戰場。因此，我們會說台灣以跨域進行的前衛性發生，一直在倫理與政治層面上操作反身性的「自我啟蒙」技術。

台灣

80

關鍵詞

1　1949年5月19日，時任中華民國臺灣省政府主席兼臺灣警備總司令陳誠頒布《臺灣省政府、臺灣省警備總司令部布告戒字第一號》，宣告了為期共持續38年56天的戒嚴時代來臨。直到1987年，由時任中華民國總統兼中國國民黨主席蔣經國宣布7月15日解嚴之後，透過黨禁、報禁、海禁等被限制的集會、結社、言論、出版、旅遊等權利才得到鬆綁。解嚴全面性影響台灣從政治、經濟到文化的各個面向，也影響八〇年代的時代性格。

2　1986年創刊的《當代》是八〇、九〇年代重要的文化刊物，內容包含翻譯西方思想理論、文化時事報導、學術隨筆、近代歷史評述，打破學院內外的藩籬。雜誌特色為每期皆有不同專輯，如首期即為「傅柯專輯」，另有世紀末、台灣史、海德格、二二八事件等以特定時間、事件、人物為主題的專輯。相較於同時期的《南方》或稍晚的《島嶼邊緣》，《當代》是少數穩定發刊且具備高品質知識密度的雜誌，為八〇年代提供眾聲喧嘩的公共平台。

3　創刊於1957年，提倡西化和自由主義思想，曾引發中西文化論戰，並因挑戰黨國體制而於1965年被迫停刊。1986年，《文星》復刊，內容廣納時事、文化、文學、電影和藝術評論。1987年，《文星》刊載「臺灣電影宣言」，並推出「電影宣言的迴響」專題和座談會，直陳新電影的發展困境，並檢討該時平庸保守的電影評選機制，以及訴求電影文化政策的改變。復刊後的《文星》可說是八〇年代探討新電影和包含紀錄片、實驗電影在內的「另一種電影」發展的重要場域。

4　創刊於1982年，是台灣第一家為爭取女性權益、推動女性平權的雜誌社。繼呂秀蓮推動「新女性主義」後，該雜誌社持續致力於女性運動，並於1987年解嚴後改組為「財團法人婦女新知基金會」。伴隨八〇年代台灣婦運快速發展，更以影展、活動、街頭運動等多元形式發聲，如1984年「8338婦女週」曾邀請韓良露講評國外女性電影、1985年推動「家庭主婦年」婦女節活動，間接促成1987年徐慎恕創立「主婦聯盟」；1986年譯介、出版《拒絕做第二性的女人：西蒙波娃訪問錄》，引入西方女性主義思潮；1987年發動華西街雛妓救援大遊行等。

5　七〇年代末，因為美麗島事件、鄉土文學論戰、外交困境等政經局勢，以及媒體技術的轉變，有一路的攝影與文學被賦予了反映現實的期待，高信疆擔任主編時期的《中國時報》「人間副刊」提倡的紀實攝影、報導文學，成為七〇和八〇年代重要的「紀實」倡議者，見諸於「人間攝影展」(1977.5) 或「人間副刊生活攝影展」(1978.10) 等專欄。如張照堂、阮義忠、關曉榮等人都曾發表於副刊，使紀實攝影的重要性被彰顯，並經常與報導文學同時出現。1985年由陳映真創刊的《人間》雜誌，則進一步將紀實攝影及報導文學推向高峰，並與許多當時社會運動事件匯流，在版面編排上，使攝影不是處於配

圖的位置，而是佔據大幅版面。如蔡明德、林柏樑、李文吉都曾擔任攝影記者。

6 由陳映真創刊於1985年的報導文學雜誌。該雜誌以攝影和文字報導記錄有關勞工、弱勢族群、環保運動、農村、歷史、民俗等議題，對於台灣的報導文學與報導攝影發展具有前沿意義。該刊物以左翼和基層視角對於邊緣族群和社會事件進行記錄和追蹤，為經濟快速發展的台灣八〇年代社會注入一股批判力量。《人間》具代表性的專題報導，與原住民議題相關的如八尺門的阿美族部落、湯英伸事件、煤山礦災的原住民礦工；與環保運動相關的如反杜邦運動、蘭嶼反核廢運動。

7 1979年6月，《美麗島》雜誌社成立，成員包括許信良、黃天福、張俊宏、施明德、呂秀蓮、楊青矗、陳菊等人，《美麗島》雜誌於8月創刊，為重要的黨外雜誌。該年12月，《美麗島》雜誌在高雄市舉辦紀念世界人權日的群眾大會，屢受到官方阻擋及攻擊，9日先是發生鼓山事件，10日發生大規模民眾與憲警的暴力衝突，引發美麗島事件，13日軍警及情治人員展開全島黨外人士大逮補。1980年2月20日警總軍法處以叛亂罪起訴黃信介等8人，其他人則送刑事法庭，28日發生林宅血案，3月18日起連續9天軍事法庭開始審訊，在以美國為首的國際壓力下，不僅國外媒體大幅報導，國內報紙也刊載審訊過程及被告陳辭。美麗島事件及美麗島大審後，1981年，黨外人士紛紛在中央民意代表選戰中獲選，反對運動進入了新

的階段，美麗島事件成為影響台灣政治、文化等多面向的重大事件。

8 創刊於1984年，以「爭取百分之百言論自由」為宗旨，因應警備總部、新聞局的查禁停照，鄭南榕登記大量營運執照以躲避追緝，創下停刊十九次、查禁比例超越三分之二及更換過二十二個刊物名稱的紀錄。雜誌方向為批判黨國時政，報導彼時主流媒體畏於觸碰的敏感議題。此外，雜誌社有「自由時代系列叢書」、「台灣文史叢刊」兩個系列出版台灣近代史、黨外政治評論書籍。1989年4月7日，鄭南榕因拒絕受捕選擇自焚；同年11月，因財務虧損宣布停刊。雜誌社現址為鄭南榕紀念館。行政院並於2016年核定4月7日為言論自由日。

9 1967年，張清吉創立志文出版社，其前身為提供租書、舊書交易及獨立出版的長榮書店，李敖、秦賢次、林衡哲等人都是常客。在林衡哲的勸說及收到他自行翻譯的《羅素回憶集》和《羅素傳》後，張清吉決定轉型為出版社。上述兩本書也開啟「新潮文庫」書系，並得到殷海光、陳鼓應、曹永洋等人的支持，進而引介更多譯者加入譯書的行列。接續的「新潮大學叢書」更成為大學生和研究生的教材。除了國外翻譯書，由楊牧編選的「新潮叢書」則為志文出版社開闢華語寫作的平台，作家包括：施淑青、王文興、鄭愁予、顏元叔等人，其中，劉大任的《紅土印象》因作者在美參與保釣運動曾遭查禁。

10 1974年，賴阿勝成立桂冠圖書公司，為台灣重要的學術書籍出版社，以「知識的燈塔，文化的桂冠」為口號，大量譯介西方文史哲、當代思潮、心理、藝術等叢書，如：1985年起由丁庭宇擔任主編的「桂冠社會學叢書」、1989年由楊國樞擔任總召集人的「當代思潮系列叢書」等，陸續將胡賽爾、海德格、羅蘭巴特、傅柯、葛蘭西的作品引入台灣；也從1977年開始引入發行古龍《楚留香傳奇》。此外，「桂冠」對本土的關注也不遺餘力，例如曾於1978年總經銷林正杰、張富忠《選舉萬歲》遭查禁，1990年《雷震全集》等。2022年，桂冠圖書經股東會決議解散。

11 1982年，陳隆昊創辦唐山出版社，以發行左派、非主流、為弱勢發聲維權的書刊為宗旨，並在1984年開設門市。在戒嚴時期的台灣，成為許多人學術養分的來源。在1994年六一二大限到來之前，台灣並沒有對於「盜版」的規範，「唐山」起初也是以盜印人文學科的書起家，大量引入批判性書籍與西方思潮，如《西潮文庫》，一些大學教授也會因為課堂需要原文書作為教科書，向「唐山」購買翻印書。後來轉向將中國譯者的書籍轉為繁體字販售，但在兩岸逐漸開放之後，顧慮版權爭議，開始自行翻譯、出版，如《唐山論叢》、《戰爭機器叢刊》、《當代經典劇作譯叢》等。

結構群出版社由廖秀惠夫婦成立於1983年，一開始是由新生南路上的禁書攤起家，後因書籍集散地轉移至台大商圈，於是在此

12 開店落腳。「結構群」原先販售的主要是社會科學翻譯書籍及學術用書，在政治開放、兩岸互動增加之後，逐漸轉變為以翻印中國社科翻譯書籍為主，並在版權法規確立之後，演變為今日簡體字學術書籍專賣店，除了自行進書之外，也代為訂購。

13 「唱自己的歌」為七〇年代開始的風潮，影響了八〇年代台灣的音樂面貌甚鉅。儘管六〇年代有以許常惠及史惟亮共同倡導的「民歌採集運動」，發掘了陳達等人；學校社團及救國團營隊也開始有自創曲的風潮，但「唱自己的歌」的更多討論，一般咸認為由1976年的「淡江事件」開啟，李雙澤以「請問中國的現代民歌在什麼地方？」引起了騷動。隨後李雙澤改寫陳秀喜詩作創作〈美麗島〉、改寫蔣勳詩作創作〈少年中國〉等歌曲，儘管李雙澤在1977年意外身亡，楊祖珺、胡德夫等人繼續推廣他的創作。陶曉清因為在1977年邀請八位民歌手灌錄《我們的歌》，被視為民歌的重要推手。「唱自己的歌」因為意識型態與是否走商業化路線，產生了不同的派別，如「中國現代民歌」（楊弦、余光中等）與「淡江、《夏潮》路線」（王津平、蔣勳等），後者不認同校園民歌商業化，而商業化校園民歌前期的代表作品是〈龍的傳人〉。在商業化的校園民歌中，又分「新格派」與「海山派」，基於唱片公司比賽、專輯出品而有了風格上的分野。

1982年，羅大佑發行首張專輯《之乎者也》。羅大佑在正式發行、尚就讀中國醫藥學院之前，已發表《戀曲1980》、《童年》、

《光陰的故事》、《鹿港小鎮》等歌曲。當時許多歌曲反應當下台灣的社會問題。〈之乎者也〉曾經遭到新聞局審查，而將原先歌詞中的「歌曲審查之，通不通過乎，歌曲通過者，翻版盜印也」改為「眼睛睜一隻，嘴巴呼一呼，耳朵遮一遮，皆大歡喜也」。1983年，羅大佑在中華體育館舉辦跨年歲末演唱會，成為台灣第一位辦搖滾演唱會的歌手，當年出的第二張專輯《未來的主人翁》，批判力道更猛烈，也招來更多官方關切，1984年發行《家》之後，於年終演唱會後赴美，暫別台灣流行歌壇。

視覺藝術

創刊於1971年的美術月刊。1976年，《雄獅美術》在奚淞擔任主編時期，大幅度改版，並提出改版宣言。改版後的《雄獅》一方面引介最新的西方美術，另一方面則重新正視自身的美學傳統。此外，題材始不受限於美術範疇，更包含不同的藝文領域。在蔣勳擔任主編期間，更廣納美術、攝影、建築、影劇、舞蹈、音樂、文學領域，全面發展為具跨領域特質，啟蒙該時期藝文創作者的指標性文化刊物。此外，七〇年代中期至末期的《雄獅美術》、春之藝廊、《仙人掌》雜誌和《夏潮》雜誌，可共同視為藝文界發展鄉土議題和現實主義的重要推手。

1976年，王淳義於《雄獅美術》發表〈談文化造型工作〉一文，呼籲美術創作者反省以西方為導引的藝術文化教育，轉為以在地社會情境、自身民族文化的觀點，重塑自我的「文化造型」體系，並提出以

「文化造型家」取代「藝術家」的名稱。蔣勳接續此「文化造型」概念，陸續在《雄獅美術》製作相關專輯，並在《仙人掌》雜誌上發表專文，將之擴展為跨越不同領域、更為全面的「文化造型運動」，並強調其現實主義面向。

1976年，《雄獅美術》創辦首屆「青年繪畫比賽」，第三屆改名為「雄獅美術新人獎」，共舉辦十五屆。對突破官方美展僵化的評審制度、開創新形式美術競賽，深具意義。評委遴選也涵蓋老、中、青跨世代的藝術家，同時納入藝評家，藉以平衡多元美學觀點。從鄉土題材的寫實風格，到對於多元媒材創作的肯定，反映當時美學觀點的變化。除以提攜青年創作新秀為目的，也提供得獎作品於耕莘文教院、省立博物館、春之藝廊等空間展出之機會。「新人獎」不啻為當時青年藝術家投身藝壇的敲門磚。

1978年成立。成立之初，春之藝廊創辦人之一陳逢椿聘請吳耀忠擔任經理。吳耀忠師承李梅樹，擅長寫實主義繪畫，並曾因「民主台灣聯盟」案入獄。陳逢椿也因此冒著被情治單位調查的風險。吳耀忠於擔任經理期間（1978-1981），透過藝廊實踐其對於現實的關注，規劃藝文系列講座，並與《雄獅美術》合辦「雄獅美術新人獎」第四、第五屆，也推出長年受藝壇忽略，如陳澄波、洪瑞麟等前輩藝術家的畫展，奠定了強調藝術教育、鼓勵創作的營運方針。至1987年歇業前，則由具歷史系背景的李錦季擔任經理，在此期間曾推出傳統與前衛兩種類型迥

異的展覽，包含裝置、表演、錄像等台灣當時仍罕見的創作形式，如1984年的「異度空間」，提出新的觀展思維。

---

19 美國文化中心

美國文化中心現址為「二二八國家紀念館」，其前身包含：1931年成立的「台灣教育會館」；1946年由「台灣省參議會」使用；1958年台北美國新聞處入駐，此地扮演了冷戰之下文化宣傳的重地，裡面設有林肯中心及圖書館，不僅成為台灣人接觸國外事務的窗口，也是許多展覽發生之處。1979年台美斷交之後，易名為非官方性質的美國在台協會文化中心，包括李銘盛、高重黎、盧明德等人都曾在此展出，陳界仁也曾於此發生「告白二十五」個展遭封殺一事。

---

20 101現代藝術群

「101現代藝術群」由先後自文化大學美術系畢業的盧怡仲（盧天炎）、吳天章、楊茂林、葉子奇四人於1982年組成，以群體戰的模式於美國文化中心、南畫廊等空間舉辦聯展。成員在八〇年代先提出以中國圖像為創作源頭的《新圖示宣言》（1984），而後創作則轉向回歸臺灣社會現況與反思本土文化。以文化大學美術系歷屆畢業生為主所成立的藝術團體，如「101現代藝術群」、「笨鳥藝術群」等，在1985年整合為「台北畫派」，由楊茂林擔任首屆會長。

---

21 《機能喪失第三號》

《機能喪失第三號》是1983年10月21日，藝術家陳界仁與自己的弟弟和幾位朋友於台北西門町街頭進行的行為藝術。該時仍處禁止集會、遊行的戒嚴時期，街上隨時會有便衣警察穿梭監控，但表演當天正值「增額立法委員補選」的日子，管制較為寬鬆。陳界仁等一行人戴著紅色頭套、雙眼以黑布蒙捆、雙腳纏上紗布，在武昌街上列隊緩步前進，並在行至某定點後，突然仰天吶喊，以戲劇性的姿態做出各種掙扎、痛苦、憤而鎚地等肢體動作，造成現場民眾群聚圍觀。該演出並無任何事前對外宣傳，而是在行為發生當下對於公共空間和監控機制的激烈擾動，整個行為過程也透過八釐米影片記錄保存。

---

22 紅星事件

1985年，李再鈐於北美館展出的紅色雕塑〈低限的無限〉，遭某退伍軍人解讀為共產黨的五角紅星，而以檢舉函向總統府申訴，後經行政程序轉至北美館，使時任代理館長蘇瑞屏不敢忽視。蘇代館長與李再鈐關於現場監工之協議認知不明，而將作品塗改為銀色後，引發李再鈐和美術館之間產生不尊重藝術創作的爭議，備受輿論與議會討論。該作品最後於1986年漆回紅色。

---

23 息壤

「息壤」一詞取自《山海經》，為首次於1986年4月，由陳界仁、高重黎、林鉅、王俊傑等人在台北東區金帝大廈的毛胚空屋所舉行的聯展，被視為「反體制」的開端。從1986年到1999年間，藝術家們以游擊的方式，在閒置公寓、私人工作室等空間舉辦過五次聯展。參與展出的藝術家，突破當時的美術展框架，以「跨領域」、「觀念性」的展演型態，雜揉有繪畫、塗鴉、攝影、雕塑、裝置、行為、錄像等，在當時極具前沿意義。

1988年5月20日，台灣發生大規模農民群眾運動，也是解嚴後首次爆發激烈警民衝

突的社會運動，又稱「520事件」。事件起因為李登輝決定擴大開放美國農產品進口台灣的數量與種類，引起農民恐慌，由林國華、蕭裕珍、詹朝立（即詹澈）率領農民上台北市請願，並同時提出與農民相關的多項改革要求，後來在立法院前爆發衝突，多人受傷、被捕，當局也透過新聞媒體將農運團體抹黑為陰謀暴力團體。其中，綠色小組的《520事件》揭穿謊言，並組成放映隊到農村放映以鼓舞農運士氣，此事件也衍生出藝術行動，如：1989年由「零場121.25實驗劇團」與「環墟劇團」合演的《武·貳·凌》、同年於北投舊火車站展出的「五二〇藝術實踐聯展」。

於1989年5月20日開展的「五二〇藝術實踐聯展」，是受到1988年520農民運動刺激後的成果，於具開放性、草根氣息的廢棄北投火車站展出。籌劃聯展的林濁水意識到國民黨對於台灣本土文化的壓抑，以及反對運動忽略文化抗爭的面向，遂提出「總體戰」的概念並發起此聯展。藝文界自發性響應，包括陳來興以油畫作品參展、吳瑪悧製作空間裝置、劉振祥等人展出一系列攝影作品，另外還有「零場」和「環墟劇場」聯合演出的《武·貳·凌》劇作，於耕莘文教院演出。

1989年，由鄭淑麗與王俊傑共同創作。該作品以三位媒體界人士的採訪為主線，並透過老三台新聞報導和報紙頭條的大量剪接、並置和互文等後設手法，一方面呈現台灣媒體批評中央電視台所播報的1989年天安門事件充滿扭曲，例如說學生是歹徒，或說廣場上無一人死亡。諷刺的是，台灣的三

台新聞對於1988年520農民運動的報導，亦將農民醜化為暴徒。兩地的官方媒體雖然報導不同的社會衝突事件，卻同樣有著國家機器在其背後運作的敘事邏輯。

八〇年代台灣錄像藝術迎來迸發期：其中以盧明德、郭挹芬及洪素珍三人為首，開啟台灣錄像藝術先河。盧明德於東海大學開設複合媒體課程，培養錄像藝術人才，彼時在學的王俊傑、袁廣鳴亦於未受專業訓練下進行創作，其中二人的單頻道錄像也顯現其於錄像藝術與電影之間的幽微關係。八〇年代尚有陳界仁、高重黎、王俊傑的實驗影像不同於主流藝術體制；而「綠色小組」的紀錄影像則以拍攝記錄社會運動，並開辦民間電視台以挑戰主流媒體。

1983年，「臺北市立美術館」正式成立，為台灣首座公立現代美術館。在競賽展類項中，以「中華民國現代繪畫新展望」最具代表性，其積極帶動台灣現代繪畫發展，也間接主導了台灣八〇年代藝術主要流派。在文化建設的脈絡中，北美館可視為繼國立故宮博物院以來，政府機構從尋求中華正統的努力，逐漸轉入現當代思維表現的重要契機。此外，戰後至七〇年代末，社會大眾獲取歐美藝文新知的主要場所為美國新聞處（台美斷交後，改名為美國文化中心），而北美館的成立，部分取代了過往美國文化中心所扮演的角色。位於中山北路的北美館，舊址亦曾為美軍協防台灣司令部（USTDC）總部。這些變遷的過程，使得北美館也背負著冷戰歷史的印記。

29
耕莘文教院創辦於1963年，由幾位來自歐洲和美國，任教於台大和師大的神父組成。於六〇至八〇年代為台北藝文青年獲取西方知識，欣賞電影、表演與音樂之處，也定期舉辦寫作會及電影欣賞會。1966年，《劇場》雜誌於耕莘文教院舉辦「第一次電影發表會」，公開放映莊靈、黃華成、邱剛健拍攝的另類影片。此外，耕莘文教院的李安德神父更協助周渝創辦「耕莘實驗劇團」，為台灣首個小劇場團體。

30
1979年，姚一葦出任「中國話劇欣賞演出委員會」主任委員，與趙琦彬、婁春喜等人，為使新一代創作者能盡情實驗戲劇的創造性，排除商業性觀眾取向的考量，於南海路國立藝術館，推動為期五屆（1980-1984）的「實驗劇展」。不僅帶動看戲風氣，期間更催生出「蘭陵劇坊」、「方圓劇場」、「小塢劇場」、「大觀劇場」、「華岡劇團」、「工作劇團」、「人間世劇團」等劇團，培養相關戲劇界人才，如金士傑、劉靜敏、黃建業、黃承晃、賴聲川、李國修、卓明、蔡明亮、王友輝、陳玲玲等人。

31
1980年，紀寒竹神父於台南市聖心天主堂創辦華燈藝術中心，致力於推廣藝文資訊予社會青年，從國外引進前衛藝文資源，如八釐米、十六釐米影片，成立電影欣賞班，並邀請各界人士演講，如曾邀請陳映真分享報導文學。同時舉辦在地展覽，讓華燈藝術中心成為八〇年代塑造音樂、文學、攝影、電影等養分的絕佳環境。1987年，紀寒竹神父更號召創立「華燈劇團」。

32
1973年，林懷民創立「雲門舞集」，為台灣首個現代舞職業團體，於中山堂首演，引起觀眾迴響。舞作融會京劇身段及葛蘭姆技巧，並嘗試從自身文化文本出發，早年重要作品包含《白蛇傳》（1975）、《薪傳》（1978）、《紅樓夢》（1983）、《我的鄉愁，我的歌》（1986）等。這些作品的舞蹈身體、舞台設計和配樂，均呈現七〇年代鄉土文化的元素。「雲門舞集」曾培育出羅曼菲、林秀偉、吳興國等舞蹈家。1980年，吳靜吉、林克華、詹惠登及林懷民推動成立「雲門實驗劇場」，培育舞台技術人員，提供新生代劇作演出場地及機會。

33
創立於1980年，前身為耕莘實驗劇團與耕莘影劇研究社，最早的成員是為了欣賞電影而聚集。創團團長為金士傑，藝術指導為吳靜吉與李昂，主要成員包括劉靜敏、李國修、李天柱、楊麗音、杜可風、黃承晃、郎祖筠、游安順、趙自強、馬汀尼、王耿瑜、卓明等。吳靜吉更引入紐約「辣媽媽」（La Mama）劇坊的經驗，並發展「集體即興」訓練方法，強調身體的開放性。他於《蘭陵劇坊的初步實驗》（1982）一書中，提出「三種劇藝」、「四個方向」、「五個類別」以統整當時的訓練。代表作《荷珠新配》（1980）於當時廣受觀眾好評，在戲劇學界成為論述小劇場運動起始的關鍵點。當時的團員多為如今劇場、影視圈的活躍人物。

34《包袱》為「蘭陵劇坊」於1979年推出的首部集體創作，於耕莘大禮堂非鏡框式舞台演出。該劇捨棄語言與道具的使用，完全以肢體發揮，展現蘭陵劇坊的身體訓練與表現性。此劇也於第一屆「實驗劇展」(1980)演出，時程早先於《荷珠新配》，演出場地為南海路國立藝術館（現南海劇場）。該劇隱喻著亟欲擺脫包袱的狀態，諸如演員訓練過程的包袱、過去所產生的包袱抑或是未來追求嶄新目標而致的包袱，《包袱》之劇場語言也被後續評論形容為較《荷珠新配》來的更加前衛。

35 1980年7月15日，於南海路國立藝術館的第一屆「實驗劇展」中首演。該劇被視為「蘭陵劇坊」的代表作，劇本則是由金士傑改編自京劇《荷珠配》。《荷珠新配》不僅在劇情上與原著的身分顛倒，它更不同於傳統話劇以語言為主的演出方式，試圖以身體所開發出的肢體語言，展現戲劇的「現代」元素，恰到好處的融合新舊，引起觀眾共鳴。當時，瘂弦主編的《聯合副刊》上，連載三天有關此劇的座談會，並且於首演後三年內接連演出三十三場。

36 1984年，劉靜敏獲選進入波蘭劇場大師葛羅托夫斯基所領導的工作坊受訓，學習「貧窮劇場」的演員訓練方法，重新認知到表演、藝術的本質。返國後，於1988年6月創立「優劇場」，陸續發表《地下室手記浮士德》、《重審魏京生》與「溯計畫」等系列作品。其中，《重審魏京生》於當時因演出內容敏感，遭教育局下達警告，引發劇場界群起抗議。而「溯計畫」的發展，也使「優

劇場」對於自身身體語彙與表演方法的追溯，逐漸轉型成如今的「優人神鼓」。

37 成立於1984年，原名為「洛河話劇團」，由林貴榮與一群美術系在學學生組織而成。受觀念藝術影響，1986年6月，「洛河展意」於台北火車站前地下道演出《交流道》，以手提錄音機播放音樂，搭配怪異、緩慢的表演動作，引起警察以「妨害交通」名義介入演出，展現劇場與生活間密不可分的關係。1986年7月20至8月30日，「洛河展意」陸續於台北各處街頭推出九個演出作品，廣受報紙媒體報導。

38 1985年，李永萍與許乃威以《永生咒》一劇參加台大「花城劇展」，一鳴驚人，遂於1986年正式成立「環墟劇場」，作品包含《永生咒》、《家中無老鼠》、《奔赴落日而顯現狼》、《事件315、608、729》、《吠月之犬》等。在創作上，嘗試挑戰劇場美學的實驗性，打破敘事，注重場面調度的視覺效果，例如於北美館演出之作《流動的圖像構成》(1987)，即完全取消語言結構。另外，「環墟劇場」於八〇年代也高度參與社會政治抗爭，於環保、農運、學運等社會運動現場演出。

39 1985年，由「蘭陵劇坊」成員黃承晃成立，成員包括老嘉華、王耿瑜、陳懷恩、楊麗音等人。「筆記劇場」受到「進念‧二十面體」的榮念曾影響，實驗性強烈，曾於新象小劇場推出《流言》、《舊約》等作品。於《楊美聲報告》(1985)一劇中，全部演員皆以楊美聲自稱，搭配歷年報紙投影，報告自身

成長背景，即興演出，展現獨特劇場語言。而《地震》（1986）一劇中，首度使用裸體演員，引發劇場界討論。

40 成立於1985年，成員多為淡江大學學生，劇團前身為淡江「文社」，是以寫作、現代詩創作為主的藝文社團。由於未受過傳統劇場訓練，做為小劇場運動中後期成立之團隊，其強烈文學性的語言風格，與極為特殊的創作方法，展現對各類權威體系之批判。八〇年代之代表作如《我要吃我的皮鞋》（1985）、《闖入者》（1986）、《兀自照耀著的太陽》（1987）與「迷走地圖」系列（1988-1994）。

河左岸劇團

41 1987年，周逸昌創立「零場121.25實驗劇團」。在此之前，周逸昌於1986年受黃承晃之邀，與黃建業、鍾明德、馬汀尼、張照堂、平珩等人共同成立「當代台北劇場實驗室」，自此深受劇場吸引。「零場」的實踐一方面與社會運動高度結合，於許多抗爭場合上演街頭行動劇，如：「驅逐蘭嶼的惡靈」（1988）、「搶救森林大遊行」（1988）、支援「425環境劇坊」演出《孟母3000》大型傀儡劇（1989）、與環墟劇團合演《武·貳·凌》（1989）、成立「葉菊蘭劇場工作隊」（1989）等；另一方面則向民間小戲學師，在台南縣學習牛犁陣、車鼓陣、跳鼓陣等。1993年成立「江之翠社區實驗劇場」，1995年改為「江之翠實驗劇場」。

零場121.25實驗劇團

1988年8月，詹慧玲、田啟元、林泰助等人成立「時代映畫」劇團，9月發表由田啟元編導的創團作品《毛屍》，並將團名更改

為「臨界點劇象錄劇團」，成員主要來自台師大、中興法商、東吳大學、東南工專、中華工專等校。八〇年代重要劇作包含：《毛屍》（1988）、《夜浪拍岸》（1988）、《亡芭彈予魏京生》（1989）、《割功送德—台灣三百年史》（1989），對黨國、道統等體制提出尖銳批判。

42 臨界點劇象錄

43 《拾月》劇展由王墨林策劃，集結「河左岸」、「環墟」、「筆記」三個劇團所創作的劇作與王俊傑的繪圖裝置，於1987年10月25-26日於三芝海岸邊的廢棄造船廠及飛碟屋演出。演出時間恰好接近國家兩廳院正式開幕期間，相較於兩廳院的空間，《拾月》以開放式的演出場地，去除演員與觀眾隔絕的鏡框舞台，打破過往演戲、觀戲之形式，以省思劇場的其他可能性。演出時恰逢風雨交加的天氣，而各劇團的競相演出，不僅展現八〇年代小劇場的前衛性與實驗性，混雜交織的演出現場，更呈現跨領域的實踐企圖。（參考「在地實驗」https://archive.etat.com/etat-varchive/7293/）

《拾月》

44 1988年，由當時在《人間》雜誌工作的王墨林發起的一齣行動劇。該劇於「二二〇反核廢驅逐蘭嶼惡靈運動」中演出，演出地點於蘭嶼第二十六號地核廢料儲存場前，由達悟族長者、青年十多人以報告劇的形式，將達悟族的惡靈意象和核廢料連接，讓抗議活動與地方知識進行充分結合，以表達反核心聲。這項活動獲得周逸昌、王俊傑、黎煥雄等劇場人士的響應，他們從「行動劇場」的理念出發，希望將劇場與社會結合，擴大小劇場的影響力。這場行動劇為日後社

《驅逐蘭嶼的惡靈》

會運動勃發的台灣街頭行動劇場建立了典範與風潮。

---

46 1989-1993年間，由劉靜敏帶領之「優劇場」為追溯自身文化根源，展開為期五年之「溯計畫」，學習民間傳統技藝如北管、儺戲、氣功與太極等，並將這些元素融入演出。期間，「溯計畫」從中國的身體、台灣的身體過渡至東方的表演美學，實踐身體訓練，催生出《鍾馗之死》(1989)、《七彩溪水落地掃》(1990)、《山月紀》(1992)與《漢・水鏡記》(1992)等作品，表演空間也擴展至野台和山上劇場。

溯 計 畫

---

46 有別於六〇年代的寫實導向，1980年「實驗劇展」開啟八〇年代小劇場運動，促發蘭陵、方圓、華岡、大觀、差事等劇團轉入實驗導向，跳脫傳統風格形式與場地限制，題材取自日常生活及存在主義思潮；八〇年代中後期，伴隨政治經濟的劇烈轉型，開始聚焦於社會議題，如王墨林採用環境劇場、行動劇場等現地展演的方法，並帶入左翼觀點以批判國家體制。經歷形式美學革命及社會關懷介入，打開九〇年代取曝性別、族群、階級問題等眾聲喧嘩的時代。

小 劇 場 運 動

---

47 1978年，許博允與樊曼儂在行政院文化建設委員會成立之前共同創辦「新象」，透過藝術活動的策劃，如1980年舉辦「新象國際藝術節」，為戒嚴時代下的台灣，引進國際藝術交流活動。曾引入的國際展演團隊包含：香港「進念・二十面體劇場」(1982)、馬歇馬叟(1983)、紐約「摸斯・康寧漢舞團」

新 象 藝 術 中 心

(1984)、「白虎社」(1986)、塞內加爾國家舞蹈團(1986)等。1984年許博允創設新象藝術中心，內含小劇場、藝廊、舞蹈教室、視聽圖書館、錄音室、音樂教室等，儘管最終因經濟因素於1988年停業，仍孕育許多重要的藝術家、展演團體與事件，如表演工作坊、環墟劇場、屏風表演班等。

---

48 1984年12月，皇冠藝文中心在平珩的籌措與皇冠文化集團平鑫濤的支持下成立，在後續發展中，共包含皇冠小劇場(1984)、皇冠舞蹈工作室(1984)、舞蹈空間舞團(1989)、皇冠劇廣場劇團(1993)四大主體。皇冠小劇場位於地下室，為台灣首創的黑盒子劇場，觀眾席約一百席，並於1986年開始舉辦「皇冠迷你藝術節」，包含環墟劇場、當代台北劇場實驗室、河左岸劇團、臨界點劇象錄、屏風表演班、優劇場等，都曾在此發表劇作。

皇 冠 小 劇 場

---

49 由榮念曾創立於1982年，為香港著名實驗藝術團體。1982年，「進念・二十面體」受「新象」之邀，來台參與第一屆亞洲戲劇節，演出《龍舞》、《中國旅程之五一香港・台北》，展現如「結構話劇」等嶄新舞台觀念，引發劇場界討論。1984年，受雲門舞集之邀，於台北國立藝術館演出系列代表作《百年之孤寂第二年一往事與流言》，影響許多台灣藝文青年。爾後，數次來台演出與講習，如《拾月／拾日譚》(1988)，持續以其前衛性與實驗性刺激著八〇年代台灣的實驗劇場運動。

進 念・二 十 面 體

---

50 生於1894年，於1926年成立「瑪莎葛蘭姆舞團」，並發展獨有的葛蘭姆技巧（Graham Technique），強調「收與放」的舞蹈技法，被譽為美國現代舞蹈之母。林懷民曾於六〇年代末師事瑪莎·葛蘭姆，受其啟發。1974年，瑪莎·葛蘭姆率其舞團來台，並參訪雲門舞集排練《閒情》（1973）、《風景》、《盲》（1973）等劇，影響台灣現代舞蹈發展。

51 吳靜吉於1968年至1972年間於紐約參加外外百老匯（Off-Off-Broadway）「辣媽媽」（La Mama）劇坊之劇場工作，排演《餛飩湯》（Wonton Soup）等劇。返台後，吳靜吉受金士傑邀請擔任「耕莘實驗劇團」及「蘭陵劇坊」藝術顧問，將「辣媽媽」劇坊工作的經驗應用在劇團長期的訓練過程中，影響台灣劇場發展。

52 1986年，許博允邀請日本舞踏「白虎社」來台演出，其不分男女的全身赤裸並塗白、模仿動物肢體，神情扭曲的在台灣街頭現場爬行演出，展現不同於當時台灣創作者的身體訓練方法，頓時衝擊許多藝文青年。當時，王墨林數次在《雄獅美術》與《人間》雜誌引介舞踏並譯介日本的身體訓練脈絡，對爾後台灣舞蹈界、劇場界「身體性」的爬梳造成不小影響。

葛羅托夫斯基（Jerzy Grotowski）生於1933年，其劇場理論如貧窮劇場（poor theatre）著重演員與觀眾的關係，減弱其他戲劇元素，並追求「本質」之探詢。1984至1986年間，

53 陳偉誠與劉靜敏獲選進入葛羅托夫斯基「客觀戲劇計畫」受訓，學成歸國後，將葛氏訓練方法引進台灣。爾後分為兩條脈絡，陳偉誠加入黃承晃成立之「人子劇團」，劉靜敏創辦「優劇場」，在台灣小劇場中造成葛氏訓練系統的風潮，其系統化且完整的演員訓練體系，填補八〇年代缺乏身體訓練方法的台灣小劇場，凸顯表演者身體的重要性。

動態影像

54 1978年成立至今，全名「中華民國電影事業發展基金會附設電影圖書館」，即今「國家電影及視聽文化中心」。最初由隸屬新聞局的「電影基金會」開辦，1989年更名為「中華民國電影事業發展基金會附設電影資料館」，1991年轉型為「財團法人國家電影資料館」。「電影圖書館」在八〇年代先後由徐立功、井迎瑞擔任館長。開館之初播放歐美藝術電影、獨立製片和經典名片，成為台灣第一間藝術電影放映館。其具備公共性的放映空間，並舉辦金馬獎國際觀摩影展、金穗獎及實驗電影展，另出版《電影欣賞》雙月刊，為當時電影文化推廣工作開立諸多創舉，成為昔日以電影開拓視野的年代，各領域知識份子和文藝愛好者的匯聚交流之所。

55 1983年創刊至今。由「國家電影及視聽文化中心」（原「國家電影資料館」）出版之《電影欣賞》雜誌，是由本土發行、歷時最久之專業電影刊物。八〇年代的《電影欣賞》與《400擊》、《長鏡頭》雜誌，承接六〇年代《劇場》雜誌、七〇年代《影響》，相較約同時期由中影出版的《真善美》雜誌，以更為專

業、學術傾向和具批判性的視野，記錄當代電影及媒體、文化研究相關書寫。當時除了影像工作者、影評人及專業學者，另有如王墨林、賴聲川、韓良露、韓良憶等跨界書寫者於此雜誌發表專文。

---

56 七○、八○年代興盛的試片室，作為大型電影院外的觀影場所，也是戒嚴時期接收文化資訊的另類管道，許多經典、非主流商業、無法公開流通或准映執照過期的作品都會出現於此，在版權法規尚未完備之前遊走於灰色地帶；此外兼有翻譯、上字幕、毛片剪輯的功能。較為人所知的試片室如台映、福相、龍騰，與諸多影視公司及電影院皆位於西門町，成為彼時台灣電影產業的中心。試片室是諸多影像工作者初次的觀影經驗，形成獨特的影迷文化及聚會空間。

---

57 1977年，由當時的「電影基金會」公布設立，隔年開放徵件至今，旨在獎勵國內優良影像創作，涵蓋劇情、紀錄、動畫、實驗片類型。八○年代初期投件作品多為八釐米及十六釐米，至第十二屆(1989)始接受錄影帶類作品。此獎項可提供創作者作為迴避電檢審查、金馬獎單一化標準和以較低成本製作的創作發表平台。當時獲獎者多為日後持續深耕於業界的工作者，如導演王菊金、柯一正、萬仁、曾壯祥、麥大傑和因外國人身分而借名投件的杜可風，後期有蔡明亮、李安等人；電影工作者如井迎瑞、李道明、黃玉珊，和朝不同領域發展的創作者如藝術家高重黎、廣告導演陳宏一，動畫創作者果中孚、石昌杰等。

---

58 「台灣新電影」的興起脈絡普遍認定由中影股份有限公司出品的《光陰的故事》(1982)拉開序幕，至1987年詹宏志、楊德昌等五十位藝文人士連署發表《民國七十六年台灣電影宣言》，宣告新電影的危機並訴求「另一種電影」的發展。八○年代初期，因應國片市場低迷、香港新浪潮衝擊，行政院新聞局著手進行電影改革。當時中央電影公司總經理明驥實驗性地調整製片方向，採用年輕的新進工作者擔任企劃、編劇及導演，自此台灣電影製作開啟了有別於傳統較為封閉的製片廠工作模式，成為電影圈與藝文人士跨領域交流協作的場域，例如滾石唱片的段鍾沂、遠流出版社的詹宏志、演員張艾嘉均參與製作、策劃；「蘭陵劇坊」的金士傑、楊麗音、李國修參與演出，王耿瑜參與場記工作；張照堂、劉振祥、陳懷恩、陳少維擔任攝影或劇照拍攝；詩人鴻鴻參與編劇；藝術家高重黎、姚瑞中的美術設計和客串演出。新電影便成當時不同領域專業人才的薈合。

---

59 1987年1月24日，「民國七十六年台灣電影宣言」由跨足影視、文學、劇場、學術等五十位不同領域的文化界人士共同簽署，由詹宏志起草、發表於《文星》雜誌、《中國時報》「人間副刊」、香港《電影雙週刊》。該宣言亦稱為「另一種電影」宣言，是對於國家文化政策、大眾媒體和評論體系下狹隘的電影創作生態進行總檢討，期許能夠為有創作企圖、藝術傾向和文化自覺的「另一種電影」爭取生存空間，強調應將電影視為文

化活動而非僅是消費性娛樂商品。同年,《人間》、《文星》、《當代》、《聯合文學》四家雜誌社合辦「另一種電影觀摩研討會」,推廣獨立影像製作,是為回應「另一種電影」訴求的一波具體行動。

60 1981年,由張艾嘉、陳君天共同監製的台視單元劇集《十一個女人》,結合資深與新銳電影導演,改編自蕭颯、袁瓊瓊等女性小說家的同名短篇小說合輯,以一篇故事拍攝成一集長片,共計十一篇,呈現八〇年代文學與影像對於時代女性處境和都會生活變遷的寫實觀察。此系列節目以電子攝影技術進行外景拍攝和趨近電影的方式製作,「台灣新電影」導演如楊德昌、柯一正、萬仁等人皆由此劇集初獲執導長片機會,是為台灣「電視電影」代表作品之一。此劇集除了有「台灣新電影」前身一說,更是張艾嘉推動電視媒體資源與電影專業相互橋接的新製片模式之經典案例。

61 1982年,由中央電影公司總經理明驥領軍,將《光陰的故事》包裝成表揚國民政府的政宣電影,以通過中國國民黨中央文化工作會審定,並交由陶德辰、楊德昌、柯一正、張毅這四位或剛留學歸國、或從事小說創作、尚未拍攝過劇情長片的導演,以約四百五十萬的小成本,製作完成由四段影片《小龍頭》、《指望》、《跳蛙》、《報上名來》組成的「集錦式電影」,以素樸、寫實手法呈現台灣社會氛圍和人生成長歷程。該片與《兒子的大玩偶》(1983)一同拉開台灣新電影序幕,並以「台灣第一部藝術電影」進行宣傳。當時

李國修、李立群等「蘭陵劇坊」成員、資深演員張艾嘉皆為劇中演員。

62 1983年,改編自黃春明小說《兒子的大玩偶》的同名電影,因劇情涉及敏感社會議題,遭到中國影評人協會向中國國民黨中央文化工作會檢舉,隨後文工會要求中影大幅刪訂由萬仁執導的〈蘋果的滋味〉段落。而後萬仁聯絡《聯合報》記者楊士琪,隔日陸續於主流媒體《聯合報》、《中國時報》、《工商日報》等大幅報導此事,文化界諸多人士亦抨擊電影檢查制度對於言論自由的箝制。在輿論壓力下,該片最終以一刀未剪的版本上映,是戒嚴時期少數官方妥協的案例,也保障往後創作者的基本權益。

63 1988年,國防部與民間媒體合作籌拍慶祝雙十國慶暨招生宣導影片,由陳國富導演、侯孝賢企劃、吳念真與小野編劇,蘇芮演唱主題曲。此作的官方宣傳色彩引起評論界譁然。在《悲情城市》於1989年獲得威尼斯金獅獎後,評論者迷走、梁新華編有《新電影之死:從《一切為明天》到《悲情城市》》(1991)一書,結集《一切為明天》之相關評論,重新議論新電影之終結,以及《悲情城市》對於二二八事件之政治態度等問題。該書收錄齊隆壬、王俊傑、陳傳興、楊明敏等人的文章。

1986年,由王智章、李三沖和傅島所成立的反體制攝影團體,後來又陸續加入鄭文堂、林信誼等人。他們使用ENG電子攝影機,以更為機動、輕便且有系統地記錄八

64 ○年代眾多社會運動，從桃園機場事件、工運、生態環保、學生運動到人權運動等，並實驗性地組織放映隊、成立「ENG聯盟」和「綠色電視台」，以達到對社會大眾傳播溝通的目的。「綠色小組」留下的影像遊走在錄像、紀錄片和紀實影像類型之間，曾是吳瑪悧個展《弔詭的數目》(1988) 中的影像素材，也曾發行王俊傑、鄭淑麗《歷史如何成為傷口》(1989) 錄像作品。《人間》雜誌曾將「綠色小組」稱為「民眾的電視台」。

65 日本放送協會（NHK）與中國中央電視台（CCTV）合作拍攝之大型紀錄片《絲綢之路》，於 1980 年於 NHK 首播，後引進台灣放映。對照同時期的台灣，則有自 1975 年於中視播映的鄉土紀實影集《芬芳寶島》系列。在此之後，更有台視《八千里路雲和月》(1989)、中視《大陸尋奇》(1990) 等台灣自製、介紹中國大陸風土民情的節目。電視作為八○年代主流大眾媒體，或可由此類紀實紀錄片受歡迎程度，理解當時台灣民間對於自身本土文化與中國鄉土風情的關注。

66 《芬芳寶島》為中視於 1975 年和 1980 年，分為二季播映的鄉土紀實影集。由鄉土文學作家黃春明發起，強調深入報導和人文關懷的視角，其中對於「鄉土」的再現，呈現當下時代進步的軌跡與傳統生活、儀典的對照關係，被認為是台灣重要的「鄉土紀錄片」，亦反映當時本土意識的萌生。該系列影片以十六釐米膠卷拍攝，其中，《大甲媽祖回娘家》(1974)、《淡水暮色》(1975)、《咚咚響的龍船鼓》(1975) 等片由黃春明導演，張

照堂擔任攝影；王菊金導演的《烏魚來的時候》(1977) 更曾獲金馬獎優等紀錄片獎。但因當時政治力介入媒體、影像尺度解放未盡等現實條件，這些影片當時僅能以國語配音播出，而汪瑩《中央市場的一天》(1974) 則因暴露市場髒亂的畫面而遭禁。

67 1981 年由台視製作、三台聯播時段播出的社會教育節目，總共 57 集，以 ENG 電子攝影機拍攝，其能動性較高、有利於外景拍攝。節目製作團隊由不同領域背景的創作者組成，例如詩人雷驤撰寫旁白及敘事腳本、紀實攝影師張照堂、和同時也是「蘭陵劇坊」創團成員的杜可風共同擔任攝影、阮義忠則擔任執行製作。在配樂選曲上，由於當時國內尚無著作權觀念，因此大量使用國外音樂，使得影像與音樂疊加出一種獨特的音樂錄影帶式影像風格，而田野踏查的動態紀實影像則類似今日的行腳節目。

68 八○年代末，由許舜英、鄭松茂成立的「意識形態廣告公司」為丹麥口香糖品牌「司迪麥」操刀的電視系列廣告，共拍攝有「我有話要講篇」(1985)、「烤鴨篇」(1987)、「壞退學篇」(1988) 等。這些廣告不再著重商品銷售訊息，改以人的內心狀態、獨立性格、思想解放和挑戰體制等意涵為溝通訊息，並以跳躍式的畫面剪接，建構出意象性而非敘事性的內容，彷彿挪用拼接了實驗影像作品。金穗獎得主盧昌明和陳宏一，皆曾任該系列廣告導演。八○年代台灣逐漸轉型為消費社會，伴隨民主化、媒體開放和西方廣告代理商的經營模式引入，已可見在

地電視廣告創意和影像表現趨向多樣、多元的轉變。

八〇年代伴隨錄影帶、雷射影碟的發明，讓影像更容易複製流通，促使MTV產業的興起。MTV特點為包廂化營運，可提供少數乃至單人觀影，亦提供餐飲，且部分MTV也有影碟外租服務。台灣具有代表性的MTV如「太陽系」，提供觀影、外租影碟外，尚有電影硬體設備出租、翻譯、電影雜誌《影響》編輯銷售；台中「八又二分之一非觀點劇場」則以藝術電影為名、結合咖啡廳複合式營運。九〇年代在家用播放器普及化及美國「特別三〇一法案」影響下，多數MTV業者選擇轉型KTV或退場。

1979年，香港無線電視推出改編自古龍武俠小說的同名電視劇《楚留香》，1982年，由中視購入並引進台灣，三月在「金鐘觀摩」時段試播以後，於四月正式上檔。開播後收視率長期位居第一，造成壟斷現象，引發台視、華視不滿，最後三台協議以輪播港劇的形式平均分配以解決爭議，也證明當時港劇在台灣具有極高的吸引力。該劇演員如鄭少秋、趙雅芝亦屢次受邀來台，成為在台灣家喻戶曉、紅極一時的香港明星。港劇熱潮至1984年《天龍八部》結束後，演員工會要求新聞局發布港劇禁令才暫時停止。

文　學

1976年創刊的《夏潮》，是戒嚴時期主張左翼路線的刊物，承接海外保釣運動所引起對於社會主義關注的思潮，為1985年11月創刊的《人間》提供重要的基礎。於鄉土文學論戰期間，《夏潮》與《仙人掌》、《台灣文藝》成為各方人馬論戰的陣地；此外，《夏潮》除了引介國外思潮以及對台灣政治經濟的批判，亦積極介紹台灣近代美術、文學，提供文藝專欄供作家發表。《夏潮》於1979年2月遭到警備總司令部查禁停刊，但該刊參與者持續投入社會運動與新刊物如《美麗島》的營運。

1947年創刊的《自立晚報》，是自戰後《中國時報》與《聯合報》等親官方且壟斷市場的兩大報外，少數長期獨立運作的民營報社。《自立晚報》副刊也為不被主流媒體接受的異議份子如楊逵、陳映真提供發表作品的管道。八〇年代，三度舉辦《百萬元長篇小說徵文活動》，並於1984年6月推出「生態詩・攝影展」專題，結合文學與影像並活絡台灣自然寫作風氣；《自立晚報》在八〇年代後期，亦大量出版台灣文史書籍，與前衛出版社、春暉出版社扮演傳遞本土文化的重要角色。

八〇年代的「聯合副刊」由瘂弦擔任主編，延續鄉土文學論戰對於台灣日治時期藝文的重新考倔，策劃「寶刀集」專題邀請日治時期作家創作。此外，「聯合副刊」亦致力於跨域結合，1981年「小說與插畫聯展美感的疊現」即為一次大膽的嘗試。此外，於1976年開始的「聯合報小說獎」首開報刊文學獎風氣，1983年李昂《殺夫》獲中篇小說

首獎，隔年由曾壯祥執導改編為同名電影，與彼時的台灣新浪潮電影交相呼應。

　　八〇年代的「人間副刊」，在金恆煒接任主編後更多企劃專題推出，兼納文化評論與文學創作，也間接催生《當代》雜誌，成為數代文化人的共同記憶。而七〇年代高信疆主編時期，恰逢鄉土文學論戰，在黨政高層壓力下仍給予鄉土派作家發聲空間，是為主流報刊的異數。此外，高信疆致力推廣報導文學，包含於時報文學獎設立報導文學類別，開啟社會關懷為寫作取徑的濫觴，為八〇年代《人間》雜誌打下雄厚的基礎。

　　1975年高信疆於《中國時報》「人間副刊」開闢「現實的邊緣」專欄，是戰後報導文學的起點。此時期特色為「回歸現實」，以台灣社會、民俗與文化為對象，由於文類特質，多會觸碰政治敏感性議題，也成為鄉土文學論戰的導火線之一。1985年陳映真創辦以報導文學為主的《人間》雜誌，標榜左派意識與第三世界觀點，將書寫對象擴展至亞洲。《人間》雜誌除卻藍博洲、潘庭松、官鴻志等作家撰稿外，亦有關曉榮、蔡明德、阮義忠等攝影師，創造寫實攝影的美學實踐。

　　創立於1954年，原名「皇冠文學出版有限公司」，走過八〇年代逐步從雜誌出版朝向涉足電視、電影、藝廊、劇場與現代舞團的跨領域文化事業體。早期發行《皇冠雜誌》，支持朱天文等人創設「三三集刊」、出版三毛《撒哈拉的故事》；旗下「巨星影業」

專製拍攝瓊瑤電影；八〇年代「皇冠藝文中心小劇場」為小劇場運動主要的據點之一，並於1986年開辦「皇冠迷你藝術節」，曾與電影圖書館、香港火鳥電影會共同舉辦「映象藝術展－短片／台北／ '87」（1987）實驗片影展，播放金穗獎得獎作品。

　　創刊於1972年。七〇年代的《中外文學》刊載創作、評論和作品譯介。創作涵括小說、劇本和詩。王文興的長篇小說《家變》（1972）和金士傑的劇本〈演出〉（1978）、〈荷珠新配〉（1980）均首次發表於該刊。評論的文本對象包含中文和西方古典文學和戲劇，以及戰後台灣現代文學，並致力於文學批評方法的探究和轉化。進入八〇年代，內容擴及影像相關的理論和評論，如齊隆壬引介電影符號學，焦雄屏發表電影評論。隨後更開始引介結構主義、後結構主義和現象學等新興思潮。該刊對於理論的引介與評論方法的探究，為不同的創作領域提供了共通的資源。

　　八〇年代於後現代思潮傳入台灣之前，即有以後現代風格、手法之創作，如林燿德、夏宇、黃凡的文學作品皆有後現代的身影。1987年，哈山（Ihab Hassan）與詹明信（Fredric Jameson）訪台，可謂台灣後現代發展的里程碑，在此之後以羅青、孟樊為代表，相關論述蔚為風潮。歷經八〇年代的轉譯，後現代於九〇年代大放異彩，與後殖民互別苗頭，兩者角力產生的火花，為世紀末留下繽紛的文化圖景。

---

79 七〇年代在回歸現實風潮下，知識份子訴求政治改革與重新認識日治時期歷史，出現以寫實主義、社會關懷為導向的鄉土文學運動，但招致部分人士質疑為地方主義與工農兵文學。1977年，以王拓、銀正雄、朱西甯於《仙人掌雜誌》發表文章為始，官方派與鄉土派作家陸續加入論戰，最後以1978年「國軍文藝大會」定調為反共團結後暫時停息。不過鄉土派內部統獨立場的歧異也於此次論戰浮現，形成北陳（陳映真）南葉（葉石濤）分庭抗禮之態，1981年詹宏志〈兩種文學心靈〉表達出台灣文學未來將發展為邊陲文學的擔憂，以及1983年侯德健赴中國的事件，將統獨問題檯面化，是為台灣意識論戰。

80 七〇年代伴隨文學市場發展成熟，社會經濟起飛，《聯合報》、《中國時報》陸續開辦以副刊為中心的文學獎。兩大報雖都以主流官方路線為宗，但《聯合報》偏向穩健傳統純文學路線，《中國時報》則挑戰新興議題，各擅勝場。兩大報外尚有《自立晚報》「自立報系百萬元小說獎」、《中華日報》「中華文學獎」、《中央日報》「中央日報文學獎」，報刊文學獎獲獎成為作家進入文壇的敲門磚。除此之外，1964年吳濁流成立「台灣文學獎」及1978年「吳三連文藝獎」，前者以作品徵件激發作家創作能量，後者則以年度作家形式肯定作家的創作及對文壇的貢獻。

第一部分

關鍵詞群

黨外雜誌

以出版作為在戒嚴之下鑿開言論空間的行動方式，使黨外雜誌成為匯集政治工作者、新聞從業者、文學家、攝影師等不同領域實踐者的平台。李喬、王拓、楊青矗、宋澤萊、林雙不、詹澈、陳映真等作家，都曾積極為黨外雜誌撰寫稿件或參與編輯團隊，王拓及楊青矗更直接參與選戰；劉振祥、潘小俠、謝三泰、宋隆泉、邱萬興等攝影師的記錄，也為解嚴前的政治處境保存了重要的影像。

1975年8月，《臺灣政論》發行，這本雜誌是1949年國民黨遷台之後，第一本由台灣本土菁英創辦及主導的政論性雜誌，也是後繼黨外雜誌的先鋒。從七〇年代後期發刊的《夏潮》、《這一代》、《富堡之聲》、《長橋雜誌》、《美麗島》、《八十年代》系列（含《亞洲人》、《暖流》)）、《鼓聲》、《春風》，到八〇年代的《深耕》雜誌系列、《政治家》系列、《蓬萊島》系列、《關懷》雜誌、《博觀》雜誌、《前進》週刊系列、《自由時代》系列等，有的發了幾期之後被勒令停刊，有的則像《鐘鼓樓》，被情治人員直接查扣了所有尚未裝訂的紙張、版樣和底稿。

從採訪、撰稿、完稿，到製版、印刷、裝訂及派送，參與許多黨外雜誌出版事務的林世煜將辦黨外雜誌描述為「打游擊」。[1] 當時政府的查禁方式分為「查扣」、「查禁」、「停刊」三種。「查扣」指的是在裝訂廠就被勒令禁止發行；「查禁」則是已流通後禁止發行，[2] 但「查禁」之後的沒收工作並不徹底，如作家廖為民就說，到後來會和警察間發展出共犯結構，提供一些禁書充作保護費，保證其他在外流通的書籍沒事。[3]

面對執政者的言論箝制，異議份子發展出不同的應對手段。許多黨外刊物，會同時用多種刊物名稱向新聞處登記，若是有刊物遭到停刊處分，就可以馬上將內容移到另一個備案刊物下發行，如鄭南榕就向許多朋友借畢業文憑，先後登記了二十四張執照。[4] 若手中已無雜誌登記證可供替換，有些則會暫時改用發行叢刊的方式，作為過渡時期的解決方案，如「民主叢刊」之於《自由時代》雜誌系列；「政治家叢刊」之於《政治家》雜誌；「博觀叢書」之於《博觀》雜誌等。或是像李敖，原本想辦《千秋評論》雜誌，被新聞局取消執照之後，便發展出每月一書的「雜誌型」叢書「李敖千秋評論叢書」及「萬歲評論叢書」。　　　　（張紋瑄）

思潮與出版

思潮譯介

八〇年代對知識的強烈需求、對理解所處現實的渴望,反映在活躍的譯介及盜版行為中。而一個思潮的風行,無論是「韋伯熱」、「後現代主義熱」、「新馬熱」或其他,都是由不同媒體同時推動,並在學院、創作者的積極回應下形成。

以後現代為例,八〇年代初開始在藝術、建築領域有相關的討論文章,後續在文學、劇場出現愈來愈多關於此的創作和評論。使後現代成為風潮的重要事件則是1987年哈山(Ihab Hassan)及詹明信(Fredric Jameson)的先後來台,先是《當代》雜誌從同年六月號開始刊載詹明信在1985年於北京大學的演講,《文星》雜誌在七月號以他作為封面人物,以及同月《中國時報》「人間副刊」刊載鍾明德翻譯的詹明信訪談;[5] 該年之後,陸續有多本「後現代」相關的書籍,如羅青、孟樊、鍾明德等人都有專書出版,後續陳傳興、路況也提出批判與反思。[6]

此年代的雜誌對於思潮譯介佔據重要位置,如1986年《當代》雜誌創刊號即以傅柯(Michel Foucault)作為專題,後續引介德希達(Jacques Derrida)、女性主義、海德格(Martin Heidegger)、布希亞(Jean Baudrillard)、班雅明(Walter Benjamin)等;八〇年代間的《中外文學》引介「言語行動理論」、「結構語言學」、羅蘭‧巴特(Roland Barthes)、盧卡奇(György Lukács)、巴赫汀(Mikhail Bakhtin)等;復刊的《文星》雜誌引介葛蘭西(Antonio Gramsci)、桑塔格(Susan Sontag),並曾以畢娜‧鮑許(Pina Bausch)、達利(Salvador Dali)作為封面人物;《南方》雜誌以「左翼思潮」及「批判理論的譯介」為主,在1988年停刊之後,部分編輯概念及寫手後來轉進了《島嶼邊緣》。[7]

除了雜誌之外,許多出版社也以叢書的方式,大批譯介歐美的人文社會科學經典,如「遠流出版社」的「新橋譯叢」、「桂冠出版社」的「桂冠社會學叢書」及「當代思潮系列叢書」、「聯經出版社」的「現代名著譯叢」及「西方思想家譯叢」等。同時也有一些出版社以翻印中國譯作及著述的書籍為主,如「谷風出版社」、「結構群出版社」等。

(張紋瑄)

本土化與非西方世界引介

八〇年代在諸多領域都同時出現的翻譯行動，其引介來源並不只有歐美，還包括了對過往台灣的重新審視，以及透過雜誌、出版對第三世界理論的引入與討論。

上個世代累積起對本土經驗及意識的研究、討論能量，在持續與譯介的思潮相互碰撞之後，如何不僅單向地用譯介內容審視本土，也發展解釋腳下現實的工具，以及屬己的主體性論述，成為政治立場殊異的知識份子及行動者們都在嘗試的任務。儘管六〇年代已有海外的國民黨反對者書寫台灣史，但如史明、王育德等人的著作直到八〇年代都是禁書。真正更全面激起對「台灣史觀」的思考，要等到以對抗日歷史相關史料的翻譯及梳理、「二二八事件」的挖掘以及「美麗島事件」以來的政治運動作為基礎之後，強調台灣意識的人們開始發展對於台灣歷史的不同詮釋，以及抵抗國民黨單語政策的語言使用。除了黨外雜誌之外，《笠》、《臺灣文藝》、《台灣新文化》等雜誌也成為關鍵平台，八〇年代下半葉起，也有愈來愈多人致力於發展台語的文字化及書寫。[8] 對台灣的不同理解，在1983年「侯德健事件」之後，引起了「台灣意識論戰」，《夏潮論壇》、《中國論壇》、《生根週刊》上有許多「中國結」與「台灣結」的爭論。

1976年，蘇慶黎接手《夏潮》總編輯之後，夏潮集團成員成為台灣引進「左翼理論」、「第三世界理論」的重要推手，但因為處於戒嚴時期，不僅對於相關思潮有所箝制，「新馬克思主義」、「結構主義」、「女性主義」等與社會運動相關的思想，也要到八〇年代中後期才逐漸鬆動。[9] 一樣是著眼於左翼理論及批判性思潮，1986年創刊的《南方》雜誌試圖以「民間」的概念來制衡統獨造就的僵局。一方面，「南方出版社」譯介了許多馬克思主義、批判理論的書；另一方面，《南方》雜誌積極透過譯介提供非歐美的「第三世界」觀點，創刊號即是「第三電影在台灣」，總數十六期的出版中，引介許多第三世界的電影、文學及音樂，包括亞歷克斯・拉古瑪（Alex La Guma）、費拉・庫蒂（Fela Kuti）等；此外，《南方》也與學生運動關係密切，在1986年「自由之愛」期間，成為學運的重要平台。

解嚴之後，大出版社開始規劃叢書，如「遠流出版社」以中國學者為主力的「新馬克思主義經典譯叢」及「新馬克思主義新知譯叢」，《資本論》也終於在1990年於台灣出版。　　　（張紋瑄）

回歸現實

在外交、政治、經濟、文化等背景的綜合影響下，七〇、八〇年代展開了對於何謂「在地現實」的觀察與思考。七〇年代開始，數個踏訪台灣風土民情的電視紀錄片節目，如《芬芳寶島》（1975-1981）、《美不勝收》（1980）、《映象之旅》（1981-1982）等，儘管在製作上需配合執政者期待，呈現正向元素，而不能真正反映底層社會問題，[10] 但仍然使許多當時代的創作者印象深刻。從寫中國轉變為寫台灣，從寫過往轉變為寫當下，對在地的關注同時出現在數個領域，紙媒、文學、攝影、紀錄片，甚至是劇場都能看到此種轉向。

台灣戰後報導文學的開端，即是高信疆在主編《中國時報》人間副刊時，開創了「現實的邊緣」專欄（1975.7.10-1976.6.2），後續「報導文學」專欄（1978.4.23-11.25）及「時報文學獎」報導文學獎的設置，都使報導文學成為時代風潮，古蒙仁、林清玄、邱坤良、翁台生等人都是重要的作者。「中時副刊」的競爭對手《聯合報》「聯合副刊」在1977年瘂弦成為主編之後，也在1978年開闢許多相關專欄。[11] 從1978年中時副刊「報導文學」專欄即可見到書寫與攝影間的緊密關係，到了《人間》雜誌（1985.11-1989.9）創刊之後，不僅匯聚當時重要的藝文界人士，如高信疆、詹宏志、蔣勳、林懷民、吳靜吉、黃春明、王禎和、尉天驄等人，報導文學與紀實攝影間更加相輔相成，如關曉榮、張照堂、阮義忠、蔡明德、潘小俠、官鴻志、林柏樑、李文吉等人，都為理解八〇年代留下重要的影像。

紀錄片則可以追溯至王智章在1984年拍攝海山礦災的影片，1986年與李三沖、傅島組成「綠色小組」，除了使用電子攝影機記錄下街頭運動，也積極拷貝、傳播，以打破政府對媒體的壟斷，除了「綠色小組」之外，當時其他獨立媒體包含「第三映像」、「螢火蟲映像體」、「文化台灣」等。[12]

在表演領域中，「報告劇」或許可以作為回應「紀實」命題的劇場實踐。1986年，王墨林透過《人間》雜誌引介「報告劇」，此種劇場形式以證言為主體，透過朗讀的方式演出，去除多餘的劇場語彙，經常搭配幻燈片呈現作為「證據」的影像素材，後續人間雜誌社及夏潮聯誼會也製作了數齣報告劇，如：《台灣民眾黨六十周年歷史證言》報告劇（1987）、《延命天皇》報告劇（1988）、《幌馬車之歌》報告劇（1989）等。[13]

（張紋瑄）

1　廖為民，《我的黨外青春：黨外雜誌的故事》（台北：允晨文化，2015），頁5。

2　林清芬，〈一九八〇年代初期臺灣黨外政論雜誌查禁之探究〉，《國史館學術集刊》5期（2005.3），頁253-326。

3　陳又津，〈「解嚴30年專題」警總禁書變推薦書單──廖為民〉。https://www.mir-rormedia.mg/story/20170707pol008/（2022.2.21）。

4　鄭南榕基金會，〈自由時代雜誌社〉。http://www.nylon.org.tw/main/index.php?op-tion=com_content&view=article&id=115&Itemid=40（2022.2.21）。

5　楊明蒼，〈詹明信的後現代理論與台灣〉，《中外文學》22卷3期（1993），頁30-47。

6　汪宏倫，〈台灣的「後現代狀況」〉，《帝國邊緣：台灣現代性的考察》（台北：群學，2010）。

7　陳筱茵，《《島嶼邊緣》：一九八、九〇年代之交台灣左翼的新實踐論述》（新竹：交通大學社會與文化研究所碩士論文，2006）。

8　《走過八十年代》專題（2012），《思想》22期。

9　王志弘，《學術翻譯的症候與病理：台灣社會學翻譯研究，1950s-2000s》（台北：國立臺灣師範大學翻譯研究所碩士論文，2005）。

10　邱貴芬，《「看見台灣」：台灣新紀錄片研究》（台北：國立臺灣大學出版中心，2016）。

11　如「報導文學」專欄（1978.4.22）、「新聞詩」專欄（1978.4.30）、「第三類接觸」專欄（1978.8.3）、「啄木鳥」專欄（1978.8.26）、「大特寫」專欄（1978.11.1）等。參見張耀仁，《臺灣報導文學傳播論：從「人間副刊」到《人間》雜誌》（台北：五南，2020）。

12　同註10。

13　韓嘉玲，《80年代左翼文化下的民眾劇場》，《思想》36期（2018），頁1-45。

在體制內實驗

所謂「體制」泛指市場機制下的商業畫廊，以及政府機關主導的官方藝術機構，此類具系統性結構的展演場域。尤其，官方單位勢必也受當時的政治體制牽動而影響展演之自由。八〇年代以前的展演空間仍以畫廊及官方藝術機構為主，機會稀缺，實驗性的作品難以得到推廣與發展。如六〇年代興起一股反美國現代主義抽象繪畫思潮，進而結合了受到「普普藝術」與「達達主義」影響的前衛美術設計（如黃華成），以及對當時台灣工商業消費現成物的應用與檢省，產生了六〇到七〇年代初的「複合藝術」，但在蘇新田的「畫外畫會」具代表性的「七〇超級大展」展出後，因大眾媒體的不理解，藝術家也相繼出國，以及後續退出聯合國和鄉土意識的高漲，且此類型作品在空間與尺寸上，難以進入商業畫廊而消沉。

台灣現代藝術的突破性，直至林壽宇歸國後集結其他藝術家，在「春之藝廊」展出強調作品與空間之相互關係與媒材性的「異度空間」（1984）、「超度空間」（1985），才取得廣泛的成功，並被當時媒體譽為「空間革命」、「空間核爆」，甚至影響了北美館以此為參照推出的「色彩與造型──前衛・裝置・空間」展（1985）。而賴純純主持的「現代藝術工作室」（SOCA）以工作室名義幫學生申請北美館的「實驗藝術──行為與空間」展，陳慧嶠等人皆參與展出，並結合了包括「環墟劇場」在內的三個團體的劇場表演，為官方首次將「行為藝術」納入正式展出之先例。

由上述的展覽，以及1988年省立美術館舉辦的「媒體・環境・裝置」展，可以看出有關空間裝置美學與低限概念的藝術形式──「裝置」與「實驗」，在剛成立的美術館持續的推展下，劃上了等號，此類創作較不受威權思想的束縛，逐漸獲得了現代藝術新樣貌的認證。而對威權政治壓迫的試探，在1989年吳天章的《四個時代》，描繪蔣中正、蔣經國、毛澤東、鄧小平四位兩岸政治強人變形的臉譜來影射極權統治，在北美館安然開展，宣告台灣創作自由、藝術解禁的時代來臨。[1]　　　　（陳佳暖）

反體制的前衛精神

八〇年代以來不斷高漲的「反體制」或「脫體制」的精神意識，形諸於外的，不外乎是「遊走」、「顛覆」、「破壞」、「敵對」、「反省」與「批判」等，以一種「體制外的行動」，展開一些前衛性的藝術探討，帶著強烈的行為藝術特質。[2] 如張建富的《空氣呼吸法》（1982）與隨後由陳界仁等人推出的《機能喪失第三號》（1983）、《試爆子宮I──創世紀以後》（1986），便是對戒嚴經驗最為直覺式的身體表達。

陳界仁從1984年被國立藝術館（現名「國立台灣藝術教育館」）以無教育意義禁演的「前衛藝術發表會」、個展「告白25」被美國文化中心封殺，以及隔年北美館的「張建富事件」、李再鈐「紅星事件」等一連串經驗，使他對藝術機構與體制倍感失望，促使他發起以台北東區毛胚公寓作為臨時性展覽空間的「息壤1」（1986），以及後續同為臨時性展覽空間的地下室展出的「息壤2」（1988），將前衛藝術的顛覆性顯露無遺。[3]

李銘盛則是解嚴前，社會仍嚴控、保守的時空下，以個人行動刻意挑釁社會秩序敏感而隱蔽的神經，形象最為鮮明的藝術家。如徒步環島露宿街頭的《生活精神的純化》（1983）、《包袱119》（1984）等，他透過對自己身體如苦行般的壓迫，撐出抵抗社會秩序暴力的縫隙。這也成為其行為創作過程中被警察關切、阻撓之因。如原訂於二二八當日從其工作室一路拉條線到北美館的《非線》（1986），因時機敏感而被警察阻於工作室內無法執行；此外，《李銘盛＝藝術》系列（1988）中，李銘盛在北美館展出「達達的世界」時，在美術館大廳大小便的行動，亦展現了其對美術館體制對藝術的詮釋話語權的質疑與反思。

台灣雖於1987年解嚴，某種程度社會氛圍仍舊封閉，侯俊明同年的畢業作品《工地秀》因充斥當時盛行的工地秀、脫衣舞等情色文化符號與性別議題而飽受爭議，最終仍被要求關閉展品。顯見即便政治解嚴，其他價值體制仍有待顛覆。　　（陳佳暖）

I

視覺藝術

跨媒體實驗

台灣八〇年代「媒體」一詞，尚指媒介物、中介物，係指藝術家用來製作作品的材料，以及一系列藝術實踐相關的慣例。但無論是上述那一種，媒介既不是不可改變也不是與生俱來的。而對不同媒介的「跨媒體」實驗，便是嘗試如何突破藝術媒介間的約束與框架的過程，從而解放媒體。

如跨足廣告行銷與文學藝術的杜十三，致力於視覺藝術、文學、聲音、行動等不同媒介的轉化、整合的「跨媒體」創作策略與方法，而「展覽」作為媒體的一種，杜十三將展示空間做為觀眾參與其創作的平台，開展了以郵寄方式展覽的「杜十三郵寄觀念藝術探討展」（1982）與實體空間的「杜十三書型行動藝術展」（1988），讓觀眾的「行動」成為其跨媒體行動的一環。同時，其創作策略反映了八〇年代電視媒體、出版、廣告宣傳等的蓬勃發展。

1983年郭挹芬於日本筑波大學發表了《角落》、《宴席》與《大寂之音》，可謂台灣首位以錄像作為媒材創作的藝術家。返台後，與盧明德共同創作結合錄像、行為表演與裝置的《沉默的人體》，發表於1987年由北美館舉辦的「實驗藝術——行為與空間展」，呈現了錄像藝術早期發展中，電視此一媒材在裝置跨媒體實驗的組構中的角色，此作結合了行為表演，表演過程加入即興的聲音、從電視螢幕到大型實物投影機的畫面、表演者身上閃爍的影像。有別於前述杜十三的跨媒體行動，此作在單一裝置作品中，實驗了不同媒體在裝置空間中的組構。

除了上述的跨媒體實驗，八〇年代的台灣，藝術上的個人主義大盛其道，無論是創作素材、媒體的綜合運用或是空間實驗的裝置藝術，如何以不同媒介創發出適切表達自身對社會環境的強烈想法的藝術語彙，亦是藝術家不斷嘗試複合媒體的動機，而不同領域的藝術工作者也在其中相互激盪、交流。　　　　（陳佳暖）

視覺藝術

藝文新知的聚所

在長期戒嚴、知識與創作環境相對保守，且資訊的傳播與取得不易的背景下，匯集大量國外資訊的場所成為渴求新知的年輕人的常佇之處，是當時知識份子重要的養分來源。1979年正式對外開放的「電影圖書館」即是其一，早期以獨立製片、經典電影為主要收藏影片，即便當時許多外國影片甚至沒有字幕，仍吸引眾多影癡與藝文愛好者。台美斷交後，南海路上的「美國新聞處林肯中心」改名「美國文化中心」，其圖書室因擁有當時台灣少見、印刷精美的藝術相關書籍與畫冊，與羅斯福路三段上的「道藩文藝圖書館」同為閱讀藝文書籍的主要場所。

同時，在藝文社群的聚所能與相似背景、想法的人匯聚、交流，甚至產生事件，成為相互激盪、扶持的重要場域。例如較無商業市場的作品，因難以在營利空間展出，「美國文化中心」因此是許多年輕藝術家的首展之選，像是盧明德、李銘盛、陳界仁、高重黎、「101現代藝術群」等皆於此展出過。而如文化大學學生在其宿舍「巫雲山莊」、「笨鳥山莊」的聚集方式，則激勵對於藝術的辯證與思維、串連並增進展出機會。

而南昌路上的「映像觀念工作室」，由黃明川等人於1985年成立，後成為一複合功能的空間。黃明川、王俊傑與高重黎等人的創作及「息壤」的展出，皆與此工作室密切相關。延吉街上由藝術家林勤霖將「神羽茶藝館」部分作為「神羽畫廊」，亦是當時無展出機會的作品與落選的實驗電影發表的地方。另一方面，於1985年開設在延平東路上的「嘉仁畫廊」、林鉅於1988年開設的「攤」也是當時藝文人士聚集之處。

為擁有交流與自由展出的場域，逐漸出現藝術家主持的藝術空間。如賴純純於1986年成立「現代藝術工作室」，與莊普、葉竹盛等人開設課程，劉慶堂、黃文浩、陳慧嶠、蕭麗虹等皆為學員之一。工作室結束後，劉慶堂、莊普、陳慧嶠等人於1988年成立「伊通公園」。[4] 而一群多具留美碩士背景的藝術家在1989年蕭才興提供的公寓空間內，則成立了「二號公寓」，輪流在此發表作品。

（陳佳暖）

1　「……吳天章回憶說，開展前一天，館長黃光男到展場看作品，表情略有難色、卻沒要求什麼，『隔日我們都上了報紙，外界給予美術館開明的評價。』」參考吳垠慧，〈走出禁錮：台灣第一、第二代當代藝術的誕生〉，《1987：一場不遠的青年文化爆炸》，《新活水》復刊號（2017.9），頁54。

2　白適銘，〈走向自由體制的文化內視──談八〇年代臺灣美術的脫體制現象及街頭精神〉，《臺灣美術》112期（2018），頁17。

3　蕭瓊瑞，《戰後台灣美術史》（台北：藝術家出版社，2013），頁145。

4　「伊通公園」成立初期為私人創作、聚會與討論的空間，至1993年才正式對外開放。

戰後至當代的劇場變革

六〇年代，師承熊佛西的李曼瑰，自歐美考察歸國，與賈亦棣等人推動戰後之「小劇場運動」(1960-1963)，目的在於振興台灣劇運，提倡易卜生（Henrik Ibsen）以降的寫實主義傳統，以一種「在小型劇場裡演出有嚴肅藝術企圖的劇本的演出方式」，因應當時低迷的戲劇環境，以話劇演出形式為主，並於1963年成立「中國話劇欣賞演出委員會」。[1]

七〇年代台灣經濟快速成長，由貧轉富的環境使中產階級漸增，同時官方也著力於文化推動，使得藝文需求提升，相關活動頻仍。1973年林懷民創辦「雲門舞集」，1976年周渝創辦「耕莘實驗劇團」，以及姚一葦推動的五屆「實驗劇展」(1980-1984)，暗示著新世代對於劇場改革的企圖。「實驗劇展」中，一連串帶有實驗性質的創作，旨在突破過往話劇美學與寫實主義，也催生了八〇年代的「小劇場運動」，且相較六〇年代的「小劇場運動」更為人熟知。其中，若以鍾明德之分析為例，[2] 大致可分為三階段：抵抗傳統話劇美學之「實驗劇展」時期；解嚴前後，以劇場回應社會、政治的「前衛劇場」；九〇年代後，失去政治劇場誘發力，反主流的另類劇場。

呼應著小劇場運動，民間劇場空間興起，使得當時尚未被官方所認同、收編的非主流劇場活動得以生存，許多劇團也成立自己的訓練場地，如甘谷街的「雲門小劇場」。而「咖啡劇場」與「民間企業劇場」空間的成立，使當時的小劇場有更多的展演機會與空間選擇。咖啡劇場的出現，更是一種平衡生活與理想之間的特殊劇場型態，如「舊情綿綿咖啡屋」、「永琦萬象廳」、「新象小劇場」、「皇冠小劇場」與九〇年代的「甜蜜蜜咖啡屋」等，相應團體如「優劇場」、「臨界點劇象錄」、「河左岸劇場」等，都曾在這類型的非官方空間展演。　　　　　　　　　　　（黃郁瑄）

外來訓練方法引介

八〇年代，大量年輕海外學子學成歸國，引介外來思潮與身體訓練方法，對當時表演藝術的發展影響甚明。林懷民啟迪自瑪莎‧葛蘭姆（Martha Graham），其創作《白蛇傳》(1975) 便融合了葛蘭姆之技巧與受俞大綱啟蒙之平劇語彙。1978年，金士傑邀請吳靜吉擔任「蘭陵劇坊」前身「耕莘實驗劇團」的指導老師，同時亦邀請了剛從美國取得戲劇碩士的李昂一同指導編導的訓練。3 吳靜吉便傳授了於美國「辣媽媽」劇坊（La Mama Experimental Theatre Club）習得之訓練方法，以身體作為表演訓練之重點，影響著這批從「耕莘實驗劇團」與「蘭陵劇坊」開枝散葉的劇場演員。

「蘭陵劇坊」演員之一的劉靜敏與陳偉誠於1984至1986年間，學習葛羅托夫斯基（Jerzy Grotowski）的身體技術，並分別成立與參與「優劇場」與「人子劇團」，雖然皆師承於葛氏，卻邁向差異道路，發展出了台灣葛氏訓練的兩條支脈。4 鍾明德1986年受姚一葦邀請，從美國返台至國立藝術學院教書，除了帶回其於紐約大學之所見所聞，也引介理查‧謝喜納（Richard Schechner）「環境劇場」與「麵包傀儡劇場」等概念，並與馬汀尼共同創辦「425環境劇場」。

國外表演團體來台演出，如香港「進念‧二十面體」於1982年應「新象」公司邀請，首次來台參加第一屆亞洲戲劇節，展現如「結構話劇」等新的舞台觀念。5 之後，「進念」數次來台演出，開闢觀者思想及情感領域中的新空間及視野，6 也影響了台灣小劇場的創作，如黃承晃成立的「筆記劇場」所演出的《流言》(1986)，由「河左岸劇團」、「環墟劇場」和「筆記劇團」於三芝錫板廢船廠聯演的《拾月》(1987) 等。1986年，日本舞踏「白虎社」來台演出，全身塗白、表情扭曲，模仿著動物肢體語言的街頭演出，不僅衝擊著小劇場的創作者，如王墨林多次在《雄獅美術》與《人間》雜誌引介舞踏與日本的身體脈絡，也在台灣社會引發軒然大波。7

八〇年代中後期，由《人間》雜誌成員陳映真、王墨林、鍾喬等人，沿著台灣左翼文藝運動的脈絡，以「報告劇」與「行動劇場」形式進行實踐，如《怒吼吧花崗！》(1986)、《台灣民眾黨六十周年歷史證言》報告劇（1987）、《幌馬車之歌》報告劇（1989）等，而為了能夠使劇場「來自於民眾自覺的需要」，1990年，鍾喬更從南韓引入「民眾劇場」。8

（黃羿瑄）

自我身體的追尋與實踐

對於「身體」的認知與運用，自七〇年代末至八〇年代初期，在「蘭陵劇坊」的初步實驗中，吳靜吉指導下所發生的身體嘗試，如學習嬰兒在地上打滾，以及「集體即興」概念的引進，使得身體經由訓練的方法，逐步成為舞台表現的可能性。[9] 爾後，劉靜敏的「優劇場」有感於台灣本土化意識高漲，逐漸於1989至1993年如火如荼地展開了以政治／文化尋根為名的「溯計畫」，將「傳統技藝與民間祭儀」的身體形式納入表演中，[10] 如北管、儺戲、氣功與太極等，旨在藉劇場形式保存民俗，並藉由「溯源」開創具有中國形式的現代劇場，在國家實驗劇場、全省各地露天野台，以及木柵的「山上劇場」演出。[11] 期間作品主要為《鍾馗之死》（1989）、融合「車鼓弄」的野台戲《七彩溪水落地掃》（1990）、《山月記》（1992）與《漢・水鏡記》（1992）。踏遍全省廟口與街頭的演出，望能讓劇場走入生活。而「溯源」之試探，不僅為文化上之追尋，也有政治層面的因素，因此「優劇場」之探源取徑便從「中國的身體」、「台灣的身體」過渡到「東方的身體」。

針對在地民俗技藝進行爬梳，在八〇年代不乏可見。戲劇學者邱坤良，於1975年帶領文化大學戲劇系學生至大稻埕北管軒社學習「北管子弟戲」，八〇年代任職於國立藝術學院期間，也持續推動民間戲曲之保存。而周逸昌在歷經「當代台北劇場實驗室」的身體訓練影響，帶領「零場121.25」時期（1987-1992）更是不斷追尋非西方的本土身體，創作融合了車鼓弄、布袋戲、京劇身段、牛犁歌陣與鼓花陣等，考察台灣在地身體敘事。

創立「臨界點劇象錄」的田啟元，八〇年代作品依序為《毛屍》（1988）、《夜浪拍岸》（1988）、《亡芭彈予魏京生》（1989）、《割功送德──台灣三百年史》（1989），在這些作品中不乏見到混雜儒家、同性戀、白色恐怖等議題，其欲回應生存於社會中的身體，他說：「我好想讓更多的人知道這個社會是如此甜蜜幸福、汙染暴力與壓榨迫害在一起攪和著。」[13] 直至九〇年代創作《白水》（1993），田啟元發展一套完整從「人─文化─身體─表演」的創作脈絡與身體敘事，期間融合中醫概念，獨創「山訓」、「海訓」等演員訓練法。

另一方面，在「身體」論述的追尋上，由王墨林提出之「戒嚴身體」與其書寫之身體文化，則是展現了其思索自白色恐怖以

降，戒嚴令內化於身體中，所產生自我解離的矛盾，[14] 藉此反思相應小劇場運動中之「肉體叛亂」，各式以「身體」衝動介入社會的行為藝術與街頭劇場。　　　　　　　　　　　　（黃羿瑄）

劇場介入政治

隨著1987年解嚴，1988年解除報禁，同年蔣經國逝世，以及自八〇年代初期開始活躍的黨外運動，導致原本高壓的社會情境鬆綁，社會運動、農民運動、勞工運動、青年運動、婦女運動與原住民運動等，如雨後春筍般興起。各種上街頭發聲的行動與政治倡議，都呼應著現實中龐大的社會能量，「政治劇場」、「環境劇場」與「社會行動劇場」也隨之起舞。

1988年，由王墨林、周逸昌、王俊傑、黎煥雄與「蘭嶼青年會」等共同發動的反核廢行動劇場《驅逐蘭嶼的惡靈》，製作大型布偶傀儡象徵惡靈，並於廢料場施放沖天炮，迫使台電接受抗議書。1989年「優劇場」《重審魏京生》與「臨界點劇象錄」《亡芭彈予魏京生》，劇本皆以因「反革命罪」入獄之中國民運人士魏京生為主角。「優劇場」首演後，因在原劇本上增加由台大研究生演出的審判會，[15] 內容尖銳敏感，引發台灣劇場史上首次激烈的爭辯衝突。在主辦單位的「勸告」下，更改演出，改以「藝術與社會關係」為審判會題目。劇末，演員也以白布蒙嘴，拉出布條抗議演出自由。[16] 而《亡芭彈予魏京生》則是運用「報告劇」的形式，嘲諷「聲援魏京生卻不注意台灣社會脈動的高級知識份子」，展現本土政治劇場的可能性。[17]

1989年「搶救森林大遊行」，「環墟」、「河左岸」、「臨界點」、「觀點」、「零場」以及「優劇場」等六個劇團響應，上演街頭行動劇。同年5月，「零場」與「環墟」於耕莘文教院聯合演出《武・貳・凌》，回應1988年的農民運動，演出現場利用影像投影，播放「520事件」紀錄片，並安排橋段模擬被警察拖離的運動現場。吳瑪悧、李銘盛等藝術家也響應舉辦「五二〇藝術實踐聯展」。6月，由「無住屋團結組織」發起的「無殼蝸牛運動」，抗議受財團炒作而不斷飆漲的房價，於8月進行「萬人夜宿忠孝東路」，近五萬人上街頭造勢，「反U〇」、「四二五環境劇場」、「零場」等劇團也於街頭接連演出。另外，由台大學生組成的「反U〇」也於同年演出《圖騰與禁忌》與《血祭羅文嘉》，透過毀損與污辱蔣介石銅像，大肆嘲諷國民黨政權，也帶起爾後1990年「野百合學運」的抗議行動劇。1989年底立法委員選舉，「零場」、「環墟」、「反U〇」等劇團投入助選行列，參加「葉菊蘭劇場工作隊」，更凸顯劇場運動介入現實的政治性和嘗試自力救濟之企圖。　　（黃羿瑄）

1   王友輝，〈臺灣實驗劇展研究（1980-1984）〉，《藝術評論》11期（2000），頁200。

2   鍾明德，《台灣小劇場運動史——尋找另類美學與政治》（台北：揚智，1999）。

3   汪俊彥，〈冷戰臺灣與身體政治：蘭陵劇坊的初步實驗與開放性〉，《現代美術學報》
      35期（2018），頁72。

4   張佳棻，〈人子劇團：孤獨的表演者〉，《戲劇學刊》9期（2009），頁21。

5   〈香港「進念・二十面體」劇團帶來了新的舞台觀念〉，民生報8版（1982.3.8）。

6   賴聲川，〈劇評：揭露與滲透——進念的劇場藝術〉，聯合晚報8版（1988.08.26）。

7   〈白虎社嚇哭小孩驚呆大人，徵臨時演員，情況意外熱烈〉，民生報9版
      （1986.03.13）。

8   李哲宇，《做為社會行動的劇場：台灣「民眾－劇場」的實踐軌跡（1980年代-2010
      年代）》（新竹：國立清華大學社會學研究所博士論文，2019）。

9   葉根泉，〈試探七〇至九〇年代臺灣現代劇場的身體技術做為一種實踐〉，《戲劇
      學刊》18期（2013），頁9。

10   劉昶讓，《優劇場「溯計畫」的理念與實踐研究》（台北：國立臺北藝術大學學術
      論文輯，2007）。

11   劉蘊芳，〈當前衛遇上草根——「優劇場」〉，《台灣光華雜誌》藝文脈絡專欄
      （1992）。

12   田啟元，〈戲，我愛，我做。〉，中國時報46版（1995.5.27）。

13   鍾得凡，《田啟元編導風格研究——以《白水》為例》（台北：國立臺灣藝術大學
      表演藝術研究所碩士論文，2007）。

14   陳克倫，《解嚴政治與冷戰美學：重探臺灣小劇場運動（1986-1996）的話語與實踐》
      （新竹：交通大學社會與文化研究所博士論文，2018），頁186。

15   原劇本為中國作家與星星畫會成員王克平所寫之《重審魏京生》。

16   〈舞台劇過火，藝文界生波：重審魏京生被迫縮水，優劇場演員蒙口抗議〉，聯合
      報4版（1989.04.01）。

17   張必瑜，〈《呼叫北平，重審魏京生戲劇專輯》台灣政治劇場萌芽了？〉，聯合報
      12版（1989.3.29）。

新電影與女性

台灣在七〇至八〇年代間，隨著留學深造的女性知識份子歸國、並參與政治活動，因此帶動社會進入女性自覺和婦女運動的濫觴期，如「婦女新知」等新興婦女團體的萌芽。同時期民主化和商業、消費社會迅速成形，造成都市小家庭結構型態改變，社會上對於女性就業人力的需求增加、中產階級婦女進入職場並貢獻社會生產力，逐漸扭轉傳統價值中女性作為母親、妻子的單一形象。與此同時，標榜寫實精神的台灣新電影，描繪出面臨從鄉村、代工產業走向都會、傳統邁向現代的社會轉型歷程中，不同世代的台灣女性生命處境和社會認知形象上的變化。例如，被視為新電影起點的《光陰的故事》中，楊德昌以短片《指望》，呈現其對於女性成長主題的觀察；《小畢的故事》(1983)、《兒子的大玩偶》(1983)、《油麻菜籽》(1984)、《我這樣過了一生》(1985) 敘述被約束在傳統婚姻權力關係中的母親們；《玉卿嫂》(1984)、《殺夫》(1985)、《看海的日子》(1983) 中弱勢女性在夾縫中求生存以至於用生命反擊命運；《海灘的一天》(1983)、《恐怖份子》(1986)，進入都會白領女性，面對婚姻、親密關係時壓抑、矛盾的內心世界。

新電影作品對於女性角色的描寫深刻而生動，原因除了「新電影」導演為求寫實而保持的開放度和實驗精神，更為不可忽視的因素應是女性參與到編劇與製片的前端工作環節，而這變化使得女性過去在影視產業中，只能以性別、身體和傳統形象來受檢視的命運，開始有機會朝向更具主體性的專業路線前進。例如1983年張艾嘉出任「台灣新藝城」總監，促成與中影合作開拍《海灘的一天》，期間參與楊德昌、吳念真的劇本討論以及擔任該片女主角，同時也在台視籌組製作電視單元劇《十一個女人》，參與企劃製作、導演人選及演出等工作。八〇年代，《中國時報》、《聯合報》二大報系分別設立文學獎，當時獲獎常勝軍的新生代女性作家如朱天文、朱天心、蕭颯、廖輝英等人作品因而受到關注，或有像李昂這樣跨足不同領域、具有性別及政治意識的女性小說家。這些在解嚴前後，針對現時女性生存狀態和當代兩性關係的複雜性、以及與國家和政治認同有關的主題，陸續成為「新電影」導演後來採取共同編劇工作模式的劇本材料。例如由廖輝英原著《油麻菜籽》(與侯孝賢合編，萬仁導演)；蕭颯《我兒漢生》(張毅導演，1985)、《我這樣過了一生》(與張毅合編)；朱天文參與侯孝賢

的電影創作，與導演或其他編劇如吳念真等人一同合編如《小畢的故事》、《童年往事》（1985）、《悲情城市》（1989）等。女性形象在「新電影」中隱然浮現其成長和獨立自主的主體輪廓，還有一重要元素，就是「新電影」導演嘗試採用素人演員、或以不過度介入表演的方式，希望讓演員能夠呈現出自我。而「新電影」導演與女演員之間的信任及合作關係，如侯孝賢採用素人演員辛樹芬，以及張毅和楊惠姍的合作等。八〇年代「新電影」打開影像上女性得以對自我進行詮釋的自由空間，因而讓「新電影」作品得以呈現台灣當時代女性的新樣貌。

（張瑋倫）

寫實與身體

　　八〇年代的台灣對於寫實性的追求與自我閱讀，展現在各個領域之中，尤其當政治管制力鬆動卻又未能真正擺脫威權箝制時，社會集體對於解放、自由的渴望，伴隨認同的焦慮，使得對於「真實」的追求趨於迫切。影像和身體，是作為再現真實最直接的媒介，當時主流媒體上已有電視紀錄片和紀實攝影，開始在社會民主化轉型過程中，呈現出社會百態或不公義和弱勢存在的真實現況，另外也有具實驗性格的小劇場、寫實人文精神的台灣新電影，以創作進行對自我生命經驗的回溯和凝視。而無論是透過紀錄片、紀實影像、劇場或電影，人的身體與其思想所帶動、呈現出自然的行為、行動，都是當時藝術和創作者們，探索和觀察「真實」的對象。

　　王墨林在其《台灣身體論》中提到「現代化的身體愈來愈趨向於一種被駕馭、被意象化，終被異化為消費的身體，這種意向政治學使國家對身體的『管理／規訓』權力也愈發輕易……所謂的主體乃人類身體的完整呈現，因而國家對身體『管理／規訓』的目的，在於使身體的完整性產生龜裂化。……」[1] 歷經多年的高壓統治，思想和身體渴望解放，當時各領域的創作者，開始有機會貼近真實地記錄自己的歷史與在地經驗，轉化出更為自由的表達。如1983年「蘭陵劇坊」推出《演員實驗教室》，讓演員以身體的實踐回應個人的記憶與生命經驗；同年，陳界仁、邵懿德等人在西門町演出《機能喪失第三號》，挑戰台灣人在長年戒嚴之下習慣自我規訓的身體感；「新電影」方面則陸續推出《小畢的故事》、《看海的一天》、《兒子的大玩偶》、《風櫃來的人》等重要作品。陸小芬以豐腴的姿態同時呈現妓女和人母兩樣角色；陳博正和鈕承澤、張世等人，以同樣削瘦的身形，卻自然表現出承擔壓力的父親與玩世不恭的青年之間的差異。「新電影」導演以追求寫實的精神，啟用素人演員或要求演員以「做」取代「演」。如同演員張純芳在訪談中所說：「『小畢』演戲的方式和以前我演的完全不同，畢媽媽是個用肢體表達的角色，以前我只要表現於外，做表情、講話，但『小畢』是以細微的動作和眼神來呈現角色的生命。」[2] 而在身體的寫實再現之外，還有高重黎、劉振祥及張照堂等人，拿著攝影機為這些對於自我身體進行的探索和實驗，呈現出身體當下處境的紀實。

八〇年代的身體透過影像、表演、攝影、社會運動等不同途徑，尋求或提供解放和自我探索的可能性，身體自身儼然成為一跨領域的介面。

（張瑋倫）

主流媒體與多元平台

八〇年代最具影響力的主流媒體仍以電視為主，在這個經濟起飛的年代，無論在體制內外，似乎都存在著無限可能。隨著市場發展、廣告資源的大量投入，帶動電視台積極開發更多元的電視節目類型以拉抬收視率，動態影像的發展因此得以在資源相對充足的電視媒體上，以不同形式進行更多元的嘗試。從電視紀錄片、電視單元劇和電視廣告等，都可見著當時影視工作者嘗試在體制內推進影像創新的練功痕跡。

電視媒體自七〇年代初至八〇年代以降，便有新聞局主導的電視紀錄片，如王曉祥製作、張照堂參與拍攝剪輯的《新聞集錦》（1971-1974）和《60分鐘》（1978-1992）；由黃春明等人導演、張照堂參與攝影工作的《芬芳寶島》（1975-1981）；由梁光明、雷驤、張照堂、杜可風和阮義忠共同參與製作的《映象之旅》（1981-1982）。王曉祥在接受採訪中曾提到：「我和張照堂拍的短片，只有影像和配樂，沒有對白，這其實就是後來『MTV』的概念，當時的人沒看過這種呈現，覺得太新奇了！觀眾的信件像雪片一樣寄來，他們說這不是『新聞』，建議我們不要叫『新聞集錦』這個名字。」3《映象之旅》嘗試將攜帶式電子攝影機（Electronic News Gathering，簡稱ENG）攝影器材帶到室外進行實景拍攝，創新實驗的影像拍攝手法呈現出有別於過往一般電視新聞、並帶有寫實精神的專題紀錄節目。而《映象之旅》系列中的《礦之旅》（1980），更是將寫實鏡頭轉向埋首於勞動的工人階級；到了王小棣等人導演的《百工圖》（1986-1991），則以較多的現場觀察記錄取代過往過於著重主觀陳述報導的拍攝手法，為電視紀錄片開啟一種較新的觀察方式。此節目也成為當時許多影像工作者初試啼聲之作，例如藝術家高重黎、實驗動畫創作者呆中孚、導演黃明川、曾壯祥等人。

這樣帶有實驗、寫實精神，集結各路好手參與的例子，也同樣出現在當年由張艾嘉製作的電視電影單元劇《十一個女人》（1981）中，該劇為楊德昌、柯一正等「新電影」導演初試身手的長片作品。若以電視廣告為例，由鄭松茂和許舜英所創立的意識形態廣告（1987-2009）為當時台灣本土廣告公司中值得一提的案例。以其著名的司迪麥口香糖和中興百貨作品系列為例，電視廣告以多樣、複合式的概念、元素和斷裂、跳躍式、拼貼的畫面剪接，文案看似在傳遞與產品毫不相關的訊息，細察後卻大有出自

文學、哲學或精神分析領域的語彙用詞，影像呈現不同於一般商業廣告、更帶有實驗影像的美學特質，而操刀此系列廣告的導演陳宏一，更曾以八釐米實驗影像作品《硬與凹間穿no3陽痿》（1989），獲「中時晚報電影獎—非商業類」首獎和「第十三屆金穗獎最佳實驗片」（1990）。

　　主流媒體、發表平台和獎項設立，是主要帶動八〇年代台灣在地影像實驗的動能，並一直延續到九〇年代後影像創作的能量。如果說當時部分的影像工作者們，因為電視企劃而增加許多練功、實驗的機會，那麼「金穗獎」的成立（1978），便是真正提供個人創作發表的競技場。攤開八〇年代金穗獎歷屆得獎名單，包括第二屆以八釐米影片得獎的蔡明亮，跨領域藝術家高重黎，創作首部本土偶動畫作品的石昌杰和呆中孚，柯一正、萬仁、曾壯祥、李安和麥大傑等日後電影圈的重要導演，還有之後投入電影獨立製作的李道明、黃玉珊、王耿瑜和呂欣蒼等人都曾獲獎。當時這些創作者對於動態影像的摸索、實驗或許尚不成熟，卻隱然記錄下八〇年代一批人對於影像觀看和思考的啟蒙與辯證。此外，當時國內影人、電影評論人如黃建業、焦雄屏，年輕一輩如迷走、王俊傑、邵懿德、李幼新，甚或文學家陳映真、奚淞等人，也都曾在《電影欣賞》或更著重本土意識關懷的《400擊》、《長鏡頭》雜誌，就台灣新電影或實驗影像發展進行評論、書寫，在那個認同模糊、描述自我的語言尚未建立的時期，促成在地影像創作成為溝通交流、表達思想和共感的載體。　　　　（張瑋倫）

1　　王墨林，《台灣身體論》（台北：左耳文化，2009），頁84-85。

2　　鄭慧蘋，〈從小畢轉折──張純芳訪問記〉，《長鏡頭》3期（1985），頁64-65。

3　　房慧真，〈念念不忘，必有「影響」──專訪《影響》雜誌發行人王曉祥〉，《Fa電影欣賞》188期（2021），頁51。

書寫多元聲音

　　1987年，時任行政院長俞國華在院會中指示新聞局，應以積極之態度，在兼顧新聞自由與報業社會責任的情況下，儘速擬定適當報業及出版法規。1988年元旦起，新聞局正式接受報紙登記及增張。七〇年代前，官方論述仍力壓於各式異議聲音；八〇年代解嚴前夕，官方對於言論鬆綁的暗示、戰後出生書寫者的浮現以及國際局勢的變動，使得異議與運動的能量湧動至檯面上，並與官方論述齊驅抗衡。另一方面，言論自由的逐步解放，以及媒體產業的蓬勃發展，使得「異議」與「邊緣聲音」進入公共視野之中。八〇年代的異議與邊緣聲音，不應僅聚焦於其如何在官方論述的框架之下展現其異質與反對，而是此種邊緣聲音如何外溢於政治敘事之外。像是八〇年代因兩大報文學獎而崛起的女性作家，便書寫了另一種原被定性為「閨秀文學」的「女性文學」，如朱天心《我記得》（1989）、袁瓊瓊《今生緣》（1988）、陳燁《泥河》（1989）、李昂《殺夫》（1983）、廖輝英《有家歸不得》（1982），便以自身經驗的女性觀點，書寫家族記憶或現下的女性情狀。「同志文學」也在八〇年代逐漸成形，如白先勇《孽子》將同志書寫展陳於小說文字之中，使得讀者得以直面同志議題，而非只是一紙幽微的隱喻。而在「台灣原住民族權利促進會」成立後，胡台麗〈吳鳳之死〉（1980）、田雅各〈馬難明白了〉（1987）也展示了原住民的身體經驗，如何在中華史觀、台灣史觀間遊走。與其說是八〇年代賦予所謂「邊緣」群體發聲的機會，不如說是八〇年代的情勢，使得一直都存在的「邊緣聲音」能夠現形於公眾視野之中。

（許修豪）

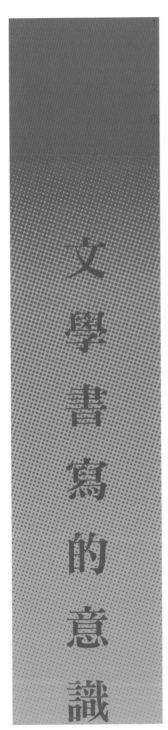

文學書寫的意識

書寫的意識指的是以作品為前提下的書寫實踐。然而，不只是關注其作品內部的文字構成，意識所指涉的更是書寫實踐背後的驅動邏輯，亦即書寫者所書寫的作品，與何人、何者、何事、何時互動，並以此邏輯構成其自身的創作思維。因此書寫意識指的不只是美學所實踐的形式，更是在形式背後構成實踐的力量。八〇年代台灣書寫者，一方面繼承上一代作家遺留的現實主義傳統以及現代主義浪潮，也同時受到外交困境、政治衝突、經濟奇蹟等社會衝擊所影響。舊有的秩序、邏輯、語法與思維被迫與「新現象」相抗衡。這些衝擊與拉扯，使得書寫者的美學認同，甚至是自我認同的試驗逐漸浮現於書寫之中。在美麗島事件過後，隨著黨外運動的興起，更有許多政治書寫透過直面權威，來調動一種對既有美學思潮、文學史觀，甚至是意識型態的反對運動。詹宏志1981年一月在《書評書目》93期發表的〈兩種文學心靈〉，提出「邊疆文學」的說法，隨後高天生同年五月率先在《台灣文藝》72期以〈歷史悲運的頑抗〉予以回應，文中重新爬梳中國文學在台灣的發展階段與鄉土文學論戰的對話關係，凸顯出即使在文學危機意識下，「歷史感」與《文學季刊》所推動的「現實感」仍然是界定台灣文學作為文學史研究之獨立對象的重要路線。爾後在施敏輝（陳芳明）於1988年五月編輯的《台灣意識論戰選集》，可以說遙相對應著尉天聰在1978年四月主編的《鄉土文學討論集》，逐漸讓現代主義意識型態下的鄉土之爭轉向歷史政治脈絡下的認同之爭。也在文學場域中將文學形式導向了文學意識。這股八〇年代因為歷史與政治的糾結而匯聚出「文學意識」的後設面向，隨即在九〇年代引領出導向認同多樣化的書寫行動，如李昂、林燿德與羅青等便企圖將個體與大敘事的對話關係置入書寫。

記憶與歷史

記憶與歷史並非純然虛構，也並非完全忠誠於現實。陳映真於八〇年代曾提及：「在目前的台灣，現實主義的、干涉生活的精神仍是我們整個中國文學的主要傳統。」[1] 然而，無論是「現實」或「紀實」仍無法逃離書寫者的虛構，同時虛構性作品亦不可能擺脫現實的魅影。因此，此處我們以「記憶」描述現實與虛構之間的拉扯，並將自身或他者的「記憶」透過書寫而成的結晶體，稱之為「歷史」文本。這種記憶與歷史，可以是採集式的紀錄，亦有潛藏於虛構創作的言外根基。前者如七〇年代高信疆主編《中國時報》人間副刊時，開闢報導文學專欄「現實的邊緣」，透過作家和記者的採集，直面社會現實。又如1987年由陳輝龍在《自立晚報》副刊策劃的報導攝影專欄「映象月報」，攝影家胡福財在專欄第一期中寫道：「由於攝影者在拍攝過程中對現實擁抱的入世精神，可以這麼說『攝影就是面對生命』」。這說明了此一稱為「紀實」、「報導」或「寫實」一脈的書寫，其主張作品與社會現實的密切貼近，甚至是一種直面的勇氣。但另一方面，虛構作品所透露的社會現實並不一定會比報導文學更為「虛構」。1982年，警備總部釋放最後一批白色恐怖受刑人，逐漸被淡忘的歷史經驗，一時間再次回到台灣民眾的視野當中。陳映真於隔年在《文季》發表小說〈山路〉，透過女性身體的凋零，保存了白色恐怖時期的肅殺記憶。而在八〇年代末尾，葉石濤書寫《台灣男子簡阿淘》(1990)，同樣是在回溯五〇年代的記憶，但不同的是葉石濤以一個知識份子的無能與怯弱作為出發點，重塑一個時代下的記憶與經驗。因此，「記憶與歷史」與其說是錨定八〇年代的「寫實」主義，倒不如說是試圖刻畫「寫實」與「書寫」之間，「現實」與「虛構」的關係，並嘗試從中精萃出，以八〇年代作為切面，彼時如何重構其所面對的過去。　　　　　　（許修豪）

1　　〈訪陳映真談傷痕文學〉，《山路》（台北：遠景，1984），頁326。

第二部分

領域研究

無限後延的補時／實

思潮與出版觀察

張紋瑄

　　儘管對經濟發展、社運現場或藝術生產而言，台灣的八〇年代都是狂飆的十年，但這段黃金年代並非突如其來，而是承繼上個時代的遺產。蕭阿勤將七〇年代標誌為戰後台灣歷史上的軸心時期（the Axial Period），他借用雅思培（Karl Theodor Jaspers）的概念，將之描述為「到那時為止被無意識地接受的觀念、習慣與環境，都受到審查、質疑與清理」的關鍵年代。[1] 在所有政治、經濟、文化影響中，使七〇年代成為轉捩點最關鍵的原因是一連串的外交挫折：1971年，保釣運動開始；同年10月，中華人民共和國取代國民黨政權，得到聯合國中的中國席次代表權；1972年，中華民國與日本斷交；1978年與美國斷交，翌年美國與中華人民共和國建交等。正式在國際上喪失「代表中國唯一合法政府」的正當性，意味著國民黨逐漸不再能輕易維持藉由戒嚴製造出來的真空狀態。受到《自由中國》、《文學雜誌》、《現代文學》、《大學雜誌》等刊物餵養現代主義思想的「戰後世代」知識份子，開始將視角轉向自身所處社會現實，「審查、質疑與清理」國民黨以「流亡」作為主旋律的敘事框架。回歸現實的行動在許多層面上造成

張紋瑄　張紋瑄的藝術實踐透過重讀、重寫及虛構出另類方案，來質問機構歷史的敘事結構，藉由不同的媒介——包含裝置、錄像及講述——的使用，他經常用歪斜的文本及第一人稱敘事讓觀者得以反思歷史如何影響了當下的形塑及未來的推進。

深遠的影響，政治上，導向對社會改革的呼籲；文化上，則導向對過去（尤其是著重於日治時期）與當下的重新認識，以及相應的論述及創作。

從現代到現實

　　外交困境使戰後世代的知識份子從現代化思潮的影響轉到台灣社會的現實，可由七〇年代晚期兩件重大事件得見：若將1977年開始，由王拓、陳映真、尉天驄、朱西寧、銀正雄、彭歌及余光中等人開啟的鄉土文學論戰，視為「重新認識」在地現實導致的複數敘事總交鋒；1979年的美麗島事件則迫使政治、文化領域的知識份子與行動者們更明確的為「現實」所指為何賦名。儘管鄉土文學運動經常在台灣獨立的論述中，被追認為奠定下台灣意識的基礎，但在蕭阿勤針對「台灣（民族）文學」的分析中強調，七〇年代的「鄉土精神」是來自上個世代過度西化的反抗，乃至被外交挫敗激起對現實的回歸，但此精神並非台灣民族主義的。七〇年代的情感、意志及行動之所以發展出更政治的定義，是因為同時激化了政治反對運動及文學的政治化的美麗島事件。[2]吳乃德認為，儘管就實質意義來看，美麗島事件在國民黨強力整肅之下，是個挫敗的運動，但整個事件造成的情感動員效果，使得八〇年代接手了餘波，並在諸多領域內掀成大浪。美麗島事件的情感動員與媒體發展息息相關，從《美麗島雜誌》的發行及服務處設立、大逮捕時「台灣之音」在高雄事件衝突現場的現場廣播、公開審判時被《中國時報》、《自立晚報》等媒體刊出的被告答辯與最後陳述，到1980年「林宅血案」的影像，無法在一次性事件中完成的任務與情感，透過刊物及影音媒體儲蓄，並在不同領域中被提領。

　　因此，八〇年代台灣知識份子及創作者對求知及創造的飢餓及渴望可以這麼被理解：在經濟及媒體蓬勃的背景下，政治上的情感動員、知識上的繼承與移植、認同上的敘事難題都被用力推向下一步。八〇年代至今最為人稱道的就是經濟上的亮眼成績，儘管整體經濟政策因應著貿易順差擴大，逐漸朝向「國際化」及「自由化」發展，但經濟事務上的轉型，基本上是被動的因應過程。[3]對當時的執政者而言，「開放」並不是自主選擇的結果，而

是多方評估之下的不得不然，經濟面向是如此，政治、文化面向更是如此，科技進步及各式媒體——出版、廣播乃至攜帶式電子攝影機——的使用，則又激化了壓力鍋般的總體台灣社會。

　　由現代到現實的轉移上，報導文學與報導攝影的發展成為觀察八〇年代政治、經濟、文化、科技交匯影響時，無法忽略的現象，其中，陳映真於1985年至1989年間創辦的《人間》雜誌更是顯著代表。在〈創刊的話〉中，陳映真如此說明這項影響深遠的出版計畫：「《人間》是以圖片和文字從事報告、發現、紀錄、見證和評論的雜誌」[4]，其「報告、發現、紀錄、見證和評論」的對象可概分為兩類，對邊緣族群的關懷，以及對社會事件提出不同於主流媒體的報導，[5] 相較於七〇年代由高信疆主編時期的《中國時報》「人間副刊」所激起的現實探尋浪潮，《人間》雜誌對書寫與影像並進的敘事實踐，透過版面及人事編制，例如銅板印刷、攝影佔巨幅版面、圖片編輯等，不僅培養許多時至今日仍然重要的台灣攝影家，也使「報導」在紀錄事件之外，也同時是孕育下個事件的契機。[6]

《人間雜誌》創辦人陳映真，
1986。蔡明德提供

思潮的正式與非正式流通

　　當平均國民所得的增加導致購書能力增加，以及九年國民義務教育的施行導致閱讀人口增加，圖書需求也隨之增加。圖書出版產業也在消費者資金挹注，以及產業逐步進入資訊時代而導致出版門檻下降、效率變高的變化中，發展出不同的運作模式及分工流程。除了非文學類書籍的崛起使出版社更多元，大套書的

流行、新型書店及新型態行銷手法（如排行榜、新書發表會、年度文學選輯）等，也使得八〇年代可說是台灣出版界的戰國時代。

出版界的蓬勃從爬升的譯本出版數量可見一斑。無論是翻譯內容、譯者組成、流通方式或法律規範，八〇年代都在上個時代的基礎上發生了變化。儘管人文社會科學領域的譯作選擇，仍然以歐美學術界盛行的學說為依歸，但在留外學人回國人數漸增之後，不再像上個時代多是因應教學需要，翻譯通論或教科書，而是也同步引入新的理論思潮。此外，人文雜誌也成為接觸國外新思潮的重要平台，上述原因都使得譯作及原作之間的年分距離逐漸拉近。思潮的提倡、推廣及在地化，不僅與青壯年學者在學院的教學息息相關，也影響八〇年代的譯者組成，在五〇年代至六〇年代晚期，本地譯作多是出自在大學任教的學者之手，且多是中國來台學人，但到了八〇年代，許多譯作都是由新生代學者或碩、博士生，藉由組成學術團體、讀書會來執行，例如台大馬康莊和其學弟蔡耀明曾於1979年組織學術團體「貞一」，儘管後來計畫因故終止，有些原訂的翻譯邀約後續仍有出版，如黃瑞祺譯的《現代社會學結構功能論選讀》（1981）、馬康莊譯的《社會學理論和結構》（1985）、廖仁義譯的《胡賽爾與現象學》（1986）等。此外，準備翻譯社會學名著的出版社在規劃譯叢時，也經常邀請學者擔任編審或主編，從與翻譯相關的人員組成中，也可以觀察到師從、學校間的人際網絡。[7]

與八〇年代活躍的翻譯出版平行的是既有譯作的盜版行為，或是說作品的非正式流通。可以從兩個面向觀察盜版發生的背景。首先，在1992年修訂著作權法之前，外國人著作未在台灣註冊者，不受著作權法保護，中譯本亦然，因此不適合用「非法」來描述當時的盜版行為。其次，儘管八〇年代相較於五、六〇年代，「保密防諜」政策相對鬆動，但出版品仍以上個世代的規則在流通，對於三〇年代中國早期作家的作品，內政部准予「將作者姓名略去或重新改裝」，形成「合法盜版」的處境；[8] 而那些「匪酋、匪幹」的著作及翻譯則一律查禁，[9] 中國譯者因為姓名不能刊登，書籍常見以未署名、假譯者名或「編輯部」、「編譯所」等偽譯本形式出版。[10] 八〇年代熱絡的盜版書市中，仍可觀察到國際關係與兩岸政治對學術、出版的直接影響。

　　偽譯本、「五折書」及到大學門口兜售盜版書發財車的出現，[11] 除了肇因於當時的法律規範，更主要的原因是，如此蓬勃的圖書市場，卻是發生在戒嚴的背景之中。《台灣省戒嚴令》、《出版法》、《台灣地區戒嚴時期出版物管制辦法》、《國家總動員法》等法令，在供需之間硬生生插入無法迴避的變數，無分左右統獨，也無分領域，在「槍桿」管控「筆桿」的情勢下，即使自稱無涉政治，仍無法自絕於政治之外。

　　「美麗島事件」不僅是政治事件，也影響了許多文學創作者，王拓及楊青矗因投入政治反對運動而入獄，沒有直接參與事件的作家們，諸如戰後第一、二、三代本省籍小說家鍾肇政、李喬、宋澤萊等人，也都曾表達美麗島事件對自己的深刻影響。從鄉土文學論戰、美麗島事件到台灣意識論戰，不僅政治反對運動逐步激進化，也導致了文學的政治化。[12] 一方面，可以看到《笠》、《臺灣文藝》等文學雜誌和黨外愈來愈密切；另一方面，當知識份子關照本地現實，而使台灣過往的記憶出土，郭松棻、黃凡、陳映真等人的作品可以視為對重新校準歷史時間的嘗試。相較於文學，八〇年代的視覺藝術及表演藝術領域對於政治的回應，大多指向當下戒嚴處境，或是作為參與社會運動的手段。

　　政治運動有效與否一直與傳播媒介的妥善使用息息相關，在戒嚴時期黨禁及報禁的言論管制下，「辦雜誌」成為政治運動者與民眾溝通的有效管道，先是透過黨外雜誌傳達思想以建立群眾基礎，再藉由參選來改變體制內的權力分配，八〇年代台灣的政治運動與黨外政論雜誌之間有極為密切的關係，但歷來的研究中，二者的聯繫並未引起充分的注意。[13] 在新報紙發行被禁止的前提下，辦雜誌可以在事發之後抓緊時間與大眾溝通，並揭穿黨國媒體的假象。

　　對「立即性」及「記錄當下現實」的企求，不僅呈現在社會科學、文學等各面向的出版上，也呈現在紀實攝影、報導文學、小劇場對社會運動現場的參與上。對八〇年代的知識份子及創作者們而言，外交困境、經濟成長、強人老去等諸多前提所共同撐開的縫隙，明指出實踐的標的：面對重新「發現」的在地，在

補上存在卻未曾被正視的歷史時間之外，同時思考、嘗試著如何也補上現實的時間。如何跨越時代的理解具有差異的「現實」？站在今天重看八〇年代，首要的難題或許正是如何不將個別的成就與創見視為劃時代創舉，而是謹慎審視當時各領域正在面對四十年前觀察到的「現實」是何種現實。

1　　蕭阿勤，〈「去流亡」的文化政治：一九七〇年代臺灣的回歸現實世代、文學、與歷史〉，《三代臺灣人：百年追求的現實與理想》（新北：遠足文化，2017），頁402-439。

2　　蕭阿勤，〈1980年代以來台灣文化民族主義的發展：以「台灣（民族）文學」為主的分析〉，《台灣社會學研究》3期（1999.07），頁1-51。

3　　瞿宛文，〈民主化與經濟發展：台灣發展型國家的不成功轉型〉，《台灣社會研究季刊》84期（2011.09），頁243-288。

4　　陳映真，〈創刊的話〉，《人間》1期（1985.11），頁2。

5　　蔡珠兒、朱恩伶、張娟芬，〈人間燈火未熄〉，《中國時報》31版（1993.05.14）。

6　　因篇幅有限，無法深入討論陳映真在籌辦《人間》雜誌時，其對影像的感動效果操作之於「客觀報導」的矛盾，以及陳映真的第三世界論、中國意識與辦雜誌的關係。張耀仁在其專書《台灣報導文學傳播論：從「人間副刊」到《人間》雜誌》（台北：五南，2020）中，針對《人間》雜誌不僅是人道主義論有近一步的批判與反思。

7　　王志弘，《學術翻譯的症候與病理：台灣社會學翻譯研究，1950s-2000s》（台北：國立臺灣師範大學翻譯研究所碩士論文，2002）。

8　　邱炯友，〈從著作權糾紛看台灣的文學出版〉，《國立中央圖書館台灣分館館訊》2卷4期（1996），頁38-50。

9　　出自1970年5月由行政院所修正的《臺灣地區戒嚴時期出版物管制辦法》，第二條「匪酋、匪幹之作品或譯者及匪偽出版物一律查禁。」

10　賴慈芸，〈台灣文學翻譯作品中的偽譯本問題初探〉，《圖書館學與資訊科學》38卷2期（2012），頁4-23。

11　「五折書」在此並不只是一般的促銷手法，而是指在盜版猖獗的台灣，盜印書會直接以遠低於原價的折扣出售，大批開著小發財車的書商會在師大、台大等學生出入多的地方叫賣。參見陳銘磻，〈四十年來台灣的出版史略（下）〉，《文訊》33期（1987），頁243-250。

12　蕭阿勤，〈1980年代以來台灣文化民族主義的發展：以「台灣（民族）文學」為主的分析〉，《台灣社會學研究》3期（1999），頁1-51。

13　林清芬，〈一九八〇年代初期臺灣黨外政論雜誌查禁之探究〉，《國史館學術集刊》5期（2005.3），頁253-326。

「思想的
衝突與妥協」
主題論壇[1]

主持｜王俊傑、黃建宏
與談｜王墨林、陳芳明

　　台灣在七〇年代的外交巨變，以及八〇年代逐漸鬆動的政治箝制、蓬勃的經濟表現，乃至1987年解嚴，在在使得文化生產發生了高速、高密度的改變。若企圖為台灣在八〇年代在各個領域中的蓬勃創造力尋找理由，與其刪選特定因素，不如說，正是單一歸因的不可能，才激盪出許多火花，也促成跨領域交流的機會。論戰的發生，可以視為當時代的實踐者們，試著為「『我』的『創造性』從何而來」提供解答，所引起的激辯。以「衝突與妥協」之名，重新審視八〇年代的價值、觀念論辯，一方面得以將論辯中的人與言說，放置回衝突之所以發生的社會條件及歷史基礎，以及當時的現實限制；另一方面，也請當時論辯的參與者，站在今日台灣的政治、經濟、文化處境，給予評價及定位。

王俊傑　台灣無論是在討論文學、電影或是戲劇等領域的歷史，都是以斷代或分類的方式研究，但因為台灣很小，尤其在藝文環境中，人與人的關係非常密切，也會互相影響，尤其在八〇年代，更難具體作切割。在經過六〇、七〇年代之後，國

王墨林　政戰學校戲劇系畢業。曾赴日本研習劇場藝術，回台後曾任《人間雜誌》記者，同時為小劇場運動的重要創作者，策劃有戶外劇場《拾月》、行動劇場《驅逐蘭嶼的惡靈》及報告劇《幌馬車之歌》。1991年創辦「身體氣象館」，促成跨國界的多方交流。2019年獲得國家文藝獎戲劇類獎項。

陳芳明　出生於1947年，台灣大學歷史研究所畢業。戒嚴時期為海外黑名單，回國後曾任民主進步黨文宣部主任。回歸學界後，於政治大學創辦台灣文學研究所，現為該系講座教授。著有文學史論《左翼台灣：殖民地文學運動史論》、《後殖民台灣：文學史論及其周邊》、《台灣新文學史》、傳記評論《謝雪紅評傳》、散文集《革命與詩》獲台灣文學獎。

外回來的學人及 1987 年的解嚴，都讓八〇年代是個特別活潑的年代，儘管當時不會以「跨領域」來稱呼當時的創作行為，但都可以看到不同領域交流的現象。今天的論壇很特別，不與特定的藝術類型相關，而是談八〇年代整個環境，藉由深入論戰中的觀點差異，得以使我們更深入探討議題。

黃建宏　在做過幾個特定領域的研究及討論之後，我們發現文學、文化是所有人得以互相連結的中心，若要了解不同領域的人如何接收、交換意見，就必須借重在當時廣泛接觸各式議題的先進，才有可能談「衝突與妥協」這樣的議題。

陳芳明　因為被列為黑名單，我在八〇年代的台灣是缺席的。我在海外都在幫黨外雜誌寫稿，還沒有傳真機時，如果被告知稿子一週都還沒收到，代表被沒收，有了傳真機之後，雜誌會打電話來告知當次的傳真號碼，號碼並不會固定。當時開始為鄭南榕的《自由時代》、周清玉的《關懷》、《前進》寫稿，一直到鄭南榕在 1989 年自焚，我就轉為在報紙寫稿，如後來變成《自由時報》的《台灣日報》、《中國時報》等，當時《中國時報》的主編是高信疆，也參加「龍族詩社」，從詩社名稱就感受得出來，當時是十分大中國的。1989 年，「天安門事件」那年，我才回到台灣，但只被准許回來一個月，直到 1992 年，李登輝宣布廢除黑名單，許信良致電請我回去當民進黨文宣部主任，我才回到台灣，當時覺得，如果不回來的話，就趕不上台灣的變化。

3 鄭南榕出殯隊伍與遊行現場，1989，蔡明德攝影

我很能感受到，台灣言論自由的尺度在什麼時候開始慢慢開放。1984年，我在《臺灣文藝》發表〈現階段台灣文學本土化的問題〉，用上「本土化」的字眼，第一個反駁我的是陳映真，也造成我跟他第一次論戰。第二次論戰則是在我出版《謝雪紅評傳》，在我到北京時，被懷疑如何取得史料，當時柏克萊大學、史丹佛大學都有非常多在中國、台灣被禁的書籍，我就靠著這些史料書寫。出版這本書的意義在於，她是女性，又是左派，因此，同時是對男性中心及右派國民黨論述的挑戰。當時在耕莘文教院舉辦新書發表會，沒想到來了四百個人，出版社帶來的三百本書，一下子就賣完，我才知道台灣左派思想及女性身分的能見度都提高，從個人案例測試台灣的言論尺度，我就知道台灣不久就要開放。

就文學的發展來看，八〇年代，出現原住民文學，此前都是漢人中心論；七〇年代楊青矗寫工人小說，寫加工出口區女工的生活；此外還有眷村文學的抬頭，像朱天文、朱天心、張大春、多產卻早逝的林燿德等，原本「眷村子弟」被關在眷村內，都要聽國民黨的命令投票，眷村文學出來後，年輕的一代不再聽國民黨的，尤其朱天心就寫過：「國民黨把我們帶到台灣，卻把我們關在眷村裡，我們最不自由」。當這些比我年輕一輩的作家這麼寫，他們寫的小說其實是違背國民黨的文藝政策，如果連外省人都背叛了，何況是本省人。我們可以發現，無論是族群、性別還是階級的討論，都開始釋放。我在《新台灣文學史》提到，1983年就像台灣的《萬曆十五年》，黃仁宇在開頭說「萬曆十五年，中國境內太平無事」，看似太平無事，許多小事件已經發生，那一年白先勇出版了《孽子》，陳映真寫了白色恐怖的小說《山路》，歐陽子出版了女性文學《秋葉》，田雅各出版《蘭嶼行醫記》，這是不經意的一年，在歷史上不是很重要，但各個族群、性別都寫出經典的作品。

如果我沒有回來，大概會活在想像裡。我是1974年離開，整整二十幾年缺席，所以我是重新做台灣人。1992年回來時，協助原本快被解散的民進黨打立法委員選戰，後來得票是33.3%，報紙開始說，民進黨不久之後會變成執政黨，我也

強烈感受到，從八〇年代到九〇年代，台灣開始從單一變為多元價值觀。當文宣部主任時，我到各個鄉鎮訪問黨部，第一次這樣走遍台灣，也重新認識台灣，我就知道台灣不一樣了，童年記憶都沒有了，也是回來才發現國小同學豬哥亮變得這麼有名，知道有「餐廳秀」，晚上「撿客」的遊覽車都會播，這是很重要的社會文化現象，我們在討論的都是比較知識份子的藝術，應該有人去做台灣比較底層的藝術研究。

1995年，靜宜大學邀請我任教，我就知道，如果要教書，就要為台灣寫一本文學史。當時台灣文學沒有教科書，都是北京出版的書，無論哪種版本，前面都有「台灣是中國神聖不可分割的一部分」、「台灣人是中國人的一部分」兩句話。2000年到政大開始寫，寫了十一年之後，出版《台灣新文學史》，後來北京的各種台灣文學史書籍就消失了。2005年，我設立台灣文學研究所時，中文系有人很生氣，認為以後中文系不就成為外文系，但現在兩個系所還是相處得很好。我認為文化不只是想像，也應該要是一種實踐。

4　陳映真，《山路》，遠景出版社，1984
5　白先勇，《孽子》，遠景出版社，1983

4

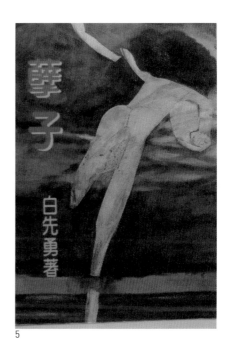

5

7   8

6

王墨林　如果將「重新認識台灣」視為八〇年代台灣的語境，是很準的，重新認識台灣也等於重新認識自己，我說的「自己」不是心理學、而是文化上的意思，與「我」的創造性從何而來很有關係，許多人都在談身分認同的問題。「主體性」在八〇年代解嚴前後是熱門的關鍵詞，日文是「同一性」。「同一性」有個矛盾，站在個人的身分追求上，追求內在「同一性」的同時，會跟外在造成對立；另一種「同一性」的說法，則是內在與外在的同一，如國族主義、台灣意識等，同一及身分問題經常是矛盾的同一，不可只注意到「同一性」而忽視了矛盾性。

　　八〇年代有一些新的詞語被創造出來，像是非主流性、體制外、邊緣性，這都是在之前很少使用的描述方式，與非主流文化的產生很有關連。八〇年代新的創造性的「新」，不是「蘭陵劇坊」在排練場上，透過嘗試、排練找到新形式；而是在思考劇場走向另外一條路。1987及1988年間，可以看到小劇場「走出來」的動態。1987年「新象小劇場」的產生，包括陳界仁在裡面也做過演出，我做的《海盜版‧我的鄉愁我的歌》、1987年在海邊廢墟的《拾月》、1988年《驅逐蘭嶼的惡靈》，小劇場都逐漸「走出來」，這樣的行動已經拉出小劇場運動史的脈絡，從內走到外、從外再走到外外。

6　《海盜版‧我的鄉愁我的歌》文宣，
　　1987。王俊傑提供
7　王墨林於新象小劇場演出《海盜
　　版‧我的鄉愁我的歌》後拉出布
　　條，1987，王俊傑攝影／提供
8　《拾月》演出現場，1987，王俊傑
　　攝影／提供
9　《拾月》演出現場，1987，王俊傑
　　攝影／提供

9

1986年解嚴前夕，有幾件事情對我們這些文青有很大影響，文青不僅指大學生，也包括離開學校之後，仍然從事文化工作的人。影響重大的事包含民進黨成立，《南方》、《當代》、《台灣新文化》、《文星》雜誌復刊等，尤其是《文星》雜誌復刊，將七〇年代對國民黨體制的反抗延續下來。民進黨成立之後，這幾個雜誌慢慢都跟政治現實有連結，加上不同的社會運動，性別運動、工人運動、原住民運動等，充滿了身體的能量一一出籠。這在七〇年代是無法想像的，那時候是理想主義知識份子的形象，無論是保釣運動，或是還沒「重新認識台灣」之下的各種詩刊，即使是比較本土路線的《笠》詩刊，也都還沒走向台獨的路線，那時候充滿理想主義。到了八〇年代，七〇年代的能量，透過民進黨的成立、黨外雜誌及各種不同雜誌的出版，蓄積起社會動能，如果沒有黨外雜誌，對我們文藝青年而言，可能後來就不會走向現實政治的批判，這些能量也就掀起了台灣意識。

另一個重要背景則是《夏潮》、《人間》的左統論述，可劃分出「統」、「獨」兩條發展脈絡，但只做「左獨」、「左統」區分可以，但太便宜行事。「左獨」如在日的史明及許信良發展的「二階段革命論」，及後來的「新潮流路線」，內部也激起體制內改革、爭取國會席次，及體制外革命的爭論。另一種左的區分則是「土左」及「洋左」，「土左」是勞動黨的發展脈絡，「洋左」則源自在美保釣運動及工黨成立的脈絡，後來「土左」就從「洋左」的手上搶了話語權。就我的立場，「獨」要講「左」比較危險，因為難解決社會主義的問題，因此，我們會將「獨」定義為「資產階級右翼」，此種說法沒有玷污的意思，而是為了論述上的話語操作與反映意識型態。這些爭論中，兩個人物十分具代表性，就是已經去世的陳映真與在場的陳芳明老師，「台灣結vs中國結」的經典論爭，必須從這裡談「重新認識台灣」，不能只談「台灣結」，也要認識「中國結」。談「中國結」並不意味著認同，但也形成意識型態很重要的部分。

七〇年代的鄉土文學論戰可以視為一種反現代主義，有兩種發展，一種是走向獨的鄉土文學，像宋澤萊，他的《打牛湳

10

10　施敏輝（陳芳明）編，《台灣意識
　　論戰選集》，前衛出版社，1988
11　施敏輝編，《台灣意識論戰選集》
　　目錄，1988

村》是非常厲害的小說，但後來的作品講了太多台獨論述，不給自己留空間，也就沒有形成台灣魔幻寫實文學的典範；另一種則是統的面向，要回到寫實主義，裡面可以看到前衛主義、現代主義的成分，但鄉土文學論戰中，並沒有解決這個問題。從七〇年代的反現代主義，到八〇年代轉化為體制外、非主流、邊緣的前衛藝術，我認為有這樣崎嶇的發展。但此時也從天而降一個流行在小劇場的關鍵詞——「後現代主義」，這是基於線性時間的區分嗎？如果是，為什麼沒有對現代主義做總結？後現代只是一個流行，那只是歷史的後設，不是實際歷史的發展，跟解嚴之後政經結構上的新自由主義之間，透過語言翻譯上的文化清洗，把當時流行的歷史的終結、世界是平的、全球化等等劃成了平行線，夾帶進新自由主義，九〇年代也就形成比較保守的環境。

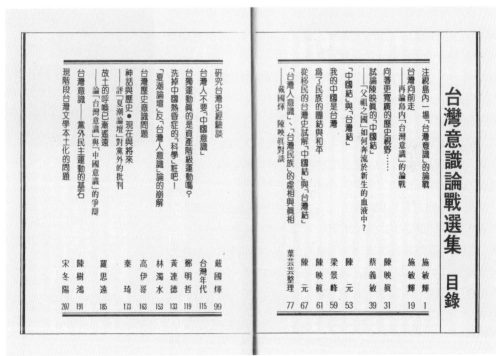

如果七〇年代是知識份子覺醒的理想主義年代，將視角透過鄉土文學運動轉到現實社會的問題；八〇年代則是新的世代崛起的激動年代，是學生運動全盛時期，各種議題傾巢而出，勞工、農村、環保、女性、兩性、母語運動、獨立建國問題等，當時學生運動都會與統獨有關聯，因為脈絡已經如前述建立起來，無論影響來源是「工黨」、「新潮流」或是《人間》雜誌。反映到小劇場運動中，儘管統獨論述已經慢慢成形，但並沒有像現在網路世代變成二元對立，劇場裡可以看到很多人政治認識的立場不同，卻還是一起合作，比方我跟周逸昌支持的立場不同，卻一起在1989年合作反核廢運動的行動劇場《驅逐蘭嶼的惡靈》，當時很多社會議題都超越統獨，統獨各自在其中找了很多論述去擴增語境。跨領域就是這樣形成的，跨領域如果是對立的話，是跨不了的，大家還是以文化作為主導的力量，而不是以政治意識型態作為主導的力量。

王俊傑　今天的討論有個很重要的結論，無論立場是什麼，爭論本身就有機會導向思想的開展，才有今天的環境。歷史是往前走的，若回視八〇年代不是為了緬懷，而是為了尋找與當下的脈絡關聯，與現在的關係是什麼？

陳芳明　八〇年代當然是非常重要的起承轉合的歷史點，我回來台灣時，看到小野的《尋找台灣生命力》，當時我就想，跟陳映真的辯論等於沒有意義了，因為整個走向就是如此。這也是為什麼後來他離開台灣到北京養病，就失去消息，他的好友尉天驄老師，後來跟我變成朋友，陳映真走了之後，在電話裡尉天驄就掉下眼淚，他們一起辦《文學季刊》、《筆匯》，雖然後來走不同道路。陳映真走了之後，台灣統派就漸漸走到幕後，藍博洲還是相信他們相信的，但已經不再有辦法形成風潮。當我在跟陳映真辯論時，雖然他在八〇年代寫的小說在批判跨國公司，《人間》的廣告卻都來自跨國公司，因此，他也必須有所妥協，必須接受商業、資本主義的支持。儘管我們立場不同，但還是可以談，且反而更加尊敬他，因為他們在最困難的時候，仍然堅持理想，我不希望本土只變成一種聲音，而是各種聲音同時存在。八〇年代那時各種價值都同時出現，當

走過這個年代，它就變成歷史，也變成台灣在累積文化底層很重要的階段。

　　現在談八〇年代有種強烈的鄉愁。我在上學期最後一堂課，跟學生說，你們在網路上，如果是個負責任的知識份子，不要打了就跑，寫任何文字要敢押上自己的名字，要把自己看高一點，要對自己的言論負責。我還是比較古典的，因為殷海光那一代給我們「爭取言論自由」的教育就是如此，上個世代面對的是強權，都願意押上自己的名字，現在那麼開放，言論自由歸言論自由，更應該為自己講的每句話負責。

王墨林　歷史太交錯、複雜、混亂，還好最後留下陳芳明與陳映真兩人的爭論對話，對話是怎麼樣是一回事，但我覺得建立了很重要的一件事，就是在兩個政治立場對立的知識份子——且都是成長自台灣六〇、七〇年代的知識份子——之間的對話，從他們帶有台灣本土性格的對話中，可以察覺到從現實長出來的台灣民主性，這在台灣民間是很豐富的，並不需要將歐美的民主強加在台灣。應該要從這個角度來看論戰，而不是只看誰講贏誰，這是太窄的。雙陳的辯論有個時代在裡面，如果今天在台灣，找統獨立場不同的兩人爭論是不大可能的，他們的論戰能產生對話的民主性，帶著七〇年代養成的理想主義知識份子的氣質，他們仍然是做反抗、仍然沒有被馴服，卻有一種人與人相處時格局比較大的氣質，文字再怎麼激烈，人的態度仍然是如此，用文字爭論下去。已經不只是統獨問題了，超越統獨可以看到另外一個重點，也就是人文思想的脈絡要如何延續下去，對我而言，這個論戰成為典範的原因就在此。現在網路上即使人與人不見面，卻把對方當世仇，知識份子的典型似乎愈來愈消失。

12　蘭嶼反核廢運動現場，蔡明德攝影，
　　1988

1　　　　地點：北美館第二會議室（閉門會議），時間：2021年8月17日。側記整理：
　　　　　張紋瑄。

「思潮、出版與媒體化」
主題論壇[1]

主持｜王俊傑、黃建宏
與談｜金恒煒、李梅齡、王浩威、鄭陸霖

王俊傑 這十年來台灣藝術檔案熱持續至今，我們開始思考怎麼從史觀角度建構台灣藝術歷史。過去大部分還是從斷代甚至是分類的方式，較少從橫向的、跨域的角度去看，其實從六〇、七〇年代就開始有很多前輩提出這些觀念，到八〇年代就是最好的啟蒙跟典範，很多藝術家、學者從外國回來，加上解嚴也激發大家對前衛思潮有進一步的理解，不同藝術領域有非常多合作，互相影響非常密切。1986年，幾個重要的雜誌陸續創刊或復刊，包括《當代》、《文星》、《南方》雜誌等等，對當時知識想像影響非常巨大。

黃建宏 八〇年代匯聚了六〇至七〇年代積累下來的經驗，在九〇年代的台灣開創出比較活潑的狀態，我們在這個計畫中並不以西方對跨領域的理解來詮釋台灣八〇年代的發展，而是希望回到八〇年代現場，去理解人在資訊大量進入到這個社會後所產生的能量狀態，其中思潮與相關出版是非常關鍵的部分。今天邀請的四位與談者，從八〇年代初期，一直到八〇年代末都投入到相關的活動跟思考裡面。能否描述你們在八〇年代參與的事情，或者對於當時社會、經濟、文化、政治各方面的觀察？

金恆煒　輔仁大學歷史學系畢業。曾任《中國時報》編輯、記者、駐美記者、「人間」副刊主編、副總編輯。《自立晚報》主筆、《台灣日報》《自由時報》專欄作家。1986年創辦《當代》雜誌,為八、九〇年代重要的文化刊物。長期參與民主活動,曾任「澄社」執行長、台灣「北社」副社長、「凱達格蘭學校」校長。現為專業作家。編/譯不計,著有《趙高與浮士德》、《民主內戰的必要》、《解構「他,馬的」——爆破黨國的最後神話》、《我的正義法庭》、《面對獨裁——胡適與殷海光的兩種態度》、《是「史記」也是「死記」》(收入與張文翎合著的《胰臟癌探戈》)等。

李梅齡　台灣大學歷史研究所中國藝術史碩士。曾任《雄獅美術》雜誌社主編、《中國時報》副總編輯、中時集團「時藝多媒體」總經理、亞洲大學現代美術館館長。1993年為台灣首度引進「莫內及印象派畫作展」,之後陸續主辦各項展覽,包括「陳澄波、劉錦堂百年紀念展」、「黃金印象:奧塞美術館名作特展」、「飆未來:未來主義百年大展」、「無極之美:趙無極回顧展」等。

王浩威　高雄醫學院醫學系畢業。曾任《島嶼邊緣》發行人、2000年創辦心靈工坊文化公司,現為華人心理治療基金會執行長、台灣榮格心理學會理事長、精神科醫師、國際榮格分析師、執業心理治療師。曾獲吳魯芹散文獎、時報文學獎、全國華文學生文學獎。

鄭陸霖　杜克大學社會學博士。曾任中央研究院社會學研究所副研究員,現任實踐大學工業產品設計系副教授。2013年創辦JKF繪本屋、2018年創辦DXS Lab設計X社會實驗室。曾任台北城市設計展顧問,著有《尋常的社會設計》。

金恆煒　我是媒體工作者,起步於《中國時報》,前後歷時十三年。1979年底到美國任特派員,在美四年回來擔任「人間副刊」主編。在報社工作,編輯、採訪就是大宗。當時身處黨國白色恐怖統治下,基本人權不保,乃決定出國以求進修、自由閱讀及不受侷限的寫作。我把駐美採訪工作定位在學術、文化上。在美所寫文章凡《中國時報》不能、不敢刊登的,用筆名給黨外雜誌或紐約、香港的刊物,尤其在《明報》文章較多。成為駐美記者後,參加很多學術會議,也專訪很多美國學者。我同時做政治評論,並長期參與台灣民主運動。

1983年,余紀忠叫我回去接「人間副刊」,因為原來的副刊主編高信疆被政戰系統壓迫下台。我希望把副刊變成一個全球文化交流的平台,這是我的一個理想。我的想法是,並非只有「一種」副刊,也不是只有「一群」作者,我的大戰略是不下瘂弦、高信疆的那盤棋,不玩他們楚界漢河的遊戲,另開新局。我引進一批他們池塘外的作家及學者;尤其名列黑名單的,他們碰也不敢碰的這個匪、那個匪,劉匪大任啦、郭匪松棻啦以及聯合國那批保釣健將。哥大教授夏志清眼光犀利,洞悉並關切台灣文化界及報章雜誌的動向,1984年一月來信:「『人間』編了近一年,實在辛苦,你起用了一批新人,大半是你留美期間的朋友,我想在國內impact很大。」

「專輯」是我編「人間副刊」的特色之一。我開始時的野心很大,準備做切入台灣現實的十個「人間探索系列」:比如「生態專輯」、「教育專輯」、「交通專輯」,專訪了時任交通部長的連戰,訪問稿刊出標題:〈交通:你的名字叫死亡〉,大肆抨擊台灣的交通,當然是對連戰的大不敬;這在當時台灣新聞界也非尋常的事。余老闆反對大塊文章,大專輯停做,改小專輯,如「一九八四的歐威爾」、「新電影專輯」等等。特別是呼籲「桃園神社的古蹟保留」,做了「大家談桃園神社」專輯,經過「人間副刊」連篇累牘的呼求下,造成強大輿論壓力,桃園議會終於議決「保留」,縣府只好收回拆除的成命。我的看法、我的政治走向以及文化理念不容當道,三年編完走人也是勢之必然;於是有《當代》雜誌的誕生。

《當代》雜誌創刊於1986年的五月，這是關鍵年代中具特別意義的一年，是解凍前遙遠的呼聲。《當代》雜誌的特色之一，就是每一期推出各類「專輯」，有時一期不只一個。每一「專輯」的題目、內容和執筆者都必須集思廣益而後定奪，不但有力道、有歷史與現實意義，重要的是找到當行本色的人寫；而且諸條件必須具備。「專輯」的設計其實是承接「人間副刊」而來，《當代》可說是「人間副刊」的深化、學術化、廣化版；是提供給對知識有興趣、有好奇心的讀者。從創刊號的「傅柯專輯」到最後224與225期合刊的「高中歷史課綱大體檢」與「中國崛起與威脅」，都是這樣的取向。《當代》雜誌創刊號以「米修‧傅柯」為專輯，不但是台灣，也是所有華文刊物大幅引介傅柯思想中的第一次。楊澤在他主編的《狂飆八〇》的序中說：「八六年《當代》雜誌創刊號製作『傅柯專輯』，但它所揭露的權力和欲望的聯結，要等到九〇年代中後段才逐漸被完整的認知到。」可見《當代》評介之超越前進。

李梅齡　七〇年代底我還在台大讀書，研究所還沒畢業就進《雄獅美術》，八〇年代台灣畫廊非常蓬勃。我當初進《雄獅美術》是做《西洋美術辭典》，這對一個民間的雜誌社來講花費非常大，那時候做書不像現在，光是一個翻譯就像在做論文，《西洋美術辭典》是蒐集很多書的條目再進行整合，光是翻譯名詞上大家就有自己的堅持。那時我常去台大旁的書林書店找李泳泉，李泳泉說他們可以幫忙翻譯，李賢文先生便同意重新找外文系的人來協助。七〇、八〇年代其實台灣很多訊息是靠這種轉換或翻譯，那時《雄獅美術》有幾位同事也都是外文系畢業。台灣整個七〇到八〇年代是仰賴國際養分，有點囫圇吞棗，大家知道那些名詞、那些哲學家或文學家，但實際在生活上所做的轉換完全不同。在那樣的年代裡要做一些語彙的傳遞和敘述時，我覺得很多都是語言上轉換的問題。那時《雄獅》出版的書籍常獲金鼎獎，但同時帶來的是更大的困惑，在這個時代，所謂的藝術跟我們不斷接收的訊息中間的落差是在哪裡？

　　台灣在訊息傳遞、展覽步驟上並沒有比國際慢多少，可是接受度和理解度還是跟生活節奏有滿密切的關係。八〇年代讓

1　《西洋美術辭典》，雄獅美術出版，
　　1982

我很震撼的另外一件事，是在東區看到「息壤」展出的空間，這一條軸線上還有「新象藝術中心」、「皇冠小劇場」，八〇年代也包括對於身體的覺知，在我看過的小劇場中，我覺得田啟元的天分是相當高的。我在報禁開放才進《中國時報》，去做「大地副刊」，希望跟民眾作結合。社會的經濟發展對生活、對美感有滿大的影響，要大眾去理解文化藝術，必須先進入到大眾的生活型態裡面去。

王浩威　我是南投竹山人，高中上來建中，那時就參加建中青年社。高二左右是民歌運動的時候，當時就是鄉土文學運動，文化開始進入人民的生活。那時我在編《建中青年》，之前的《建中青年》幾乎都是在講國族關懷、五四精神。民歌階段我們辦了一個座談，討論民歌到底值不值得提倡，從文化菁英的立場會覺得李雙澤他們唱的民歌很不堪入耳，在座談會中高中生們辯論得很厲害。

　　我1978年考上高雄醫學院，因為是在高雄，讀的是醫學系，所以跟台北的文化圈保持一個距離。我加入高雄醫學院歷史悠久的「阿米巴詩社」，與「笠詩社」陳秀喜他們很熟，也開始認識像楊渡、李疾這些人。我大學時，台灣學生運動大多是由台大醫學院主導，「李文忠事件」時椰林大道上示威的人裡面我相信有三分之二都是來自醫學院，民間的文化也在醞釀、出版開始發達，有「五小」出版社出現。地下印書也開始出來，那時候在香港的陳冠中以馬國明為名寫的《馬克思主義與文學批評》對大學生的影響很大。鄉土文學運動以後，當時文化界奉守的寫實主義很難超越，那個時候的討論其實都是關於寫實主義裡面到底要跟官方、軍方距離多遠的問題，事實上，這種寫實主義讓你愈來愈貧瘠，所以等到這幾本書出來的時候，等於打開了一扇門。如果回到老左的立場，當然是要談馬克思主義、寫實主義，但是這些好像沒辦法去反映李梅齡剛剛在勾勒整個台灣那時的迅速變化，甚至文字是不是能夠承載這些都是一個問題，所以我們可以看到像陳克華這樣探討性、身體的文章大量出現。藝術的部分，我高中的時候像是「阿波羅畫廊」等等幾乎是我每個週末都會去的地方，印象中，繪畫反而是用

寫實把衝擊呈現出來，而且是批判性的寫實，那個部分占了一
個很重要的位置，但那沒有持續太久，後來整個小劇場的影響
很多，影像也是一個很重要的部分。那時候開始有「金馬國際
影展」、有「影廬」，我們反而是靠影展看到世界長什麼樣子。

　　七〇年代末，寫實主義所呈現的是一種接近人民的氛圍，
後來到八〇年代初，包括「新左」或種種思潮，開始進來把社
會主義、寫實主義的部分打散。那時候我跟李尚仁等等一群
人，一天到晚跟陳傳興他們混在一起。至於認識陳映真則是更
早以前台大醫訊社帶我去的。醫訊社後來屬於「新潮流」。相
對來說，統獨意識感是很後面的事。我們大學四、五年級時，
漁父、陳芳明、陳映真的論戰開始，文學上的統獨才變得很清
楚。此時傳統文學還有統獨這個部分的討論，身體或影像的創
作反而走向另外一個世界，這些是文字很難打破的。

　　我1984年在馬偕醫院實習，又回來台北，1985年畢業抽
籤到台北的一個單位上班，所以一直都有參加劇場，那時在王
墨林家認識李尚仁，後來在《電影欣賞》認識王俊傑他們。《中
時晚報》1988年成立的時候設立了「中時晚報電影獎」（台北電影
獎的前身），那時候徐立功館長很焦心，因為這個獎的得獎名單
幾乎和「電影欣賞獎」一模一樣，當初要面對的是像朱延平導
演這種傳統的電影勢力，那麼《電影欣賞》的角色怎麼辦？所
以在吳正桓的穿針引線之下，就把王俊傑、李尚仁、林洋這些
人湊在一起，我那時候剛好在旁邊湊熱鬧，大家就這樣聚在一
起。整個台灣愈來愈多元，我們一方面可以看到小劇場，另一
方面是黨外運動開始組織化。我現在還是覺得小劇場真的是衝
擊很大，田啟元1996年去世，我覺得算是一個時代的結束，
他從狹窄的寫實主義突破開來，不管是文學、各種藝術的世界
打開到影像、身體，如果想談八〇年代的話，我覺得可以從這
裡看起。

　　1975、1976年《南方》雜誌開始籌備，呂昱到各大學找當
時的文青，我在這樣的情況下加入，開始認識藍博洲、林深
靖、魏貽君、林芳玫等人。呂昱當初想像把雜誌當作小說，但
是也有批判性，我還記得我們第一期的主題是要批判詹宏志的

2　圖為劇場工作者田啟元，許斌攝影。
　國立清華大學圖書館珍藏資料

《趨勢索隱》，可是大家論述能力太弱了，反而是李尚仁負責雜誌裡面副刊的概念，比如說第三世界電影，他找他視聽社老師王菲林合作，所以第三世界電影那期稿子特別多，乾脆變成封面主題。第二期王菲林有帶一個讀書會談阿圖塞（Louis Althusser）美學跟一些社會分析的書，可是那個專題排好版，又被呂昱抽掉了。呂昱後面有一個支持他經濟的資源，認為這一期的編輯都是統派，所以這件事在印刷廠抽下來、換稿子，第二期拉了很長才繼續。那時候我已經在當兵了，我跑去林森北路一家黑道營業的店偷兼差，一個晚上可以賺兩千元，用這些錢印了一本單本的《阿圖塞專輯》，紅色的字、白色的底。雖然那本不是我翻譯的，但是我對那群比我年輕的朋友，譬如曾昭明，才把文章翻出來就被抽走這件事有點打抱不平。

我那時負責的比較是東歐跟第三世界思潮，我當兵的單位是很敏感的，所以我白天就拿英文書來看，他們看不懂英文，都覺得這個醫官很用功。其實我在讀一些 The Drama Review（TDR），講東歐這邊如何用戲劇來作為抗爭，這個都讓我從過去受陳映真影響的社會主義、寫實主義當中突破出來，對我幫助很大。視野放大了以後，覺得自己的理論基礎要更強，所以我們也組了讀書會。這個時候《自立早報》找我們去做一個專欄，當時編輯是劉克襄跟顧秀賢，他們要找年輕的寫手，自然而然我們就被找去。後來有個機緣，有人來問我們說：「你們要不要乾脆辦個雜誌算了？你們這群人都在報紙上寫東西。」大家開始討論辦雜誌，結果要提供金錢的人不見了，但大家的欲望被挑起來，後來每個人出兩萬塊來辦。我還記得連何春蕤的媽媽也都捐款，原本預計要募一百萬，最後總共募到七十萬左右，沒想到《島嶼邊緣》在學生裡的反應相當好，那時候是1991年。我那時離開台大到花蓮慈濟醫院當主治醫師，那時候公教人員不能當雜誌發行人，《島嶼邊緣》最早那些人都在大學教書，不然就在兩報工作，這種情況之下能夠當發行人的不多，那還是大家會有點擔心辦雜誌會被抓的時代，我就說反正我在私人單位工作，那就掛我的名字。我在雜誌裡就是負責拉廣告、搞協調，其他人做出專題論述，因為沒有稿費，而且創

作就是勞動，你願意勞動的話就是一個專題，這群人事實上是一種策略結盟。慢慢地，黨外運動開始建制化，不管是統派或獨派都變成體制的一部分。其實問題並不見得是解不解嚴，而是有沒有可能我們在這裡面創造一種新的空間？不過，《島嶼邊緣》討論了好多年，終於出來是在1991年，也離開八〇年代了。

鄭陸霖　我是輔大社會學系、台大社會學研究所、美國杜克大學社會學博士，我在八〇年代進台大社會所，想研究比較現實的東西，所以就寫勞工、投稿勞工三論。我覺得1986年有幾件重要的事，像是「綠色小組」拍的《桃園機場事件》和1986的前一年最有名的「自力救濟」概念。1986年對於《南方》或台大社會系最重要的事件應該是「鹿港反杜邦運動」。1987年解嚴前的1986年簡直是大爆炸，有次我跟郭正亮說，「要不要聊一聊？」我大概是第一次跟他講民間社會理論，什麼統獨的黃昏、民間社會理論……從那之後，就大概定調《南方》連續六、七期的主要文章彙集。

　　當時學運不只是在台大，在別的地方也被壓得很重，在輔大我連自己編的系刊都不能發表，那個年代輔大的學運被壓得很緊，那時帶頭的是曾昭明。那時社會系的學生第一次強烈感覺到「台灣」，在「自力救濟」的時代想要脫離學校、回到社會，這件事就這麼單純。當時大家也一直談文字，但我不信文字能夠搞出個什麼東西。我們一群研究生包括林佳龍他們都想要衝出去，但處處都是老師，所以我們強烈感覺到一定要一套論述。1989年是一個重要時間點，那年有「八九民運」，在此前後台灣有很多東西開始慢慢把解嚴前的體制沉澱下來，從「八九民運」之後我就變成一個「自然獨」，八〇年代結束前，各方面的運作都讓人感覺到社會，農業、環保所有東西在進行總清查，要在雜誌裡拼什麼學問、想這一期要介紹誰就變得很難，所以反而會很強烈渴望每一期要編入我們對社經產業的描繪。當年提出民間社會理論，那是選擇性的，就是希望把那個變成我們這些年輕人的靠山。回到當年去看污染物、勞權、實際勞動狀況這些，在文字之外跟著物件去找，反而能夠看到台灣九〇年代以後，那種從日常生活各處感覺到、無法阻擋的某種感受，這幾年我們把這個叫做「新物質主義」、「新唯物主義」，它也許也

反映了藝術各方面最後的回歸。

王俊傑 金老師，如果我們現在重新回去看八〇年代，對於當時這麼多豐富的、各種不一樣論戰、思潮，它有沒有意義？或者是對今天的影響？

金恆煒 八〇年代解嚴前，大家對解嚴、對民主有很大的幻想，以為「公主、王子從此過快樂生活」，兩大報當初認為一旦解嚴就能鴻圖大展，過去被限制的東西通通都可以做，他們沒有想到的是解嚴以後，兩大報壟斷告終，進入自由市場，「報業霸權」終結，新的媒體有機會出來競爭，多元化意見產生，再也沒有「第一大報」的爭奪。第二個，知識份子在七〇、八〇年代對民主的促進非常重要。比如「美麗島事件」發生以後，二十七個海外的學者給蔣經國壓力，蔣經國就要接受，在「美麗島事件」上面鬆手。至今知識份子的力量也沒有了。另外就是文化，政治熱取代一切，文化受排擠、一步步消沉，影響力變小。八〇年代的文化很熱，那時背後有政治的意識，到了後來，沒有人關心文化到底是什麼。思想界也是，以前一個學者發表一篇學術性的文章，全台灣的大學生都會去讀，一個學者跑到台灣來演講，滿坑滿谷的人，現在也沒有了。媒體生態改變，過去每個人都是孤島，希望在報刊上得到滋養以及取得「同聲相應」；論戰構成文化界、學術界豐沛的能量，借用晚清龔自珍的詩句：「九州生氣恃風雷」，現在是「萬馬齊喑究可哀」。媒體注重專業，每篇文章都很講究，要經過很多編輯們的檢驗；現在每個人都是老大，也不需要靠媒體發表，在臉書上寫、在 LINE 上寫，基本上就完成了他跟社會的交流，再也不需要接受專業的訓練。涉及的當然這是大課題，需要嚴肅討論，不是幾句話可以交代。（金按：金恒煒的這兩段發言，是根據《現代美術》整理出來的未刊稿重寫。關於金恒煒的這些經歷，有興趣的讀者可參閱金著是「史記」也是「死記」，〔收入與張文翊合著的《胰臟癌探戈》，允晨出版〕特此聲明。）

鄭陸霖 「2012 年台北雙年展」藝術家漢娜・赫紀希（Hannah Hurtzig）在臺北市立美術館大廳做像機場入口的《等候大廳・現代性場景》，觀眾在談話室裡跟著台灣學者談台灣的現代性

3 《綠色小組》行動照，蔡明德攝影／提供

（modernity），我被邀請做〈人民的第四台〉，我帶了一張攝於1986年11月30日，記錄解嚴前許信良從海外回國，遭到民眾夾帶歡迎和大批鎮壓群眾軍警的現場對峙的照片。我那時跟觀眾談的是，未來我們可能會覺得所有人都是均質、平等，都用一種形式的語言在談民主，當時國民黨想要製造對立，結果真相被「綠色小組」拍下來，影像透過那些「自力救濟」的第四台框架出一張網，一夜之間，全台灣上萬人拚命拷貝，一直送到選舉的現場播給大家看。那背後有一種對民主的激情，需要快速壓抑錯誤新聞那種民主的動員熱情。「綠色小組」昭告了另一個媒體時代跟另外一種政治性的來臨。當初的民主聖戰是一個資訊戰，那裡面是一個一個物質性的動員才阻止了一次重大的假新聞，不至於造成另外一次「美麗島事件」。我這個在「天然獨」這一代留著舊殼的人，在《南方》這一個屁孩辦的十六期雜誌裡面，拒絕用抽象的概念，每一期要延續到前方的運動夥伴、學生夥伴，用自己的嘴巴講出來正在發生的污染事件，這個雜誌在我看來還是值得被重新看待，它銜接了兩個世代的經驗。

王俊傑 最後請李梅齡從藝術的角度，談談怎麼去看八〇年代跟整個時代思潮的關係？

李梅齡 這十年就是波濤駭浪，整個藝術地圖、話語權在改變，在八〇年代的師大美術系已經沒有辦法擋住整個社會的變動，當時觀眾要看外文資料基本上是去「美新處」、美國在台辦事處，朱銘、洪通這些人的作品是在歷史博物館展覽。1983年底北美館成立，那時純藝術的展現跟社會的變動已經有點銜接不上，開始出現話語權的是文化美術系。因為東區的畫廊非常蓬勃成長，文化美術系的作品是接近德國的表現主義、義大利的未來主義，也就是吳天章他們的「台北畫派」。接下來是國立藝術學院（今臺北藝術大學），他們比文化大學還更拋棄純視覺的表達，開始出現比較思維性的，不管是對身體、性別、社會現象等議題的討論。八〇年代是話語權產生變化的時代，不管從場域、表現方式，在此之前只要能參加全國美展或全省美展就算是拿到藝術圈的入場券，這樣的方式在八〇年代就已經瓦解了。

4　「綠色小組」30週年文物展「看小眾媒體如何戰鬥」
展覽現場，2016。綠色小組提供

接下來，因為要有太多思維上的辯證，此時就會仰賴外文系，過程當中也有滿多外文系、外語系的人進入創作。在這個時代，身體的認知是非常重要的階段，不管是從物件或者是從行為、動作上面去表達，所以我很密集地去看很多表演，當時的表達除了在政治上，更多是用身體去抗爭思維，傳統戲曲、話劇已無法明確把這種時代性表達出來，所以就變成了跨域、跨媒材的活動，整個社會剛好到了一個可以去反省、去創造的時刻。當時的收藏家會去組織讀書會，那個時候支持藝術家們的藏家是醫師、建築師、律師。建築業在八〇年代也逢勃發展，在政治之外，其實已經獨立出一種不用靠體系、不用靠政治也可以自行運作、募款的機制。

王俊傑　《雄獅美術》跟《當代》、《南方》有點不一樣，它非常聚焦在藝術範疇的多元性裡，在這個過程中，很多編輯或作者提出許多滿重要、甚至挑起某些論戰的討論，裡面有一些思考、思想性質，去思考我們的藝術、美術何去何從等等，可能以西方作為借鏡，但是最後還是回到我們自己的土地去思考。

李梅齡　台灣的八〇年代是一個訊息泛濫、實驗性強烈的時代，《雄獅美術》是那時期的社會縮影，它是混亂而豐富的，它有「雄獅美術新人獎」，想與當代藝術創作連結，可是它也想要在經濟上對藝術家或藝術整體環境帶來好的發展，所以也做「雄獅畫廊」。等到北美館一成立，在這個話語權轉換的過程中，雜誌就慢慢不一樣了。八〇年代做封面型的台灣前輩藝術家，然後設立「雄獅美術新人獎」，以畫廊空間與當代藝術創作連結，其實就是表現那個時候的社會所需要的訊息和詮釋。我個人覺得《雄獅美術》在九〇年代中期不是因為經濟因素而停刊，它是一個長期存在的提問，就是雜誌到底要做什麼？所以，即便是後來《雄獅美術》所談的論戰，在這些時代脈絡當中都已經逐漸明確。

1

地點：北美館第一會議室（閉門會議），時間：
2021年8月6日。側記整理：林怡秀、雷逸婷。
本篇原始出處：〈「思潮與出版‧八〇」閉門會
議側記〉，「啟蒙‧八〇」特別企劃，《現代美術》
202期（臺北：臺北市立美術館），2021.10，頁
48-63；©臺北市立美術館。

文化生態的協力與編織，從低角度綻放花朵的八〇年代

詹宏志訪談[1]

受訪｜詹宏志（作家、PChome Online 網路家庭董事長）

採訪｜王俊傑、黃建宏

王俊傑 現在人們所說的「趨勢」比較是大眾化、訊息性的角度，而詹宏志在八〇年代的「趨勢專家」角度，反而是跟社會結構變遷、知識的轉變、文化的介入有關。八〇年代對於現在是相當重要的轉折，我們希望以新的「跨領域」觀點彙整當時發生的事情。

黃建宏 觀察八〇年代台灣的活力來源其實跟人的心理狀態還有和人跟人、環境之間的互動關係非常密切，要了解台灣，就需要去了解八〇年代這個時間跨度所產生的力量。今天邀請詹宏志，希望請他分享當時在各個領域中的參與及觀察。

詹宏志 出生於1956年，台灣大學經濟學系畢業。現職 PChome Online 網路家庭董事長。曾任《聯合報》、《中國時報》副刊編輯，遠流出版社總經理，創立城邦文化事業與 PChome Online 網路家庭出版集團。在台灣新電影浪潮中扮演推手角色，起草〈民國七十六年台灣電影宣言〉，策劃和監製多部台灣新電影史上的經典影片。

詹宏志　作為一個見證者的優點是，也許還有機會描述當時的氛圍和感受，缺點是，包括我對參與的事的觀點，可能都受我扮演的角色侷限。我先簡單說一下我的職涯，因為目前的文獻資料都不是很準確。

編輯生涯，以全球為網絡的言論年代

　　我要升大二的 1975 年進入《幼獅文藝》做美術編輯。《幼獅文藝》在六〇末、七〇年代初曾是台灣最前衛的雜誌，主編瘂弦在做《幼獅文藝》時，是最早開出各種國際瞭望專欄的人，這個概念後來延伸到《聯合報》和《中國時報》副刊，當時，台灣的編輯人傾向把全世界使用中文創作的人都當作台灣作家。因為大陸對外並不開放，所以當時台灣在文化與藝術上的確是某種型態的中心，只要是用中文創作的、有華人背景的藝術家，唯一聯繫的地方都是台灣。

　　1976 年我被派去辦《幼獅少年》時，瘂弦去美國讀書，總編輯的工作交給王鼎鈞，他是白色恐怖受害者，看什麼都覺得非常恐慌。《幼獅少年》第一期，主編想邀請剛從巴黎回來的蔣勳寫專欄，當時雜誌彩色的封面、封底特別珍貴，商業活動跟廣告還很少，我建議把封底拿來做「One Piece Museum」，讓蔣勳每期挑張畫，寫關於這張畫的故事或是美學，他第一期給了塞尚《穿紅衣的少年》，這件作品引起主編憤怒，覺得在害他。創刊時正

1 左頁　圖左起：黃建宏、王俊傑、詹宏志。
2 上　　圖為詹宏志。

好要過農曆年，我還衝到印刷廠把封面換掉，蔣勳那個專欄也無疾而終。

　　1978年瘂弦從美國回來做《聯合報》「聯合副刊」主編，邀請還沒畢業的我進去，我也就撞見了報紙與副刊的黃金時期。1970年到1989年間是《聯合報》跟《中國時報》報份大幅成長的時候，1945年到1964年間的戰後嬰兒潮正好於此時成家立業，有效報份的數量跟新家庭數的增加有關。六〇、七〇年代以前，《中央日報》、《聯合報》、《中國時報》報份沒有相差很多，但到了我進入《聯合報》後，它跟《中國時報》拿走了大部分的新增報份，兩大報社的概念已經形成。家庭數增加也使台灣房地產、新消費品需求飛增，廣告需求大量增加，報紙版面寸土寸金、兩家報社當時是非常富裕的媒體，對學者的禮遇、作家的資助都很大手筆。我們都非常忙碌，每天都要安排採訪活動，也為副刊主編帶來很大的網絡。

　　當時還沒有黨外雜誌，副刊就是言論第一線，他們聯繫全世界的華人作家跟學者，這些人可能談中國大陸、談台灣、談民主、談歷史，七〇年代初開始有文革倖存者開始寫作、敘述文革經驗，有阿老的《腳印》、凌耿的《天讎：一個中國青年的自述》，而陳若曦的《尹縣長》轟動全世界，各國都出了譯本。那時代的副刊主編對國際訊息非常敏感，所以瘂弦在1978年《尹縣長》英文版出版前夕就拿到小說的序，要搶在英文版上市之前登出。當瘂弦看完中譯稿，刪了一句引述自張系國的話：「台灣政府對言論的控制跟他對岸的敵人是一樣的」，這段話的引述在序的前後文之下，意思是說在台灣，創作者也有他的艱難之處。但我看了之後感到不妥，說要登就全文照登，不然過兩天全世界都會看到與這不同的版本，瘂弦先生也同意，可是這在那時代是很危險的，他非常猶豫，在辦公室踱步考慮整晚後決定全文刊登。之後，他打電話回家給太太打包些行李，因為不知道會不會被約談。

　　當時新聞以外的所有題目都在副刊，到了七〇年代末、八〇年代初各種題目、社會議題爆發，報紙副刊覺得所有社會動態都是他們的範圍，所以高信疆會做像洪通、陳達，創造各式各樣與社會衝撞的題目。瘂弦創造了「第三類接觸」的概念，把完全跨領域，認知中不可能對話的兩個人設計在一起談同個題目，譬如找許信良和鳳飛飛談流行歌曲、找楊牧和胡茵夢談電影。高信疆

是個想要「攪動社會的人」，他如果對某個東西有他自己的認同，就要排山倒海非做到震撼社會不可。瘂弦、高信疆兩個人格獨特的編輯的對抗，以及兩報不分軒輊的資本、資源、國際聯繫，這個黃金時期從七〇年代末一直到九〇年代初，台灣各種刊物、黨外雜誌出來分掉各式各樣的議題後，副刊才開始沒那麼要緊。

1979年，我被派去做「萬象版」主編，但我對這工作沒有很喜歡，那時我也畢業了，想用到我自己的訓練，所以離開《聯合報》去《中國時報》系統的《工商時報》編副刊。《工商時報》雖然是財經報紙，但是有個文藝副刊，因為我有兩大報副刊的洗禮，想做比較新、有報導、有田野的題目。我報導當時台灣私營遊覽車「野雞車」的營運生態和台灣地下期貨公司賭局的專題。報社問我如果要做彩色版，應該增加什麼內容？我就建議做「影視娛樂版」。那時所有影視版都是電影、唱片公司提供材料，有很強的文宣性質，可是我受好萊塢《綜藝》（Variety）雜誌的影響，覺得該做影視的產業報紙，來搞清楚台北首輪賣給中南部二輪的中盤片商的計算方式、做每週台北戲院的票房行情表、每個明星拍電影、出唱片、拍廣告等等的行情，也做錄影帶租售市場的新片情報。我也想知道電影工業有什麼結構性的變動可以報導，當時香港新浪潮剛冒起，我就趁他們路過台灣時，訪問徐克等人，介紹香港新浪潮從電視、電影到對工業的影響。

1981年，我是本省人，但被《中國時報》派去做《時報週刊》總編輯。當時國民黨掌權者除了對言論嚴加看管，對人的身家背景也開始有所謂了，所以我當上總編輯後，去印刷廠，工人還為此放鞭炮慶祝。兩大報雖然對當時政府有一點點批判和制衡能力，但畢竟兩報創辦人都是國民黨中常委，報紙能做的事有一定的範圍。《時報週刊》做了一段時間，應余紀忠先生請託，我去美國做《美洲中國時報》。1984年中華人民共和國第一次參加洛杉磯奧運會，美國的華僑非常興奮，為了響應讀者的心情，《美洲中國時報》花了很大篇幅報導奧運以及中國大陸在奧運的成績，但這些內容傳回國內，就被說：「《中國時報》一窩子共產黨在美國亂搞」。余老闆1984年在壓力下把報紙停掉，我自己也在美國流浪一年多才敢回台灣。這些編輯變成黑名單，很多人輾轉才回到台灣，而我是在報紙結束前想回台灣就辭職了。

翻轉唱片生態，從搖滾精神中闡述對抗

回台後，我試了些奇怪的職業，1983年被滾石唱片老闆段鍾潭找去，第一個工作是做羅大佑第二張唱片《未來的主人翁》。所有歌手最難做的就是第二張唱片，因為第一張賣得好，第二張出片被要的訂單量會很大，需要判斷，因為反應不好被退的話損傷很大。但如果出太少，結果紅了，第二階段盜版馬上就接手了。當時，正版跟盜版的銷售量大概一比十，所以機會只有一次。但我其實能做的就是「論述」，一個抗議歌手上電視綜藝節目也沒法玩遊戲；上電台做個採訪播三首歌，剩下的審查不過，不能公播也就沒了，所以他的部分很難。我就想到當時沒人做的——開新片記者會，希望能一上市就佔領報紙版面。

另外，我們希望做一場歌手個人演唱會，當時哪怕是紅到像鄧麗君、鳳飛飛，也都是聯歡晚會的形式。而我們都是聽西洋音樂的人，認為有 Rock Concert（搖滾樂演唱會）是理所當然。一開始光是找場地就花費不少功夫，最後決定在中華體育館後，才發現接踵而來的困難，搭舞台的服務找了中央電影公司的布景組，因為只有他們能三小時把舞台搭起來。這麼大的場地架燈光需要很多桁架，全台打聽，結果只有雲門舞集有自己的桁架，不但跟他們借了鋼架，還借了舞監幫我們。最困難是音響，除了要解決回音秒數差，台北沒有音響公司有這麼多喇叭，後來合作的音響公司協助把台北所有音響公司器材都借來。因為所有的事務都需要很大的經費，台灣企業也不懂為何要贊助演唱會，最後是幾個外國公司贊助，台灣的第一場演唱會就這樣辦起來，後來也蔚為風氣。

我在滾石一年多，前後做過羅大佑、潘越雲、齊豫、李恕權，後來覺得我不適合唱片業的工作作息就離開了。之後總有些奇怪的案子會被找去參與，比如《明天會更好》的案子在我當時開的「麥田咖啡館」開會。製作人是李恕權，寫歌譜曲的是羅大佑，現場指揮歌手的是我弟弟詹宏達，我則被三毛派去香港賣版權。後來我1990年離開遠流時，再度被邀請去做「波麗佳音」的總監，我找了倪重華做音樂總監，出了林強的《春風少年兄》、伍佰、張震嶽的第一張唱片、「黑名單工作室」的第二張唱片，開啟台灣後來所謂的「台客搖滾」。1982、1983年羅大佑掀起的

3 《未來的主人翁》專輯封面，1983。
滾石唱片提供

是國語流行歌曲的新表述方式；九〇年代初台語歌則脫離了日本演歌的影響，把搖滾樂精神中跟社會對抗的音樂形式加進來。我是一個在出版上支持他們的人，真正重要的推動者是像林強、「黑名單工作室」、陳明章等人。

重回出版，擬定新制版權合約的編輯之手

1984年我去「遠流」時，胡適紀念館找我，想出版胡適的作品，當時胡適作品版權在遠東圖書公司手上，那時胡適紀念館還是私人的，需要收入來源維護館舍，但卻收不到版稅。他們的合約是上海時期張元濟跟嚴復之間沿用到台灣來的合約，在法律上其實有點複雜，有很多問題。我認為很有挑戰，就把書簽下來了，這也引來我跟「遠東」打了十幾年的官司，打到胡適的著作權消失，我們兩家誰也沒贏。我因為這過時的合約有很深刻的感觸，所以在遠流更改出一份對作者更有保障的合約，今天台灣所有出版社的合約大體上都是我那個版本延伸出來的。另外一個是書系，也就是主題叢書，這改變了台灣整個出版業的生產方式。我第一個就是「大眾心理學全集」，這不只推廣單一的書，還推廣了一個概念、系列，用我學經濟的角度來說，就是教育成本的降低。另外像是大套書的分期付款，我花了很長的時間，說服銀行把分期付款合約裡的應付帳款做成抵押品，跟銀行把分期還沒收到的款項借出來，這是當時很少的抽象概念。我當時設計了非常多出版形式都是後來這產業用比較多的。

不在會議中的起草者，「台灣電影宣言」

我在遠流做到1990年，兩年後又回去做不到一年。「台灣新電影」是我在遠流工作時參與的，我沒在任何電影公司上班過，跟台灣電影的關係可能要提到我在《工商時報》介紹香港新電影，當時有一組創作人找到我，之後我也出資協助他們拍攝《1905年的冬天》，導演是余為政，編劇是剛從美國回來、還沒碰過任何電影的楊德昌。真正跟「台灣新電影」有點關係是從《戀戀風塵》開始，侯孝賢的《童年往事》當時票房慘淡，讓他失去了台灣電影圈的資金支持。我能幫的忙就是想投資規模和回收的可能性，以及用什麼基礎與角度說服投資者。

4　羅大佑1984年中華體育館演唱會，王俊傑攝影／提供

1986年侯孝賢來找我，講了六個故事，面對票房失利，他需要能東山再起的計畫，我聽下來只有《戀戀風塵》預算容易管理，題材也容易控制，《悲情城市》預算太大，當時製作條件也做不出來。他聽我的意見先拍了《戀戀風塵》，我也第一次參與了電影工作，幫他開開鏡記者會、寫新聞資料、聯繫國外片商。這部片票房過了關，所以有後續的計畫，之後《尼羅河女兒》他想找楊林來演，我就去跟唱片公司談電影的規劃跟投資。後來《悲情城市》的劇本出書，前面有朱天文寫的〈悲情城市十三問〉，裡面有段便是我跟「綜一」的老闆解釋我心目中的侯孝賢該如何經營，當時沒人能理解，我還把這些說帖寫成〈侯孝賢經濟學〉發表在剛創刊的《商業週刊》，我的結論是投資侯孝賢比成龍安全，因為各式各樣的國際市場收入都是可計算的。侯孝賢的電影不太會賠錢，因為他在國際上已經有股力量，這個量錢都很小，但合在一起是可以經營的。

5

　　「台灣電影宣言」發生在1987年《尼羅河女兒》上映之後，那時「台灣新電影」的工作者非常低迷，被認為是票房毒藥，電影圈都排斥他們；沒工作機會，也不知前途在哪，金馬獎不理他們、政府覺得他們是找麻煩的人。當時一群新電影的同情者在楊德昌四十歲生日派對時，在他家激憤聊到想發表宣言來表達對這處境的不滿，可是大家找不出共通的表述方式，所以希望我來執筆、轉呈。當時因為父親在病房中，我人不在台北，謝材俊到我家等了我一夜，我一回台北他便以他驚人的記憶轉述前晚大家眾說紛紜的意見，謝材俊才剛離開，我又必須回到台中陪伴父親。這份宣言是在醫院對面一處咖啡店角落，花了約一小時完成，隔天交給謝材俊，想改再告訴我，結果拿回去大家就都簽字了，接著就找《人間副刊》刊登。最後，「台灣電影宣言」似乎完全照我寫的登出，同時有石靜文採訪另一邊人的意見寫了檢討「新電影」的文章，兩邊並呈。登出後引起軒然大波，中影當時的林登飛總經理把簽名的人統統封殺。所以宣言對外界影響不大，但這群簽名的人就裂分成兩種，一種是跟電影圈還有各種工作關係，但工作機會不太多的電影工作者，覺得宣言太激烈而影響工作機會，想辦法劃清界線；可是對評論者當中的某些人，認為這個宣言除了現象外什麼都沒說，太軟弱、沒有意思，應該要有更

6

5　吳念真、朱天文，《戀戀風塵》，遠流出版社，1993
6　吳念真、朱天文，《悲情城市》，遠流出版社，1993。收錄朱天文，〈悲情城市十三問〉

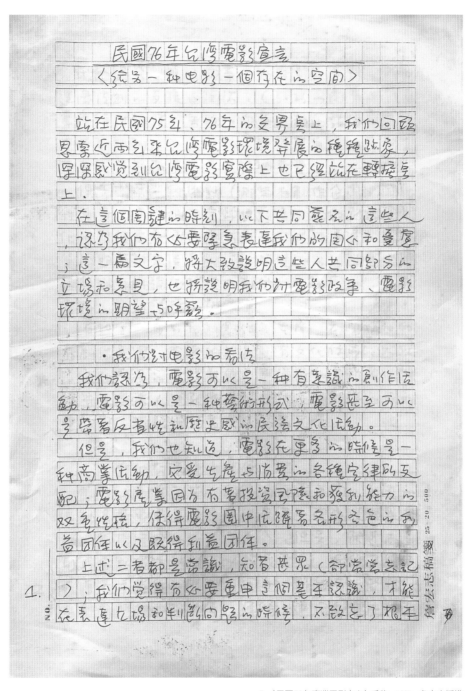

民國76年台灣電影宣言
〈給另一種電影一個存在的空間〉

站在民國75到、76年的交界點上，我們回顧思索近兩年來台灣電影環境發展的種種跡象，深深感覺到台灣電影實際上也已經站在轉接點上。

在這個關鍵的時刻，以下共同簽名的這些人，認為我們有必要緊急表達我們的關心和意見；這一篇文字，將大致說明這些人共同認為的立場和意見，也將說明我們對電影政策、電影環境的期望與焦慮。

• 我們對電影的看法

我們認為，電影可以是一種有意識的創作活動，電影可以是一種藝術的形式，電影甚至可以是嚴肅反省性和歷史感的長遠文化活動。

但是，我們也知道，電影在更多的時候是一種商業活動，它受生產者消費的各種定律的支配；電影產業因為有著投資風險和獲利能力的雙重性格，使得電影圈中流傳著各形各色的求益團體以及獲得到益團體。

上述二者都是常識，知者甚眾（卻常常忘記），我們覺得有必要重申這個基本認識，才能在表達立場和判斷問題的時候，不致忘了根本

1.

7　〈民國76年臺灣電影宣言〉手稿，1987，詹宏志授權

激烈的觀點。但我認為這是位置上的不同，作為執筆者的我當然很沮喪，沒辦法寫篇文章讓大家合起來更有力量，反而分裂了大家。外國媒體訪問楊德昌時，他說：「The beginning of the end」，結束的開始，「新電影」到這就結束了。

八〇年代，「低角度」的文化現象

　　這件事讓我強烈地感受到也許行動比文字更適合，所以後來的採訪，我都說我沒有改變台灣電影工作環境的 Macro Policy（宏觀政策），我做不到；只有 Micro Policy（微觀政策），像是侯孝賢下部戲要如何找資金，題目變小，我就可以想辦法。我們花了一年說服邱復生投資《悲情城市》，《悲情城市》從開拍前就發演員的 Production Notes 給各國片商、開拍後把劇照寄給所有買過侯孝賢電影的公司、拍戲期間邀請各國支持侯孝賢的影評人來台灣看他拍戲、寫文章。試片時大家已經知道這部電影，縮短購買的決策時間。第二，《悲情城市》是史詩型的電影，可以跳脫過去的版權行情。當時我特別成立了「電影合作社」，原本有六部戲的計畫，但這部片一開拍，我們沒餘力照顧楊德昌，其他計畫都延宕，他心理上就有點委屈、不平衡，可能導致他倆後來幾乎不太往來的原因。

　　「台灣電影宣言」出來後，一些評論者後來也批評侯孝賢，認為他們跟資本家、投資者有關聯，這些評語大多是因為他拍了國防部政宣片《一切為明天》。那時代要問這些創作者是左、是右、是統、是獨，其實很難，因為當時並沒有這個題目，「左」的概念是很少數在讀書領域的知識份子有的，那工作者跟社會的關係是什麼？我很後來才體會出來，我稱為「低角度」，意思是這些工作者、每個領域的 Trailblazer（開拓者）、拓荒者，他們當時的位置跟社會、工業的主流，其實是低對高的位置。要明白所有有地位、有錢、有權力的人，在他們看來都一樣，不管好壞都沒有好感，都是得利者。

　　「新電影」發生時他們都三十幾歲，在電影傳統裡是很邊緣的人，這些帶著各種創作想法的人其實是一無所有的，當時楊德昌的名言「英雄拍片低成本」，這是他的位置，他們當時也是因為能以低預算拍才得到機會。對侯孝賢來說，我認為拍《一切為

明天》是錯的，但他需要錢，他們在理論上的訓練沒有能力去理解「左」或「右」。楊德昌是對社會很敏感的人，在電影上幾乎可以把他看成是左派，但他的理解是，每個人都是被社會體制逼到某個角度的人，掙脫不了你的出生、家庭、來歷──這是楊德昌。侯孝賢對很有生命力的人充滿好奇、感興趣，這也是為何他都要把每個角色的一生想出來，他對人的構成感興趣。他們腦中全都是畫面、鏡頭，所以他們無法被簡單歸類到哪個理論裡，但我認為他們當時對待世界都是「低角度」的看法，都是在那個社會裡，因為某種期待或企圖而變成困難的人。

　　侯孝賢在拍《風櫃來的人》以前是票房導演，他能拍《風兒踢踏踩》這類型的電影，但當他發現新的創作意圖，他就變成那個社會、體制裡的落魄者。當時的出資者，都跟我說侯孝賢節奏要快一點、燈要打亮一點，不要用沒人知道的人。這些都是消滅侯孝賢的方法，他如果都做了，就沒有今天的侯孝賢了。他們對社會的理解沒辦法進入我們現在要的，因為他是站在一個體制底層往上看的角度，用這個角度回來看羅大佑，那個時代去電視台，他要多麼卑躬屈膝，因為黨國體制動不動就可以教訓你，多少力量壓迫他。他們看社會都是「低角度」，都是社會體制底下的仰望者，這才能解釋他們當時做的各式各樣的決定，但那個社會的氛圍也容納各種可能，那個時代，任何人看起來有影響力，政治、經濟要逼迫你。這些工作往往都是多年後回頭看才知道有價值，也沒有人知道什麼黃金時代，都是失去後才感受到。那是那時代的氛圍，沒有什麼算計，因為資源匱乏、算無可算，現在回頭看我也很懷念那個氛圍，大家都無私地想促成一件事的完成。我可以理解電影這種勸募式的收入，是因為我做出版，書的收入是這種型態，非常細瑣的、在各個領域內一點一點湊起來的。因為我的行業跟傳統電影不一樣，我有機會為不同行業朋友的聚集，帶來各式各樣的想像。

1　　地點：北美館，時間：2021.10.05。訪談整理：林怡秀、陳佳暖。本篇原始出處：〈最是黃金難久留，從低角度綻放花朵的八〇年代──詹宏志訪談〉，「啟蒙・八〇」特別企劃，《現代美術》203期（臺北：臺北市立美術館），2022.01，頁34-45；©臺北市立美術館。

反身與革新

視覺藝術觀察

陳佳暖

1979年底全島性的「美麗島事件」，與隔年初的軍法大審雖風聲鶴唳，卻是台灣社會從封閉走向開放的重要事件，公開的審訊、國內外媒體的關注與報導，引出長期被壓迫的台灣民意，進入了台灣歷史上，體制劇烈轉變的八〇年代。黨外運動、街頭社運到解嚴，這十年來的民主進程，讓台灣社會同時處在充滿希望與正義、激情與焦慮的矛盾狀態。

經濟方面，受八〇年代初期石油危機與通貨膨脹影響，政府轉向能源密集度低、附加價值高的資訊與電子機械等工業發展，同時，對高級人才資源的需求也帶動台灣高等教育的發展。在經濟成長與政策開放的誘因下，提高了留學生返國服務的意願。而八〇年代後期貨幣與金融政策的開放、國民所得的提高、消費市場的活絡，也同時面對了各種如環保意識、消費權益、居住正義、農民福利措施等社會權益上的實質問題。經濟發展亦促進了現代化大眾傳播工具的發展，形成了不同以往的大眾文化。而1981年末政府成立「文化建設委員會」，代表了文化建設被納入整體國家發展計畫後，文化政策從教育領域分離出來並被獨立推動的開端。[1]

陳佳暖　策展人、研究員、藝術家。創作與研究多關注常民生活中記憶與歷史間的矛盾與敘事建構。曾策劃2021《不在場證明》及《你存，我在。》台泰交流展、2019高雄岡山《咁敢趕幹—岡山國際當代藝術交流展》獲台新獎入圍提名。

2

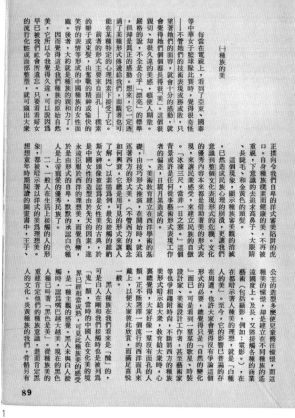

談文化造型工作

王淳義

（一）種族的美

每當在電視上，看到了亞東、國泰等中華女子籃球隊比賽時，覺得很奇怪——不管她們的技術表現或勝或敗，只要看她們的面容，就會十分的感動，就會覺得她們個個都長得「美」。這個很親切、卻久遠的美感，頓使人糊塗嚴格的說，不全是合乎「漂亮」的標準，但卻覺得這是種族的親和力了。想來，它一定透過了某種特定的心理因素下感受了它。

二、一般人在生活上接觸的人的形象，大約就是種族形成的自然美，它所以令我覺得久遠，因為它暗示著以洋式的美為理想美，使我們想像童年時期閱讀的圖畫書中，王子、美人的文化。炎黃種族意識的我們，骨骼另有黑人的種族美觀意識，進而肯定黑人的文化。

正擺向令我們自卑的洋人審美陷阱的虎口。自身種族樸素而健康的美，不再被重視，自身意識的去追求高鼻子、大眼睛、長睫毛、和金黃色的頭髮。這個現象，顯示種族審美觀的消退，更讓我們意識到整個文化心理的崩潰，更讓我們意識到整個審美觀本來就是借助著名的優秀形式表現的形式美。

公主的造型多麼使兒童嚮往憧憬，而這美的憧憬，卻是建立在不同種族的途遠國度上。不管日久，又將接觸各種的商業藝術（包括攝影，例如：電影、電視）所顯示種族美的理想，就是「白種人的美」。至今，它的影響已普遍的存在都暗示著人種美的理想，就是「白種人的美」。

一、美術教育建立在西洋學術的基礎，由技巧形式推演，在開始時，就必逐返著西方的形式美，（不管西方或東方的造型形式或讓人了解。）以來描繪為例，最先接觸的希臘斯女神頭像被認識為女性天生的古典，於是由形式的自身，默默的承認白色種人是上帝寵愛的優秀民族，這中國女性的造型於先天的形式美，永遠臣服於西洋的理想美，面貌自慚，於是以愛大家被此欣賞，而滿足且喜悅一般。

黑人種族在我們看來是「醜」的，可是白人種族的剛剛我們接觸時也是被列為「鬼」類，當時我們接觸時也是被列為一種流行的西洋面孔的人種已經延續相當成熟，可見此種族美的覺界已經相當成熟，可見此種族美的覺醒時，正不斷選擇一個流行的西洋面孔的美形式暗示給大眾，教育給大眾。

美形式暗示給大眾，教育給大眾。形式的必要，也許大家覺得沒有有論過這個形式的變化「面」。可是看到一套套的歐風、時裝設計家、美術設計工作者，甚至藝術家形式的必要，也許大家覺得沒有有面孔的人裏邊覺得，大家好像一草沒有面孔的心類，以使大家被此欣賞，而滿足且喜悅一般。

黑人種族在我們看來是「醜」的，可是白人種族的剛剛我們接觸時也是被列為「鬼」類，當時我們接觸時也是一種主觀的感覺。黑人未與白人接觸時，當認為嘴巴越大越美，現在的黑色人種已叫著「黑色是美」。從種族美的覺界已經延續相當成熟，可見此種族美的覺醒時，正不斷選擇一個流行的西洋面孔的美形式暗示給大眾。

89

1　王淳義，〈談文化造型工作〉，《雄獅美術》65期，1976。雄獅美術提供
2　《雄獅美術》創刊號，1971。雄獅美術提供
3　《雄獅美術》革新號，1978。雄獅美術提供

在挑戰與反身中開拓八〇

　　七〇年代初開啟的鄉土文學運動帶動「擁抱鄉土、關懷現實」的在地文化關注，並蔓延至美術領域。1976年王淳義於《雄獅美術》發表〈談文化造型工作〉一文，以及蔣勳在《仙人掌雜誌》中將「文化造型工作」開展為「文化造型運動」。2 蔣勳於1978年3月擔任《雄獅美術》主編後大幅改版的「革新號」標榜以「文藝」、「民族」、「現實」為三大主軸，3 便是此一實踐。改版後的《雄獅美術》特意僅留下刊物封面的「雄獅」兩大字，並將原標題中的「美術」二字改為一行「美術、攝影、建築、影劇、舞蹈、音樂、文學」的小字代替，內容結構上也以這些領域擴展，打破過去較偏限且技術性的純美術範疇，闡發各種發展脈絡不同的文藝形式，皆具有反映現實的潛能，4 讓月刊在此時期從一本美術刊物轉變成為跨領域且帶有現實主義色彩的文化刊物。

雖然蔣勳擔任主編為期不到一年，因連載出獄未久的陳映真
所著的小說與其他敏感內容，導致此時期的《雄獅》備受警總關
切，蔣勳最終因政治壓力去職，[5] 顯見解嚴前，社會的政治氛圍，
以及對藝術領域的干涉與壓迫。然而，鄉土運動已普及成為時代
的空氣，進入八〇年代後的新興世代除了七〇年代的尋根反思，
也已在主動挑戰、反省整理的調整過程中，逐漸培養出藝術的主
體意識，[6] 並以新的觀念與方法，反映時代課題的前衛性創作。

而在社會政治、經濟與文化政策變革的背景下，知識與生活
水平的提升，個人意識與社會權益相對高漲，常被稱為「狂飆」
與「集體發聲」的八〇年代，群眾意象和反叛行動的新興社會現
象，涵納了政治鬥爭、中產階級與都市空間興起、日常生活的發
現、大眾文化的風潮，及情慾反叛等社會景況，這些現象皆影響
了台灣藝術的發展。[7]

八〇年代藝術環境概覽

在上述的時代背景下，藝術史研究者陳盈瑛歸結了八〇年代
的台灣美術繼承了六〇年代前衛運動的跨界精神與群體模式。許
多留學歐美和日本並陸續回國的藝術家，如林壽宇、莊普、賴純
純、陳世明等人，以及本地長久耕耘的藝術家如李仲生、蘇新田、
倪再沁等人，時常透過舉辦座談或聚會，或像文大美術系在「巫
雲山莊」、「笨鳥山莊」的聚集方式，彼此交流與辯證，激勵出對
新藝術的思維與推展。[8]

1980年，「雄獅美術新人獎」與「春之藝廊」合作，將前五
屆得獎者組成聯展推出，開啟新生代畫家大型聯展之濫觴，也對
學院組織畫會產生催化作用。此時期的畫會組織以學院為基礎，
分屬「師大」、「國立藝專」、「文化大學」及「復興美工」四所美
術相關科系。在平衡展覽成本與展覽機會稀缺的狀況下，組織畫
會、結盟成了年輕藝術家們突顯主張、突破學院教育限制，以及
面對藝術職涯生存的積極策略。例如青年學子們的畫會更與前輩
「畫外畫會」結盟為「新繪畫・藝術聯盟」，並於1985年經蘇新田積
極引介，「南畫廊」推出文大新生代「101現代藝術群」的「101新
圖式三人聯展」(1984) 及「笨鳥藝術群」的「劇烈再造」系列聯展
(1985)。雖然最後「新繪畫・藝術聯盟」仍拆分為「台北畫派」，整

合了多個文化大學學生為主的畫派，與師大蘇新田為首的「互動畫會」，各自發展，不過，這些畫會大都期望凝聚集體意識，針對社會現實議題，提出本土新藝術的方向。

　　而在商業機制的市場競爭中，商業畫廊大多仍以較具市場競爭力的老一輩藝術家或本土寫實題材為經營主力。其中也仍有許多畫廊本著理想提供新藝術發表的機會，如前述的南畫廊引介文大的新生代創作，也舉辦李銘盛《包袱119》的發表儀式；春之藝廊則展出「異度空間」等，都成為台灣現代藝術發展過程中的重要指標。

　　初期新藝術的發表僅有少數民間畫廊支持，之後才於文化建設納入國家政策後，以各縣市文化中心或美術館等體制內展覽空間出現。1983年臺北市立美術館正式開館，揭開了美術館時代的序幕，是繼國立故宮博物院以來，台灣社會從「尋求中華正統」的努力，逐漸轉入「當代思維表現」的一個重要轉機。[9] 而其1985年的「色彩與造型——前衛‧裝置‧空間」展與1987年的「實驗藝術——行為與空間」展，以及持續引介國外現當代藝術展覽，皆展現出扮演當代藝術前導角色之企圖心。此外，「中華民國現代繪畫新展望」、「現代雕塑展」與「現代水墨抽象展」等競賽展類項，從歷屆得主莊普、陳幸婉、張永村、吳天章、盧明德等入選者的得獎作品可看出，這種競賽機制間接主導了八〇年代諸如「抽象水墨」、「抽象、低限」、「新材質」與「具象新表現」等藝術流派的發展。

　　為獲更多展演機會，且能在畫廊、美術館機制外有更自由的展演空間，八〇年代也有許多壽命較短卻極具特色的另類展覽空間，使創作的前衛性得以發揮，如1986年的展覽「息壤」於台北東區的公寓作為臨時展場。而工作室或商業空間亦被利用為展示場域，如1988年的「息壤2」於映像觀念工作室呈現；神羽茶藝館內的「神羽畫廊」，展出吳瑪悧1985年的《時間空間》個展；而陳嘉仁則將部分畫室空間作為「嘉仁畫廊」，1985年林鉅的《林鉅純繪畫實驗閉關九十天》即在此展出。而賴純純於1986年成立「現代藝術工作室」（SOCA），作為展覽與授課空間。接著，「二號公寓」、「伊通公園」等藝術空間的成立，富自主性與實驗性的展演模式，開啟九〇年代替代空間的生態。

4　李銘盛，《包袱119》，1984，陳福鑫攝影。李銘盛提供

5

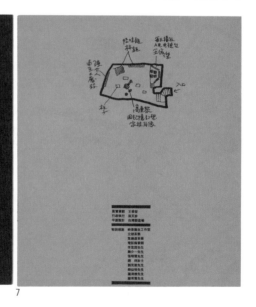

6

7

5 「息壤1」展覽文宣，1986。王俊傑提供
6 「息壤2」展覽文宣，1988。王俊傑提供
7 「息壤2」展覽文宣，1988。王俊傑提供

8右頁上 「息壤2」展覽現場，1988，高重黎攝影／提供
9右頁下 「息壤2」展覽現場，1988，高重黎攝影／提供

10 「息壤1」展覽現場，1986，王俊傑攝影／提供

陳盈瑛在《開新——八〇年代台灣美術發展》分析了八〇年代台灣兩條主要的創作路線。此時多位返國的藝術家、學者所引介之歐美當代藝術思潮，與本土的意識和風格逐漸交會，形成八〇年代創作風格迥異的兩條路線。其一為接收、消化西方前衛抽象美學風格與思維，呈現出內省或自我的獨白，較不受威權思想的約束，屬這一思潮的多為七、八〇年代留學歐美的藝術家。二為藝術家在外部環境的衝擊下，其作品反映出社會變遷的痕跡，屬此思潮的則多為留在本土發展的藝術家。

八〇年代以幾何抽象、低限造型風格為主的創作形式，某部分繼承了六〇年代的抽象前衛運動、「畫外畫會」的國際路線精神，以及六、七〇年代林壽宇所發展出的極限繪畫創作。這波實驗，在林壽宇、莊普、賴純純、胡坤榮、陳幸婉、張永村等人於1984年「異度空間」及隔年「超度空間」的展出中爆發，藝術家以軟管、鐵絲、木板等媒材本身特性的運用，與空間之間的對話，甚至觀者與作品之間的互動關係，帶起了國內探討新材質與空間雕塑的熱潮，但此類的實驗性發展較不強調議題的敘述性與說明性，也不若西方抽象繪畫與複合媒材多結合政治與人道主義背景。10

除上述的創作路線，陳盈瑛亦歸結了在台灣政治經濟環境劇變的情境下的另一大類：

具象藝術家一方面承襲自七〇年代以降，對藝術回歸母土的關懷，並致力描繪個人精神狀態與生活現實；另一方面，這些藝術家則受藝術雜誌大量引介國際藝壇新表現主義或謂超前衛主義的鼓舞，11 形成另一股強調「藝術回歸生活」的勢力。藝術家們明確地用形象作為對抽象主義的反撲，並試圖從身體行為和歷史、神話圖像的轉譯中，對工業文明下的城市意象、兩性議題、社會政治狀況、人與環境互動最直接的反應與訴求。12

例如，受超前衛主義強調區域歷史的「歷史再閱讀」的激勵，歷史、神話與傳統形象的轉譯也成為藝術家創作的靈感源頭。利用「隱喻」、「換喻」的機能，透過歷史與現代時空的並置，產生出一種略帶滑稽、諷喻的戲劇性畫面。具體來說，超前衛主義進入台灣的過程是經過再閱讀與再理解的重新塑造，因此許多從事

11　李再鈴《低限的無限》於北美館「紅星事件」後，作品移至民生東路一商業大樓中庭。王俊傑提供

社會議題的藝術家多僅是引用西方前衛或現代的表形為工具，其創作的精神內容還是呈現出台灣的本土性格。其中最受矚目的是「101現代藝術群」的盧天炎、楊茂林、吳天章三人在八〇年代初期展開了以史前時代、《山海經》、敦煌壁畫等古中國圖像的創作，反映出八〇年代台灣社會面對歷史重構以及批判舊有歷史價值的時代性。

政治與文化批判的藝術新聲

戒嚴與解嚴不只是政治事件，更是八〇年代青年藝術家成長過程。藝術家使用身體作為純粹的反叛與抵抗工具，與戒嚴時期壓迫而箝制的社會氛圍及身體經驗有極為密切的聯繫。如李銘盛1983年以一系列行動挑釁社會秩序，藉以審視生活的慣性與合理性，而其於街頭上儀式般的創作，常遭致警察關切，如1986年原訂於二二八當日從其工作室一路拉條線到北美館的《非線》，因時機敏感而被警察阻於工作室內無法執行。而陳界仁1983年發表的《機能喪失第三號》系列，五位以黑布罩著頭部、雙腳纏著紗布的年輕人，在台北西門町縱隊前進，之後在地上匍匐做出各種掙扎、痛苦的動作，展現受壓迫、掙脫束縛的意念，亦在表演期間受到警察監控。同年，高重黎創作了《整肅儀容》，結合了具威權性的監視器、顯像器及各類攝影鏡頭，試圖與鏡像理論對話。

另一方面，電視媒體的傳播與渲染力亦成為八〇年代藝術家的批判對象與工具之一。陳界仁於1982年，因看到老三台每天反覆播放「李師科銀行搶案」之監視器畫面，並受到李師科遮蔽自身面容、逾越法律界線的行動衝擊而有感而發，創作了無題的錄像作品（後名《閃光》）。而吳瑪悧於1985年的《時間空間》個展，將搓揉過的報紙鋪天蓋地黏貼在展場中，是台灣首次利用廢棄材料的創作，亦被解讀為「反映解嚴前街頭的喧囂噪音」、「踐躪報紙是對台灣媒體的批判」等。[13]

1987年的解嚴宣告了藝術實踐更可直接展開政治批判的契機。袁廣鳴的《離位》(1987) 將日常照片、歷史資料影片、槍決行刑的暴戾畫面等，剪輯並搭配反戰歌曲，對失衡的科技與溝通所導致的人類暴力和屠殺展開批判。擅長剪輯資料影片的王俊傑，

12

其創作型態和電視媒體關係密切，如《暴動傾向第三號：被強暴的映像管》(1986)與《每天播放A片的電視台》(1988)，乃至《表皮組織的深度》(1988)與《Face/TV》(1989)這些裝置作品中，持續關注消費與情色、媒體與政治，及國家暴力與歷史真相的議題。1989年他與鄭淑麗共同創作的《歷史如何成為傷口》不僅批駁電視媒體利用社會衝突事件加以渲染，更進一步以後設方式揭穿新聞刻意營造媚俗的悲劇效果及媒體的國家機器化。而吳瑪悧《民主的花瓶》裝置中使用「綠色小組」的影像，探討當時政府默許街頭抗爭，來作為台美貿易談判的手段。1989年，劇場界和藝術界的創作者、社運人士等聯合舉辦了「五二○藝術實踐聯展」，並以「520農運」作為創作題材。1990年，吳天章的《四個時代》在北美館公開展出而未受到政治壓迫、「台灣檔案室」推出充滿戲謔的首展「恭賀第八任蔣總統就職」，其中吳瑪悧《愛到最高點》呈現一個逐漸腐敗的國旗蛋糕，以及李銘盛《我們的憲法終於可以使用了》的憲法衛生紙等，皆直接使用指涉明確的符號來表述對政治與文化的批判，讓八〇年代的台灣藝術明晰地映射出台灣解嚴前後社會、文化的變遷脈絡。

　　八〇年代逐漸打破過去媒材單一及純美術類項的分類範疇，而政治、經濟、傳播媒體的影響力、物質生活環境的變遷，也使創作者嘗試、尋找足以回應對身處環境的關注的媒材和語彙。在解嚴前後躁動而起伏的年代，舊的框架逐漸被打破，新生代的藝術家們皆生猛有力地尋覓如何從邊緣地帶進入中心，而對「新」又是什麼的積極嘗試與探索，也讓所有事物皆有可能，展現了創作形式、議題內容上跨域、多元的實驗精神。

13

12　王俊傑，《暴動傾向第三號：被強暴的映像管》，1986。王俊傑提供
13　王俊傑、鄭淑麗《歷史如何成為傷口》影片截圖，1986。王俊傑提供

1　　陳盈瑛，《開新──八〇年代台灣美術發展》（台北：臺北市立美術館，2003），頁6。

2　　蔣勳，〈期待全面的文化造型運動〉，《仙人掌雜誌》5期（1977.07），頁59-60。

3　　蔣勳，〈文藝的・民族的・現實的──寫在本刊革新號之前〉，《雄獅美術》85期
　　　（1979），頁4-5。

4　　張世倫，《現實的探求──台灣攝影史形構考》（台北：影言社有限公司，2021），
　　　頁363。

5　　李賢文對此時期的口述，參見：陳曼華編著，《獅吼：《雄獅美術》發展史口述訪談》
　　　（台北：國史館，2011），頁38-39。

6　　林惺嶽，《台灣美術風雲四十年》（台北：自立晚報社文化出版部，1987），頁239。

7　　同註1。

8　　同註1。

9　　蕭瓊瑞，《戰後台灣美術史》（台北：藝術家，2013），頁144。

10　　陳盈瑛，《開新──八〇年代台灣美術發展》（台北：臺北市立美術館，2003），頁8。

11　　如陳傳興1983年於《雄獅美術》連六期發表的〈當代藝術大觀：第七屆文件大展
　　　──前衛到超前衛的總結〉。

12　　陳盈瑛，《開新──八〇年代台灣美術發展》（台北：臺北市立美術館，2003），頁9。

13　　吳垠慧，〈走出禁錮：台灣第一、二代當代藝術的誕生〉，《新活水》復刊號
　　　（2017.09），頁55。

「創作的
轉向與宣言」
主題論壇[1]

主持｜王俊傑、黃建宏
與談｜吳天章、楊茂林、楊智富

王俊傑 過去較少從台灣的時代性、文化社會，和西方思潮去談美術。八〇年代大家正好要找個出口，或是對抗某種傳統，就找到某種技法，但我們的題材可能是從本土出發。大家當時有無意識？受何影響？同儕之間怎麼互相鼓勵？

黃建宏 台灣八〇年代各種藝術形式發展時，整體條件應該有個跟西方發展不同的脈絡和處境，包含台灣美術史，大部分以人為主，很難談到環境的狀態。你們當時都是少年人，在那環境底下，為何會有那種想法、情感要一起去做些什麼事？

楊茂林 我 1975 到 1979 年在文化大學，第十三屆。那時代當藝術家很艱苦、很冒險，也沒有當專業創作者的概念，我畢業後沒想過教書。那時幾乎所有社會上藝術相關資源都在師大。以我當時創作表現方式，也不可能去比賽。當時沒展出空間，只有美國文化中心，要開個展必需花很大力氣存很多錢，且個展後等到發生效果可能要三、五年，很多藝術家在那時陣亡。

吳天章 中國文化大學美術系畢業，「101現代藝術群」、「台北畫派」創始成員，早年以油畫創作檢視歷史與政治，九〇年代後以攝影和複合媒材為媒介，開啟本土美學，近年則以錄像裝置為創作媒介。於1997年、2015年兩度參與威尼斯雙年展。曾獲李仲生現代藝術創作獎、第七屆台新藝術獎評審團特別獎。

楊茂林 出生於1953年，中國文化大學美術系畢業，「台北畫派」創始成員與首任會長。1991年獲第一屆雄獅美術創作獎、1999年獲李仲生基金會現代繪畫創作獎，分別以《台灣製造─歷史篇》系列及《台灣製造─文化篇》系列兩度參與威尼斯雙年展。

楊智富 中國文化大學美術系畢業。「笨鳥藝術」、「台北畫派」創始成員。兼具策展人、藝術家、藝評人多重身份，歷任《藝術貴族》、《雄獅美術》、《藝術99專輯》、《藝術書寫》主編、曾任帝門藝術教育基金會研發組組長、中華民國藝評人協會秘書長、淡水文化基金會藝術總監。代藝術創作獎、第七屆台新藝術獎評審團特別獎。

1　圖左起：楊智富、黃建宏、王俊傑、
　　吳天章、楊茂林
2　圖左起：吳天章、楊茂林
3　圖為楊智富

我想我不這樣玩，要組個畫會分攤經費，用聯展取代個展。那年代只有畫會，沒有替代空間的概念，畫廊大概五隻手指就可以算，所以不可能從創作換取金錢，又沒有教書，能做的就是怎麼打工、創作。從畢業到1991年賣第一張作品，也不知道我怎能活過這十年。

　　組畫會最主要是要讓自己活下去，我是「101現代藝術群」發起人，畢業時跟大一屆的盧怡仲和小一屆的吳天章最熟，吳天章跟葉子奇熟，還有梅丁衍，五個分別是我前、後兩屆，是讀文化大學美術系時最熟的朋友，相互鼓舞、刺激。後來梅丁衍出國，我們四個就組了「101現代藝術群」（1982，以下簡稱「101」，葉子奇在1984年離開），組了之後開始運作，效果還滿好的，展出機會愈來愈多，就擴大把學弟們找進來，像楊智富談得來，李民中、楊仁明作品屬性跟我們滿相同的。找梁平正那屆的「笨鳥藝術群」（1982，以下簡稱「笨鳥」）、前一屆「台北前進者

藝術群」(1983)、後一屆「新粒子現代藝術群」(1984)，組了「台北畫派」(1985)。為何不叫「畫會」？因為「派」就是大家不會差太遠，創作方式基本上都有社會議題，所以叫「台北畫派」。

其實成立台北畫派前還有個小插曲，那時我們跟師大的蘇新田請教，當時資訊很少，可能董振平從美國寄些當代藝術的資訊回來給他，就跑去他家翻翻畫冊看也過癮，且蘇新田本身也從事當代藝術，後來就一起合組更大的「新繪畫‧藝術聯盟」(1984，以下簡稱「新繪畫聯盟」)。

楊智富　我認為「新繪畫聯盟」的重要意義是「打破學院」，像「101」都是文化的，「新繪畫聯盟」是學長以年輕世代去拜訪長輩，談一談就組成的，一拉就是六〇年代師大派的「畫外畫會」，當時是為了申請北美館，需要更大的團隊。申請通過還沒做展覽，就因有老、青輩意見不同而拆開。老的後來成立「互動畫會」，文大年輕的又組成「台北畫派」。

楊茂林　最主要還是學校的問題，師大與文化。「台北畫派」以新表現為主。

4

吳天章　當初去拜會「畫外畫會」的李長俊和前輩，我想因為他們當時有出國展覽，發現跟國外不是很同步，我永遠記得他說：「人家已有噴射機，不要再從螺旋槳開始，要直接發明噴射機、跟國際同步！」也特別跟我們講：「美術館時代要來臨

4 「台北畫派」第一屆大展展覽文宣，
　1984。楊茂林提供
5 「101現代藝術群」「高雄聯展」展覽
　文宣，1983。楊茂林提供

了，要畫大畫，不然到美術館是貼郵票。」很深刻。李長俊也
很受傷，覺得有落差，就馬上翻譯書，我們是看那套很難懂的
《西洋藝術史綱要》，當時也只有他的書。

　　倪再沁是楊茂林的同學，對我們的討論啟發滿多，我們不
屑當時全省、全國美展。只有「雄獅美術新人獎」還不錯，算
有改革，梅丁衍、林鉅、陸先銘都得過獎。以當時展覽的視覺
性來講，官方的展覽我們認為是退步、不上進的，沒有新人獎
來的有現代性、前瞻與開創性。

楊智富　我是1981到1985年在文化。「笨鳥」是大家夜遊時感
性組成的，跟學長們畢業後面臨專業藝術家的延續而組的動機
不太一樣。1982年，我是學校美術學社的學藝股長，要辦秋季
美展和系展，當時感覺這些在外闖蕩的學長作品就是不一樣，
當然要邀來刺激一下在學生。所以我大二就開始接觸學長，邀
請你們，還有吳光閭、廖木鉦，應該是在當時空間較像樣的「華
岡博物館」展出。我們幾位同學常去山下廖木鉦的「木鉦畫
室」，有時董振平從美國回來，會在畫室開類似座談會。對我
們更年輕的來講，非常重要的是有學長們創造了另一種靈光，
感覺前面有熱度，那時看師大都不是我們要的。

　　我們「笨鳥」都住山上，也常聚會，我跟孫立群算是在理
論方面比較「被安排」，我也喜歡唸書。當時《雄獅美術》連

續幾期都是陳傳興寫「第七屆文件大展」、各國藝術的介紹不管是刊在美術雜誌還是副刊，我都滿認真看的。「笨鳥」畢業時在社教館辦聯展，我寫了〈他山之石，可以攻錯〉研究奧利瓦（Achille Bonito Oliva）的超前衛，那時覺得要跟別人屁股，我寧可跟第一個。

　　北美館早期引入德國現代藝術、紙藝術，還有錄像藝術，但美術館的研究員、館長似乎對繪畫也還不太了解、不太推動，直到後面的「新展望」。那時我們要如何訂出自己的創作策略？所以會用新表現、超前衛的路線，特別是 1984 年你們第一次提出「101」的主張《新圖示宣言》，很 Pro。

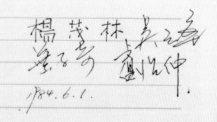

吳天章　因為義大利叫「超前衛」、德國叫「新表現」、法國叫「新自由形象」，歐洲每個國家都有個名稱，我們就想台灣應該要有個「新圖示」。

楊茂林　宣言是我們一起寫的，那時流行奧利瓦「歷史再閱讀」，尋找自己適合的創作方式，也大量的閱讀，就是要讓創作不管在理論上、技術上、技巧上合法化，不是很土的自己想畫什麼就畫什麼。

吳天章　會看日本《美術手帖》，還有「美新處」有一些外國期刊。

楊茂林　最早還有位老藝術家孫多慈，把很多她所珍藏的老畫冊，弄個半開放的私人空間讓大家可以去閱讀，一個大樓裡的房間，偶爾會撥點錢買些比較新、當下的畫冊。

王俊傑　可否釐清一下你們與老師輩們跟整個環境的關係？具體受影響或觀念的啟發是什麼？以及你們為何會有如此的藝術表現？對於許坤成、謝孝德或者是早一點的鄉土寫實，當時的看法是什麼？

吳天章　我只有許坤成，接下來是陳世明帶給我們美術史的觀念。

楊智富　當時卓有瑞、謝孝德都在師大了，我一上大學首先接觸到的就是許坤成，還有吳承碩。我很喜歡文化是因為它沒有老師、很自由，沒受老師直接影響，到許坤成之後才有，但起碼我們這屆不鳥他。我們一個年級有兩班，A班老師全是老的，我們B班很幸運全是年輕的，「笨鳥」就是我們B班二年級時組起來的。大一時賴純純剛從美國回來，唯一教的一年就是我們這屆。還有一位張元茜，屬於美術史的概念，雖也只教一學期，多少都對我們有影響。賴純純的影響是從美國帶回「新素描」的概念與教法，直接用理性觀察自然。我們會找賴純純喝酒、晚上會騎車夜遊，所以後來林壽宇回來時，也載我們去林壽宇花園新城的工作室幫他釘畫布，後來直接被拿去組裝起來，就是他的「白色繪畫」，很好玩。但實際上，老師的影響對我真的沒有，文化最重要的就是它的開放、它的風風雨雨，以及一種溫柔、熱情，有學長和每天常可討論的同學。

那時都看《新潮文庫》、聽民歌，還有「電影圖書館」，黑白片不管雷奈（Alain Resnais）、楚浮（François Truffaut）都看。最早國際學舍演出的舞蹈、戲劇都覺得比學校老師教的來的過癮。也常去國父紀念館看演出，看過4'33"的約翰‧凱吉（John Cage）和舞蹈家康寧漢（Merce Cunningham）表演。那時台灣開始有大量街頭社會運動，看民進黨每次競選密密麻麻的人都滿過癮的。八〇年代是生猛、有力的，大家似乎都在尋找如何從邊緣進入中心。

楊茂林　我生長環境特殊點，從小都聽祖、父輩談政治，罵得都是那時的國民黨。聽久了，初中、高中就對社會、政治議題滿敏銳的，高中就會跑去黨外運動，聽他們講話，因為家裡聽不夠，我要聽一手的、最尖端、尖銳的政治語言。幫他們送傳單、跟他們一起遊行，彰化、台中都會去參加，當時還沒解嚴，遊行憲兵馬上會來，被打得很慘，常被像水溝水的水柱噴，五臟六腑都快掉出來，憲兵還會拿長棍，根本還沒集會就打、驅趕。小時候那種經驗很深厚、很自然的。

　　我讀彰化高商美工科繪畫組，那時不知為何對風景都沒感覺，喜歡畫人。最喜歡巴黎派的表現主義，像烏拉曼克（Maurice de Vlaminck）、蘇丁（Chaïm Soutine）；比較社會主義的，就喜歡那種扭曲的線條、困苦的人民。

　　大學是個新開始，鄉下人到了台北很土，城市的東西都好新奇，電梯、電燈、窗簾……都是家鄉沒看過的，很震撼，我應該畫這些以前生活沒有的，可是要怎麼用技巧呢？前輩、美術史上沒有可參考的，西方那時有超級寫實，可是技巧和理念跟我不太一樣，我要描寫風景而已，自己就揣摩技巧，產生大學時一系列有關城市的風景。

吳天章　七〇年代可能經歷過白色恐怖，台灣藝術家有某種自我消音，有種疏離、冷冷的特質，剛好符合超級寫實，延續新都會生活的疏離，應該也是某種程度的自我消音，所以我們文大時的風格都帶點冷冷的。到八〇年代就奔放了，一方面是美術館成立，還有解嚴，我們從「冷」到「熱」，然後變成「新表現」。

楊茂林 這有個取材的問題，鄉下來的我對鄉土寫實沒感覺。我的年代，住鄉下豬臭味很重，地上都是雞屎、鵝屎，鄉土寫實對我來說過於浪漫美化、不真實，所以我較會去描寫覺得新奇的城市風景。

楊智富 我覺得鄉土寫實它另一個邊緣就是「記錄」，從七〇到八〇年代，藝術家開始著眼描繪當下都市的處境，當作風景來處理，且是接近冷調的，這部分同樣是面對真實。

王俊傑 你們創作的轉折是什麼？表面上似乎受西方思潮影響，可是內容上是不是企圖做些不一樣的東西？可否描述這個轉折？什麼啟發了你們？過程中有沒有遇到什麼阻礙？

吳天章 「101」其實也堅決主張延續鄉土文學的養成，就是「藝術為人生而藝術」，所以我們當時跟林壽宇、「SOCA」的抽象藝術完全不同。我以前參展，省美館徵件的油畫題目還叫《向中國致敬》，當時還有「文化中國」的意象，一開始構想「歷史再閱讀」時，我還會找敦煌壁畫的元素作為我繪畫的元素。不久之後，解嚴幫助很大，台灣主體性起來，慢慢受超前衛影響，每個區域有自己的歷史特色，逐漸演化到台灣主體性的歷史繪畫，就有了《四個時代》的「史學圖像」。

楊智富 我覺得你們那時的轉折非常有趣，你們當時「新圖示」的方向是朝向古中國，盧怡仲是史前石器時代、楊茂林是回到《山海經》、吳天章是回到敦煌壁畫。你們的方向一開始是抓到一個歷史的再閱讀，然後在八〇年代感受到多元化、被刺激後，開始「自我啟蒙」，解嚴前後，才從文化中國回到台灣當下。當時去思考、參考歐洲的「歷史再閱讀」，我認為是參考它的策略，那個策略對當下台灣的文化情境是最有利的，要不然台灣過去太多文化內涵被國民黨用大論述遮蓋了。

楊茂林 「101」成立之後，大概1983、84年，除了葉子奇，我們大概就是以「歷史再閱讀」為主。那時還戒嚴，所以是對於當下權威的一種背叛，我大量運用《山海經》或古代失敗、叛逆的英雄，像后羿、鯀、共工……將其偉大化，在我的畫面上出現。

　　但1985年解嚴前，看到當下社會的民主、農民、街頭運動，對威權壓制的反叛，整個社會開始沸騰，我再用這種創作方

7

7　吳天章個展《史學圖像／四個時代》，1990。吳天章提供

式是不合時宜的，就把這些囉哩八唆的取消掉。所以到了1986、87年，創作裡開始出現街頭、國會那種打鬥、鬥爭，盡量簡化作品、用漫畫表現，漫畫有很多動作、符號是馬上可以解釋、同感的。

黃建宏　解嚴之後，壓力慢慢沒有了，創作上是否有個轉向跟選擇？

吳天章　老實講，《四個時代》畫完馬上就遇到瓶頸了，因為敵人倒了、國民黨下台了。我就從材質轉換到影像，做了《春秋閣》。以前都會去台大前的發財車買禁書，三〇年代的工農兵文學、《蔣家王朝》、史明的《台灣人四百年史》，後來才有《天下雜誌》發行的《發現台灣》，到八〇末、九〇年代，美術館已開始做台灣主體性的議題。

楊茂林　我畫政治性的創作需要有那種壓力，但解嚴之後壓力不見了，再畫就有點囉唆，才開始做了「MADE IN TAIWAN」（台灣製造），研究台灣的政治、歷史、文化，把它變成創作。

　　戒嚴時期長輩們的思考、創作方式，到我們八〇年代想要做關於這塊土地的歷史、政治，已無法去吸取養分，只能去看國外的，剛好有新表現這些後現代的東西，變成我們的方法。離開文化中國最主要是因為也長大了，在創作、思考時發現共工、蚩尤這些語言太遠了！只能看我眼前的，才是最有分量與養分的。

吳天章　我也覺得敦煌離我好遠……。倪再沁在寫〈西方美術‧台灣製造〉時，也質疑、論戰過禪畫，我們「101」包括「台北畫派」，帶有社會性格，對魏晉南北朝縹渺的禪宗，我們也比較沒感覺。

楊智富　我覺得必須把這塊土地上過去曾擁有的，發展、生產出的特殊品種，讓它原汁原味再次著床，才有辦法再次找出它特殊的、只屬於我們的樣式。

1　　　地點：臺北藝術大學關渡美術館會議室，時間：2021年12月20日。側記整理：陳佳暖。

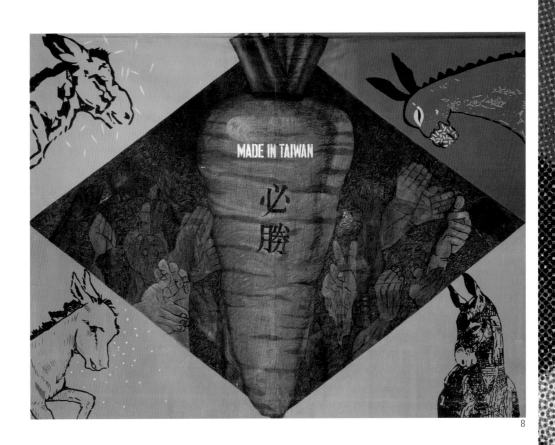

8

8　楊茂林，《「MADE IN TAIWAN」（台灣製造）》系列，1990。楊茂林提供

跨域空間
的歷險

吳瑪悧：「如果展覽一直做下來，最終會成為台灣的檔案」[1]

受訪｜吳瑪悧（藝術家、高雄師範大學跨領域藝術研究所教授）

採訪｜黃建宏

黃建宏　1985年您從德國回台後的藝術行動、想法及知識的引介，對當時的台灣非常具實驗性。您如何開始與《藝術家》雜誌有所聯繫？對八〇年代的語言或知識空間，當時有什麼感受、經歷或特別的期望？

吳瑪悧　我在1975到1979年讀淡江大學的時期，台灣在政治上有滿大的擾動，淡江剛好有幾個老師都積極參與文化辯論，後來發展成政治介入。他們常找文藝界重要人士來對話，很多是左派的，當年不懂左派，也不一定了解他們的作為，但較大的啟發是用批判性的視角去看眼前發生的事。這種精神延續到八〇年代，做為知識份子會覺得社會應該要朝較好的面向發展，有點知識份子救國，但不是去參與政治，而是都該在社會裡扮演把自己期待的價值帶進來的角色。以我學藝術來說，在國外看到很多不同的藝術表現，但那年代的台灣相對較封閉，於是我做翻譯、出版，覺得引介基礎知識、打開大家想像的視野是重要的。當時因緣際會認識詹宏志，就跟他提議在「遠流」開闢「藝術館」書系，第一批都在講藝術派別，因為台灣對這些西方基礎知識都未具備。

吳瑪悧　德國杜塞道夫國立藝術學院畢業，現任高雄師範大學跨領域藝術研究所教授。八〇年代回台後積極以藝術創作回應社會。代表作《圖書館》於1995年威尼斯雙年展台灣館展出。2016年獲頒國家文藝獎美術類獎項、2018年擔任台北雙年展策展人。

我在1979年畢業後先到維也納唸書，正好讀到康丁斯基（Wassily Kandinsky）的《藝術的精神性》，便開始翻譯。1982年我從維也納轉學去杜塞道夫前曾回台一趟，希望能將這本書翻譯出版。因為我在台灣並非本科，對藝術圈全無認識，便將譯稿投寄給大學時期讀過的《雄獅美術》，但未得到回應，再寄給何政廣的《藝術家》後開始連載，這應是我首次接觸台灣藝術界。《藝術家》會介紹世界各地的展覽，何政廣會跟像黃寶萍等藝文報導記者去看大展。1985年回台前，他因為要來德國看展而與我聯繫，這是我第一次與台灣媒體接觸，理解到至少從他們所看的展覽與眼界跟台灣落差很大。

　　回台後認識了固定幫《藝術家》寫文章的郭少宗，當時他在籌劃「新思潮藝術聯盟」，接觸了包括陳界仁、林鉅、張建富、李銘盛等。李銘盛也幫《藝術家》做攝影，當時也去看了林鉅的《純繪畫實驗閉關90天》。他們是台灣藝術圈我第一批認識的，跟那年代傳統大家所熟悉、非常有名的藝術家，如席德進、「東方」、「五月」很不同。我對藝術界的認識主要透過他們。郭少宗籌組的聯盟有點像畫會性質，但是較鬆散，那時他接洽到在延吉街開「神羽茶藝館」的抽象畫家林勤霖，他提供了茶館前的閒置空間給我們展覽。後來我在那裡展出「時間空間」，從大家對我作品的反應就可理解到落差，那年代沒人用廢棄、無價值的材料創作，也還沒有「裝置藝術」一詞。同時我也接觸到幫《藝術家》寫文章的歷史學者林保堯老師，他把我介紹給國立藝術學院院長劉思量，劉思量就邀請我在美術系開門課。

　　雖然只是開一門課，但我畢竟學創作，自認對理論沒很熟。1986年初想準備教學材料又回到德國，直到暑假回台準備開學。我是教第二屆，修課學生也包括像袁廣鳴是第三屆的，總之當時修我課的學生包括第二、三屆。第一屆的學生像侯俊明在準備畢業製作，只有來旁聽。當時在藝術學院裡也形成拉鋸，記得有次我跟水墨老師李義弘的課時間一樣，學生都跑來旁聽，結果助教還來教室叫學生回去上水墨。學校其他老師可能操作較多，比較不是理論，我開的「德國現代藝術」也不完全是理論，但是當時學院內唯一較新、介紹大家不太熟悉的德國當代。當時我課堂滿是學生，好像《民生報》有做校園受歡迎老師的調查，我也被列

入其中。可是教了一年覺得這樣不行，因為當年學校圖書館根本沒有現代藝術的資料，需要自行製作幻燈片，費用比鐘點費高，也需要準備很多材料，後來就沒教了，以寫文章居多。

我在國外看到台灣終於成立號稱「現代美術館」的美術館，心想應該會有些發展機會就回來了，其實也沒想過要進校園。但透過《藝術家》小小的接觸圈理解到美術館所喜歡的藝術跟我們在做或想像的很不同，又發生「張建富事件」，因而認為美術館、體制很保守，我們不太有機會。

黃建宏　可否描述一下個展「時間空間」，以及參與「五二〇藝術實踐聯展」，這些跟社會有關的展覽，當時什麼想法和感受？

吳瑪悧　如果純粹以表現的媒材和形式而論，當時我對「時間空間」滿得意的，因為我不只把平面性立體化，報紙上的文字使得立體化本身似乎又有內容性、繪畫性，好像突破了一種美學。在「神羽畫廊」發表時，我認為已把它發展成進入四度空間的立體裝置，只是這創作很難與台灣對話，因為這完全不是在美術館會看到的作品，展覽結束後它又回復到一堆垃圾的狀態。當時也會對藝術要如何走下去感到困惑，還好那年頭，尤其解嚴後，陸續有差不多我這年紀的人留學歸國，如梅丁衍、薛保瑕、盧明德、郭挹芬等，我覺得這跟美術館、藝術學院的成立也有關，台灣有更多可能性接納較現代的事物。我偶爾跟這些人碰面聊天，會覺得我們走在對的路上，只是台灣還沒有機會。當時賴純純在她的家裡成立「SOCA現代藝術工作室」，跟莊普做教學，像陳慧嶠、劉慶堂、蕭麗虹都是其學生。盧明德也因跟賴純純有所接觸，而賴純純的妹妹賴瑛瑛當時在美術館工作，所以他們較有展覽的機會。1988年，盧明德的姐夫陳癸淼催生的「省立美術館」策劃了我認為在當時台灣具開創性的「媒體·環境·裝置」展，邀請了我、陳幸婉和程延平這些做新媒材的展出，我因而認識了來自不同訓練背景的人。同時，日本千葉大學的藝術史研究者千葉成夫因受邀策劃日本岡山的「牛窓國際藝術祭」而來台邀請藝術家、跟美術館接觸，並在省美館看到我的作品，邀我去參展藝術祭的「亞洲年輕藝術展」，展覽邀請了日、韓、台各兩位年輕藝術家。這是我第一次到外國展覽，另一位是陳正勳，當時協助翻譯的是還在東京念書的蔡國強，所以我有去看他學

生時代做的爆破作品。

　　另一方面,台灣社會很緊張,到處都是街頭運動、抗爭,即便解嚴後,天天在街頭都還是有黨外運動,這促使我思考藝術與社會的關係。我因郭少宗和李銘盛而認識了在台師大對面開升學畫室的陳嘉仁老師,他看我們苦無空間展出,就將當時他整棟的畫室清出一層給我們做展覽,所以我1987年的作品《消失點》便是在此展出。後來因緣際會,畫室旁的中藥行樓上出租,我便租下當工作室及展演空間。接著「520農民運動」讓我頗有感觸,覺得所有的歷史事件最後都變成抽象數字,就在1987年做了《弔詭的數字》,當時請「綠色小組」幫我剪了一支集結不同運動的錄影帶,在我的空間裡播放。

　　當時也開始反思我在德國所學無法幫助我去反映社會現象。剛好康丁斯基連載完,便開始介紹「達達運動」,我為此閱讀了許多達達相關的資料、書籍,不同作者、參與運動的人寫的東西我都有。了解整個歐陸達達運動在一○年代如何運用批判、挑釁的方式來面對社會現實的過程對我很有幫助,開始思考如何跳脫舊有創作模式,去面對台灣社會、黨外運動抗爭,跟社會對話。剛提到1989年去日本參展的作品《亞——迷宮》就是非常政治性的作品,我也因蔡國強而認識了費大為,「天安門事件」使中國藝術家在國際上漸受矚目,之後幾年他們的展覽很多,我反而跟中國藝術家互動較多,包括後來費大為在法國普里耶爾(Pourrières)策劃的「獻給昨天的中國明天」也找我去座談,因為這些機緣,我反而在國外比在台灣有些展演的機會。

　　我送了國旗蛋糕《愛到最高點》去「新展望」比賽,結果初選就被刷下來。在台灣不太有機會發表,因此被迫自行創造展演的可能性。剛提到我在和平東路上的工作室,我想對「二號公寓」是有影響的,記得開創「二號公寓」的蕭才興有次來我這,覺得不錯,便把他家客廳開放讓大家展覽,才有「二號公寓」的產生,直到他移民美國,「二號公寓」才從他家搬到南京東路。「二號公寓」大部分是留美的,也因為跟這些人接觸,理解到我們這代人接觸到較新的東西,但大概都與美術館所代表的系統跟價值搭不上線。這是不錯的連結方式,當然還有「伊通公園」,有點像各自代表不同的美感觀念。

3

4

　　「520」是個大事件，各領域的人都自發地去做了些事。隔年，「新潮流」的林濁水要在北投舊火車站籌劃520藝術展演，我就主動聯繫他們並參與其中。我其實對「新潮流」沒概念，純粹是對議題有興趣、想表達看法。當時有個載菜來台北的卡車司機被指控在高麗菜下藏石塊並用來攻擊、陰謀叛亂，而傅大為和一些大學教授組織起來做了調查報告，想透過實際測試還原司機是被誣告或真的是叛亂者。我被這啟發，便在現場堆了石堆，讓大家試試看搬這麼多石頭要花多少時間。我後來才知道他們主要是要展陳來興的畫。那時因社會關係緊張，外面周圍都有憲兵和便衣警察，會感到做這樣的展覽滿危險的，雖不至害怕，但氣氛是非常不一樣的。

　　我住在花園新城時，跟莊普他們算鄰居，所以對「伊通公園」也算稍微熟悉，偶爾像劉慶堂和陳慧嶠等人來找莊普，會一起聊天。有很多後來是民進黨的黨外人士，還有些報社工作的人都住花園新城，好像形成另一個藝文沙龍的概念，常有聚會，一起聊天、喝酒、吃東西，也是不錯的安慰，知道即便我們不太被官方接受，但有群都是所謂異議份子的人，大家滿能苦中作樂，這大概是我們那時的氛圍。

3　　　「五二〇藝術實踐聯展」於　　　北投舊火車站的展覽現場，　　　1989，劉振祥攝影/提供
4　　　「五二〇藝術實踐聯展」展覽　　　現場，1989，劉振祥攝影/　　　提供
5 右頁　「零場121.25」《武‧貳‧凌》　　　節目單，1989。國立清華大　　　學圖書館珍藏資料

五二〇

幕後陰謀份子名冊錄

首謀份子

以下三人，列為首謀份子。

犯罪事實：糾集幕中共同謀製五二〇，誤導多年以來小劇場習以為常之個人主義形式美學進入行動美學之領域。視破壞觀眾因襲之觀劇習慣為樂事，毫不留情、窮凶惡極、罪無可赦！

周逸昌（製作人）
李永萍（編導）
陳梅毛（編導）

共犯結構群

以下十三人（或團體），協助周、李、陳三人共營五二〇陰謀，列為共犯結構幕。

犯罪事實：各獻其長以謀五二〇之成功。有以假亂真者，有散布不當言論者，有營造不安情緒者，有助長聲勢者；有混淆視聽者，罪行確切，無可逃遁。

台大掌中劇團（鑼鼓陣）
李念汾（文字編輯）
李婉玲（燈光）
林家興（燈光）
施心慧（服裝）
莊珮瑤（多媒體）
張芳聞（幻燈片提供）

張雅鈴（道具）
張嗣福（音效）
董碧玲（道具）
潘小俠（幻燈片提供）
鮑志雄（多媒體）
謝公翹（美術編輯）

唯尚有關心此劇之諸方人士尚未查證，待另案辦理！

音，其實也沒什麼意義。但我其實較難或有興趣以純粹抵抗性的手法創作，後來就比較沒做了。我還是較重觀念藝術的脈絡，尋找異議脈絡、如何去翻轉，這是我自己工作的習慣。但李銘盛跟張建富比較不同，因為早期像王墨林的角度會認為李銘盛的東西較停留在表面的反抗性行為，缺乏深入思考，但我認為不能這樣理解。張建富和李銘盛的創作都有種類似性，就是找不到出路時，唯一能夠做的就是不斷地對社會批判和抵抗。大部分談李銘盛的創作可能會直接對照謝德慶，但謝德慶來自非常富裕的家庭，跟來自美濃鄉下的李銘盛是完全不一樣的，當然他在美國的處境也許某種程度有點像李銘盛在台北的處境。不過我認為應該重新將李銘盛放到台灣整個社會脈絡來理解，去思考他的背景、狀況。同樣的，我看其他藝術家，包括陳界仁、張建富，大家在那種環境氛圍裡都有類似的狀態。我稍微好點只因為我從德國回來，可能有點不同的光環，加上我引介國外較新的資訊，大家可能對我做的事情不會當作像在「作怪」來看。

之所以會有「台灣檔案室」，是因為侯俊明的關係，他畢業時的作品不被學校老師接受，所以後來我們就在外面做展覽。當

刻意丟掉過去在德國所會的方式，去做不會的，試圖尋找不同的、批判性的語言模式。所以第一次在「優劇場簍仔店」空間的展覽，我展出了發霉的國旗蛋糕《愛到最高點》，李銘盛做的是把《六法全書》放到廁所當衛生紙的批判性作品，連德成、張正仁也都參與。第二次展覽時，張建富剛好在現在的正義國宅開了「摩耶藝術中心」，便在那裡展出，我把邀請卡做成符咒，展覽名稱就叫「怪力亂神」。我那時在思考，我們其實有很多例如民間的傳統、藝術，似乎跟我們在講的主流藝術其實沒有辦法連在一起，但我覺得精神上其實有許多類似性。所以在那個展覽裡面，我就邀請前不久過世的媒體記者易小文，他號稱會算命，我就請他參加展覽，他的作品就是擺個算命桌幫觀眾算命，我覺得某種程度這也可以說是行為藝術。另一位參展藝術家張建富的東西也和行為表現有關聯。所以在這裡頭，我已經在思考我們要談台灣本身的藝術的話，有個與西方非常斷裂的部分，但那個部分我也沒有能力處理，我只是把它涵括進來。

至於「性別」比較是從陸蓉之開始在《藝術家》介紹美國女性藝術，後來陸蓉之第一次策劃女性藝術展時，便找了「婦女新知基金會」合作，比較促使我去思考藝術與性別的關係，此前我想的都是政治與社會。之後，我開始去了解西方興起的「婦女研究」，也認識了台灣的研究學者，受益良多。反對運動涉及權力關係，掌權者與人民之間的對立就涉及到社會階級面，就有勞工運動產生，環保、農民及婦女運動都是一起出現的。也因為跟這些知識圈有所接觸，後來王浩威和陳光興做《島嶼邊緣》時我自然就被拉進去。我們在當年都是所謂的異議份子，我覺得主要是圈子很小，幾乎都是同一批人，所以不管是勞工或環境運動，好像大家都會被召喚去、都會參與。八〇年代剛好是個起起伏伏的年代，舊的框架逐漸被打破，新的東西又是什麼？其實是不知道的。我們剛好在那樣的年代裡面，所有的事情都有可能。

1　　　本訪談於 2021 年 11 月 2 日在線上進行。訪談整理：陳佳暖。

翻轉景觀社會
的行動者
李銘盛：「在我的演出裡，沒有惡意與破壞」[1]

受訪｜李銘盛（藝術家）

採訪｜王俊傑

王俊傑　我們想從你對八〇年代當時社會氛圍的回想開始。你原就讀台灣省立海洋學院（今國立台灣海洋大學）航海學系（1973-77），1975年去電信局工作後才開始思考做創作這條路，1978年起以畫畫、攝影、雕塑從事創作。是否先談談你原來不是念美術科班，但為什麼會轉投入這個範疇？

李銘盛　我讀海洋學院需上船實習才能畢業，但母親不同意我上船。我姊夫一直鼓勵我報考電信局，當時這種公職考試很難，沒想到我的成績還不錯，被分發到交通部管理局位於仁愛路的電信大樓做品管工作。工作幾年以後，父母希望我趕快結婚。我看了幾個朋友的狀況，婚後都是埋進家庭，我覺得需要某種精神寄託，但不知道是什麼。1978年一個人環半島，從埔里開始走中橫，回程抵達基隆時下起大雨，我在雨中走了四、五公里，全身濕冷但也有了倏忽清醒的感覺。我感到用身體實踐的這個面向，對於我的心靈啟發有所助益，後來就一直深掘下去，尋找精神性的東西。

李銘盛　海洋學院航海學系肄業。1976年開始藝術創作，1980年開始從事行為藝術，代表作如《生活精神的純化》、《包袱119》、《公車上》。1988年於北美館「達達的世界」展覽現場進行行為計畫《李銘盛＝藝術》引起熱議。1993年為我國首位獲邀參展威尼斯國際雙年展的藝術家。

王俊傑　你1983年起做行為表演，為什麼會想到運用不是一般人會使用的方式去做創作？

李銘盛　我常行走到森林裡，但是只逗留一、二天似乎不夠久，我只好把自己拋在更原始的地方，拉長旅行的時間，在旅途中，當時有一位朋友在宜蘭頭城海邊畫水彩，我看著滿有趣的，從那時起便覺得應該找一些這樣的事情做，讓自己不是只有生活而已。在這之前我完全沒有任何藝術訓練，但我的家族裡，伯父會作畫，我母親家裡做刺繡，我的哥哥、姊姊是藝專畢業，姊姊畫傳統水墨。即便如此，由於我們年紀相差十來歲，所以小時候不知道兄姊們念藝術科班，我沒有受到他們的影響。我高中就讀台北市立工農機械工程科，受到科主任的啟發，他說製作物件時一定要寫出想法和如何執行，從高中階段起就養成這樣的習慣。所以我每次做展覽就會擬計畫書，慢慢推演發展自己的創作模式。為什麼會做表演？其實當時的藝術創作沒有公共空間，早期這樣型態的創作很少能到畫廊去展覽，所以1983年4月時我在台北頂好公園做《樹的哀悼》。

王俊傑　1981年你一出場就被稱為青年攝影家，攝影有師從嗎？

李銘盛　我是自學的。早年我為什麼會拍攝自己國家的藝術家肖像？因為我到書店找資料，書店裡清一色是外國藝術書籍介紹其藝術家和作品，我想為什麼沒有我們的藝術家書籍？因此，我告訴《藝術家》雜誌何政廣先生，想拍攝我們的前輩藝術家肖像給社會大眾。何先生告訴我：「你拍照的花費我們付，中午來我這裡用餐。」解決了我的拍攝經費。沒想到一拍就是三至四年，幾乎每天我都和這些前輩藝術家相處，他們成為我最好的老師。

王俊傑　你比較具體開始做表演，是從1983年起，那時候你還在電信局工作上班，要怎麼做這些行為？

李銘盛　我絕大部分都用星期假日和休假時段發表藝術作品。在電信局的工作滿繁忙的，但曾經有別的單位主管和我主管說：「你的同事工作一定太閒了，一天到晚在報紙上看到他的新聞，這是怎麼回事？」同事間也多有指指點點、排斥我的情形。

王俊傑　你剛剛談到自己是在完全沒有受過傳統美術訓練、也不知道你在做的行為與國際某些方向有連結，當時還在戒嚴，你又在公家機關工作，你怎麼看待這些事情與環境的關係？

李銘盛　我的作品和環境很有關連性。繪畫可以借題轉換，可是做身體表演、行為表演、偶發表演等等的表演藝術，大部分都會直接的接觸衝突。做表演是很直接、沒有辦法逃避的。我演出的時候都會印發請束、或發表記者會公告，一開始我沒有想到需要這些程序，但胡寶林告訴我，必須公開發表，行為藝術作品才算成立。

王俊傑　談談你對於八〇年代台灣在行為、行動、表演藝術領域的整體看法。

李銘盛　八〇年代初能發表行為、行動、表演藝術的藝術工作者可說是極為少數，而且在訊息與資料不夠充分之下，大部分人跟我一樣可能一知半解，或者也會誤解。我認為我很幸運，很多朋友不吝嗇給我充分的資訊，讓我成長。我們在街頭的表演其實並不簡單，那個時代的社會觀念裡，民眾的感受和想法較難被打開。尤其單獨一個人的演出更是艱難，必須克服自身、群眾、社會上的多重壓力，並且往往會被民眾稱為「瘋子」。

1

王俊傑　八〇年代初期由於解嚴前政治上開始有一點鬆動，於是開始有些人想要做不一樣的事情去回應環境，例如1982年張建富的《空氣呼吸法》，1983年你赤腳環島四十天的《生活精神之純化》，以及陳界仁的《機能喪失第三號》。八〇年代中期以後，一些從事表演藝術的團體或個人，例如林鉅、「洛河展意」、「奶・精・儀式」，包括小劇場也開始做街頭行為。方才你談到一個滿有趣的現象，就是剛開始有一部分其實並不是那麼認真，你那時是怎樣在看待這件事？你是怎麼跟這些做行為表演的人認識的？

李銘盛　我進入「藝術」的初衷，最重要的是充實自己內心、內在的精神。所以剛開始對藝術的某些項目，並沒有那麼的堅持和在意，尤其製作作品紀錄這項目；就像寫日記一樣，昨天有寫日記或沒有寫日記都沒有這麼在意。後來，由於朋友向我要某年的作品照片紀錄，我才知道記錄作品內容的重要。我先認識在為《藝術家》雜誌社寫文章的郭少宗，他介紹我認識胡寶林、張建富、陳界仁以及一些小劇場的朋友。

王俊傑　八〇年代除了你之外，張建富、陳界仁他們也在做行為表演，但是你們的狀態不太一樣。你是用一種比較開放的態度，雖然有計畫，但是不會刻意侷限在某一個理念，而是比較直覺地

去做。七○年代最早是謝德慶在台灣就做過行為，後來他到紐約，後期他做的事情愈被大家關注，但是那時候你知道他嗎？

李銘盛　那個時候我完全不知道謝德慶和他的行為表演，後來郭少宗才和我說起他。當我想要執行《生活精神的純化》時，我還不知道什麼是「表演藝術」，是胡寶林、郭少宗告訴我類似方式的行動屬於「表演藝術」。胡寶林找出一些資料跟我分享，讓我較深入的了解例如身體藝術、偶發（Happening）、行動（Action），或是福魯克薩斯（Fluxus）等形式，我就去找材料自己摸索。

1　李銘盛於北美館「達達的世界」展出現場，1988，王俊傑攝影／提供

2　李銘盛，《生活精神的純化》，1983。李銘盛提供

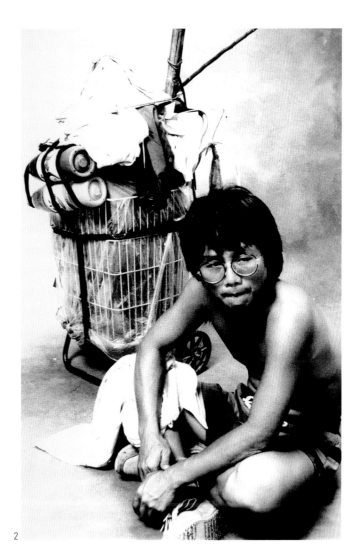

2

3

3 李銘盛,《生活精神的純化》, 1983。李銘盛提供
4 《生活精神的純化》文宣,1983。 李銘盛提供
5 《生活精神的純化》文宣,1983。 李銘盛提供

王俊傑 可不可以說明你作品之間的關聯或介入的方式?例如 1983年你做的第一件行為表演《生活精神的純化》和隔年的《包 袱119》,請談談實際進行的方式、經過與感想。

李銘盛 我最早的行為是《生活精神的純化》(1983),出發前先在 國父紀念館演出,計劃以四十二天赤腳徒步台灣全島、露宿環 島。原本的用意是要為藝術工作者籌募基金,希望有更好的創作 環境,雖然最後沒有募到錢,對我而言卻是個新的經驗與挑戰, 這也促使我接著做《包袱119》(1984),以及和吳瑪悧、張建富在 「新象小劇場」展演《花》和《ㄏㄨㄚ》(1985-86)。這三件行為表 演作品在創作上的目的和方向都不同,真要歸類的話,共同點可 以說是「身體藝術」——測試一個人的身體極限,而且這類型的 表演也會出現偶發性事件的介入或問題。其實那時我不太知道這 些,可以說是從自己的身體看到的資訊,慢慢再加以累積、醞釀、 再爆發出屬於自己的能量。

　　1984年3月中起我做《包袱119》,在「南畫廊」揭幕時即興 表演,管管幫我鎖三公斤重的包袱在身上,7月中在台北頂好公 園閉幕演出時展出雕塑,管管和林復南為我解除包袱,在這四個 月的期間每天都背著沉重的包袱生活與工作,「119」意即緊急呼 喚,意思很直接。兒童節時,我也背著包袱在北美館廣場和小朋 友一起玩,當作介入美術館的兒童節活動。

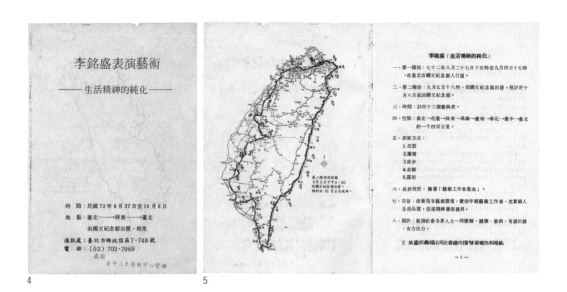

李銘盛表演藝術

—— 生活精神的純化 ——

時　間：民國72年8月27日至10月8日
地　點：臺北 → 屏東 → 臺北
　　　　由國父紀念館出發、結束
通訊處：臺北市郵政信箱7-748號
電　話：（02）703-7969
感謝
　　　　台中三采藝術中心贊助

李銘盛「生活精神的純化」

一、第一階段：七十二年八月二十七日十五時至九月四日十五時
　　在臺北市國父紀念館行道上。
二、第二階段：九月五日十八時，從國父紀念館出發。預計於十
　　月八日返回國父紀念館。
三、時間：計四十二個晝與夜。
四、空間：臺北→花蓮→屏東→高雄→臺南→彰化→臺中→臺北
　　約一千四百公里。
五、表演方式：
　　1. 沉默
　　2. 播種
　　3. 徒步
　　4. 赤腳
　　5. 露宿
六、最終理想：籌募「藝術工作者基金」。
七、宗旨：改善現有藝術環境，贊助年輕藝術工作者，充實國人
　　生活品質，促進精神層面提昇。
八、關許：敬請社會各界人士一同聲援、關懷、參與，有錢出錢
　　、有力出力。
※ 感謝依戀福公司台澎總代理贊助敏光和G相紙。

~1~

我在八〇年代中期以後的作品，比如當時政府因都市更新計畫正討論怎麼處理聯勤四四兵工廠，我高中剛好位於兵工廠後面，熟悉那邊環境。所以1986年1至2月，我就從忠孝東路那一邊的鐵道上漆了一條紅色，一直漆到國父紀念館這頭。我先聯絡《聯合報》想發表《非繪畫》（四部分）計畫，他們回應我是瘋子，沒有報導。其實在那個時間點，我開始想轉向做不同的東西，不完全和身體有很大的關聯，從此就轉向《非繪畫》這個系列。那年5月我也參加北美館「1986年中華民國現代繪畫新展望」競賽，做了一些平面作品，慢慢和以前的身體藝術有點不一樣。當然這些作品基本上還是和我們的環境很有關聯性，比如《非繪畫》第一部分，我在北美館外面用粉筆畫在廣場地磚上，下雨後痕跡就消失了。

王俊傑　我們在看八〇年代中期以後的這些行為紀錄——《非線》（1986）、《為美術館看病》（四部分，1987）、《藝術哀悼》（四部分，1987），首先會聯想到一些關鍵詞，以及對於體制的衝撞。你在做這些行為的時候，跟那個環境、體制的關係是什麼？

李銘盛　1986年時，我正在構思下一個階段的作品，想在美術館裡面做二二八行為表演，即《非線》。那時候的黨外人士一直在談統獨或者有些人講分裂，我有意把藝術家的家拉到美術館，想點出「母」與「子」的這個關聯性，因為藝術家和美術館的關係

應該是很緊密。那時剛好輿論也碰觸到這個議題，結果當天晚上我從花園新城家裡一出來，發現警察整天都在找我，不讓我出家門。所以，基本上這是一個還滿有意識的表示。

王俊傑　你認為如果是一個所謂有意識的行為，在做一件作品的時候可能要先被公告，可是因為這個行為，警察知道後就等於是阻撓了這件事情的進行，所以本來是一個行為，但這個行為根本沒有發生。

李銘盛　以《非線》來說，我第一天發給報社訊息公開我的行為計畫，第二天報導出來，但警察也看到了，由於我計劃第三天才執行，所以警察就在找我。那時我對外沒有公布地址，警察只知道家在花園新城內。當時我還偷拍警察進門的照片，作品看似沒有完成，但其意義已經彰顯傳達。

　　這個事件以後，我的行為作品就比較不是「身體藝術」的現象，包括1987年在北美館《為美術館看病》系列，或穿著樹葉編織衣服到展覽開幕現場丟西瓜、手心塗滿顏料和人握手、到大廳看報紙等等。其中的第二部分是拿我的作品即興亂入正展出的「實驗藝術──行為與空間展」，我想提醒美術館這樣的公立機構，我是藝術家，扛著我的「大幅畫作」進入館內繞了一圈展示，最後離開時竟然沒有人質問我：「你的作品從哪裡來的？」他們只覺得我在搞蛋，但我不是搞蛋，我是用這樣的方式表達；但是媒體報紙對我的行為作品幾乎都是負面報導，我沒有辦法辯駁。隔一年（1988）的「達達的世界」展覽開幕與座談會那一天的行為計畫《李銘盛＝藝術》第五部分（大小便），可能就不像《為美術館看病》的表達方式，它是我運用了更廣泛的多重方式去談「達達」那一種現象。

王俊傑　「在美術館大廳大小便」後來變成台灣行為藝術史上很經典的事件。現在重新回去看，會發現這件事情就是「達達」，就在嘲諷藝術，他們雖然說反美學，藝術已死？可是另外一方面，「達達」這個展覽又是在美術館裡面做，等於一個本來應該不能進入學術殿堂或藝術史的概念，現在卻在藝術殿堂裡被膜拜。1987年之後的幾個系列，你似乎更有意識地透過行為去處理你想要面對的環境，或是想要告訴人家什麼。

李銘盛　1986年《非線》就是一個轉折點。轉折點之前是在外面

6　警察在李銘盛工作室阻撓《非線》的進行，1986。李銘盛提供

畫《非繪畫》,《非線》本來是用身體去演出,我運用的那條「線」,第一個可以解釋藝術家和美術館的關係,但是那條線又看起來把兩個人隔開一樣。1987年的《藝術哀悼》第四部分,那時王文志來看我表演,演出時,于彭也來看我,我邀請他們加入——三個人像一支送葬隊伍,身穿白衣褲,頭帶草帽,不斷地來回行走於忠孝東路和敦化南路交叉的十字路口上。做了這次行為以後,于彭的作品稍有改變,畫作更自由,身體性變得強烈;王文志的雕塑作品也顯得有力。

王俊傑 1988年的系列作品《李銘盛＝藝術》(七部分)有一個轉化,而且層次跟前面很直覺的方式已經有所不同。請談一下這個系列。

李銘盛 《李銘盛＝藝術》第一部分以聲音為主——我在忠孝東路和敦化南路交叉路口高喊自己的名字直到沙啞為止;第二部分以影像為主,那時候剛好要選舉,有很多政治人物把自己的臉孔放大,所以我使用電視機前的輻射放大鏡片裝置在我的臉前面,放大自己的頭,影射政治人物「大頭症」的現象;第三部分以文字為主,在紅磚道上寫自己的名字。這三件作品都在特別繁忙的公共領域,在台北市忠孝東路擁擠的車水馬龍的道路上演出,格外地危險。這些行為現在說起來很簡單,但當時要付出行動時沒有那麼容易,會遇到人為的偶發事件及危險,也常需要跟來關切的警察周旋應對。其實,我的演出裡,沒有任何的惡意和破壞力想法,都是出於善意的提醒。《李銘盛＝藝術》第四部分的演出地點是「時報廣場小劇場」,這件作品是觀眾進劇場的時候,要他們把隨身背包放在門口,不要帶東西進場;排隊進場時要脫衣服,或脫什麼東西都可以,我的主意是希望參與的人們不要帶著東西,讓他們很自由、很自然。那時候在裡面我已經是裸體狀態,旁邊放著一些顏料罐,我鼓勵觀眾拿顏料塗在我身上,等同我的身體讓觀眾觸摸。演出結束後我也沒有沖洗,就這樣全身五顏六色地騎車回家。

王俊傑 1987年之後,你和吳瑪悧在《雄獅美術》雜誌上刊登廣告,表示位於和平東路一段45號的「李銘盛工作室」歡迎實驗創作發表。這一段好像大家都不太熟悉,可以談談當時的情況嗎?也聊聊你與吳瑪悧、侯俊明、連德誠等人組成「台灣檔案室」的經驗。

李銘盛　那間工作室位處和平東路一段的台電公司用地，是棟半木造的建物。那個空間大概租賃維持一、二年，因為我在電信管理局上班，所以家裡或工作室的空間大部分都留給瑪悧運用；再者，1980年至1990年間，我的作品絕大部分是表演藝術計畫，我通常就在我們家的外面搭蓋的簡單木屋裡工作。這間二樓的工作室在我們走了之後，1988年由林鉅租起來做「攤」，林鉅在1985年做「自囚」的「嘉仁畫廊」就在附近。

　　在優劇場成立的「台灣檔案室」是瑪悧主導的計畫，展覽事務、空間場域和參與人選也是由她邀請和接洽。如果是「台灣檔案室」的團體展出，我也會聽從策展人瑪悧的安排，也不太想干擾其他藝術家，因此我多半是用他們選完剩餘的空間，例如我的《我們的憲法終於可以使用了》才會出現在優劇場的廁所裡。

王俊傑　你在九〇年代最具代表性的事件是1993年你以裝置及行為表演藝術《火球與圓》參加第45屆威尼斯雙年展開放展，這是台灣藝術家首位應邀參展威尼斯雙年展展出。當時為什麼會提出那件作品？

李銘盛　《火球與圓》的想法是從1991年開始醞釀，那年辭去了電信局的工作，11月先發表《紙是樹的延伸、人的生命、生活是紙的延伸 A》，接著12月做了《紙是樹的延伸、人的生命、生活是紙的延伸 B》參與黃海鳴在帝門藝術基金會策劃的聯展。那時第45屆威尼斯雙年展主席Achille Bonito Oliva一行人來台灣幾天，已經看了很多藝術家的作品或幻燈片。Oliva到帝門看展時我剛好在現場，後來他舉薦幾位台灣藝術家參與「開放展」遴選，我也被邀請提送展出作品計畫，最後是我獲選參加開放展。遴選過程中，我提出多件作品計畫、概念和草圖，也請瑪悧幫忙翻譯。1993年，我在威尼斯製作《火球與圓》作品時差點沒有辦法完成，因為作品的紙張都是手工製作，我必須在展覽現場每日工作最少十二小時，持續近兩個月之久，仰賴的是我八〇年代長期做行為藝術的忍耐性訓練與經驗。如今回想，很感謝為我張羅與贊助龐大旅費和作品材料費的友人和單位，包括何政廣先生、黃才郎先生等，以及文建會、帝門藝術基金會的支援與贊助。

　　威尼斯展出時，我和另外一位日本藝術家柳幸典兩個人競爭開放展獎項，結果柳幸典得獎。我想是由於我的作品需要很深入瞭解創作背景才能理解——我用為父親送葬的形式，以我的血

7 位於和平東路一段的李銘盛工作室，後由林鉅於1988年開設「攤」酒館。許村旭提供

500cc、牛血、二瓶高粱酒共四加侖，進行祭天儀式，結合起來演出。而柳幸典的《The World Flag Ant Farm》視覺比較好，也很適合當時全球化議題，他把每一個國家的國旗用糖粉去做，螞蟻會穿梭在其中破壞國旗的形象。

王俊傑　八〇年代與現在的行為表演藝術環境及表現已有改變，從「跨領域」的角度來看，特別是在二十一世紀的今日，談談你在八〇年代所參與事物的價值，以及留下什麼餘緒可以影響現下的藝術環境。

李銘盛　1998年我在日本橫濱美術館個展「身高150公分的李銘盛」，是我從1981年起到1998年其間行為藝術作品的總結。這件作品在2000年後陸續於國內美術館及其他國家，以攝影、圖稿、文字紀錄、影片等檔案型態展出，我覺得對於下一個世代也許有一定程度的影響力。

　　我從事藝術的決心，就像我一個人的生活一樣，遇到困難必須想辦法克服和解決；藝術創作也是如此，會遇到無數的瓶頸，遇到不懂的藝術思潮、派別、形式，該如何取決。由於我不是美術科班出身的藝術工作者，沒有同儕，也沒有老師、學院可以倚靠與請教。我要創作出走在時代前面的作品，就是要比他人辛勤努力、意志堅定，能找出問題、找出原因、找出解決方法，我就能繼續往前走。

1
地點：北美館，時間：2021年4月17日。訪談整理：林怡秀、雷逸婷。本篇原始出處：〈在我的演出裡，沒有惡意與破壞——李銘盛訪談〉，「啟蒙‧八〇」特別企劃，《現代美術》201期（臺北：臺北市立美術館），2021.06，頁32-47；©臺北市立美術館。

1

狂飆身體

劇場觀察

黃羿瑄

在這般眾聲喧嘩的八〇年代，大環境的劇烈變動，促使當時的青年無不以行動回應著從專制到多元、傳統到創新、現代到後現代，思想與實踐上的突破。除了戒嚴／解嚴，界線分明的一聲令下，社會氛圍的潛移早已隨著黨外運動、地下媒體（如黨外雜誌、電台、街頭攝影）與外來思潮等，暗流湧動。七〇年代，鄉土文化運動開展，諸多建設與政策推動都暗示本土化路線的發展。而文化建設委員會的成立（1981）、全國文藝季[1] 廣泛的動員以及國家兩廳院的增設（1987），皆大幅度地展現了官方推廣與形塑藝文圈發展的野心。

在劇場方面，自六、七〇年代各界便陸續展開與官方主導之「反共抗俄劇」不同的創作取徑，以及話劇與傳統戲曲的改良。

黃羿瑄　出生於 1995 年，國立臺北藝術大學藝術跨域研究所畢業。現職為水谷藝術助理策展人。2019 年擔任關渡美術館展覽「不正當出籠──你們是椰子殼嗎？不，我是牧丹」策展團隊、2022 年擔任韓國水原國際攝影節台灣單元「斷點續播」策展人。

1979年，姚一葦接任「中國話劇欣賞演出委員會」主任委員，主導了連續五年「實驗劇展」（1980-1984）的推動，旨在讓新一代創作者能盡情實驗戲劇的創造性，排除商業性觀眾取向的考量，打破過往已成僵化的寫實主義桎梏。[2] 當然，「實驗劇展」可喻為一催化劑，促使八〇年代劇場成為各界熱切響應的盛典[3] 和文藝青年的實驗平台，但若要更深入地爬梳當時遍地花開的劇場現象，還得從人們的聚集與藝文資訊的流動途徑談起。

醞釀啟蒙的沃土

綜觀八〇年代台灣表演藝術相關人員的起承轉合，得以見到四面八方而致的差異思想來源，並非是單一敘事軸線的因果關係。其中，最早能夠溯源到六〇年代的《現代文學》雜誌、《歐洲雜誌》與《劇場》雜誌。[4] 而南海路上的「台北美國新聞處」、以天主教資源所成立的電影欣賞會與藝文組織──「耕莘文教院」與「華燈藝術中心」、1978年在青島東路上成立的「電影圖書館」、「青康戲院」、王墨林和卓明等文化人為了抵抗電影檢查制度，在各個試片室舉辦的放映活動[5]，以及各種盜版放映空間的成立（「跳蚤窩」、「影廬」、「太陽系」等），這些場所將歐美劇場、法國新浪潮電影及外國藝文資訊大量引進，餵養了當時台灣對於文化、藝術、社會有興趣之青年。在電影上的大量吸收，也顯現在爾後小劇場運動、新電影浪潮與實驗電影的創作觀念中。藝文場所的群聚，促成了各式人才交流的機會，相應發展出各種組織，例如在耕莘文教院的李安德神父支持下成立的「耕莘實驗劇團」（1976），即是後人提及小劇場運動，不得不提的「蘭陵劇坊」的前身。而以大量藝文資訊作為鋪墊，進而在表演藝術領域上的啟迪，還含括姚一葦、張曉風和聶光炎等劇場界先進的指導；李昂、吳靜吉在「蘭陵劇坊」進行的實驗訓練；「白虎社」、「進念·二十面體」等國外表演團體來台演出；大量年輕學子歸國，引進外國劇場理論及表演技巧，如「辣媽媽」（La Mama）、葛羅托夫斯基（Jerzy Grotowski）、理查·謝喜納（Richard Schechner）、瑪莎·葛蘭姆（Martha Graham）、菲律賓民眾劇場（People's Theater）等。解嚴前後，台灣本土化理論與身體的空缺，促使各類觀點與實驗得以快速地被接受與發展，「表演訓練方法」成了當時年輕人「自我啟蒙」之途徑。

1 左頁　李昂與吳靜吉參與實驗劇演出。中興大學李昂文藏館提供

在「實驗劇展」五年的推行中，實驗劇團紛起，如「蘭陵劇坊」、「方圓劇場」、「小塢劇場」、「大觀劇場」、「華岡劇團」、「工作劇團」、「人間世劇團」等，帶動表演藝術的發展，開啟了戲劇創作的熱潮。「雲門舞集」《白蛇傳》(1975)、「蘭陵劇坊」《荷珠新配》(1980)與「表演工作坊」《那一夜，我們說相聲》(1985)的成功，更是讓做戲、看戲蔚成風氣。於八〇年代中後期成立的實驗劇團如「河左岸劇團」、「筆記劇團」、「環墟劇場」、「優劇場」、「425環境劇場」、「零場121.25」、「臨界點劇象錄」等，響應著社會氛圍的解放，如初生之犢般，在前無援引、後無所倚的狀態下，將積累於身體中的政治能量轉由劇場行動狂飆而發，與前期的小劇場運動產生斷裂。在欠缺「主體性」的前提下，顯現出創作者的焦慮，一方面受制於前述較為系統性的外來理論框架與表演方法，一方面急欲在創作中尋求自我身分、形塑個人風格。這類以「身體」作為演員的訓練方法，始打破過去已然不適用的意識型態，重新尋找回應自身真正衝動的取徑，如劉靜敏[6] 優劇場的「溯計畫」(1988-1993)、周逸昌帶領「零場121.25」學習「牛犁歌陣」與「鼓花陣」、田啟元創作中的反體制與性別意識等。

解嚴後，社會運動與政治運動取得正當性，得以蓬勃發展。儘管政治立場不盡然相同，在動亂雜沓的社會運動現場，藝術也以一種針對集體欲望的行動現身。人們不分你我的混雜一塊，致使當時的集體創作聚合了各領域人才，形成跨域行動的特殊景觀，如結合「蘭嶼反核廢運動」的《驅逐蘭嶼的惡靈》(1988)、「搶救森林行動大遊行」的行動劇(1989)、「520農民運動」的《武·貳·零》(1989)、「無殼蝸牛運動」中萬人夜宿忠孝東路的行動劇(1989)等。與此同時，藝術家、個人或群體，自發性地以創作回應政治訴求，如李銘盛、陳界仁、「洛河展意」演出的《交流道》(1986)、由「河左岸劇團」、「環墟劇場」和「筆記劇團」參與演出的《拾月》(1987)、王墨林導演的《幌馬車之歌》(1989)等。在反抗、顛覆舊有體系的企求下，應用了許多與在地情境連結的創作方法，如報告劇、環境劇場、行動劇場等，行為藝術也與裝置藝術跨域匯合。

2　「零場」活動文宣。王俊傑提供

3　《武·貳·凌》劇照，1989，劉振祥攝影／提供

4　《武·貳·凌》文宣，1989。國立清華大學圖書館珍藏資料

3

第一步邀請

〈那樣〉

□野心很大，什麼都想參一腳，但
　卻分身乏術用刀專注於一件事情
□急於想上台表演。
□沒有好奇心與求知熱慾。

個空間具備興趣和參與探索慾——

月20日之前，以您自己的方式"做"好一
作，但是不管如何怪異，請您千萬不
列清楚，並且加附個人"影像"一"份"
50號煩皇冠藝文中心轉「零場124，25」收

背面

4

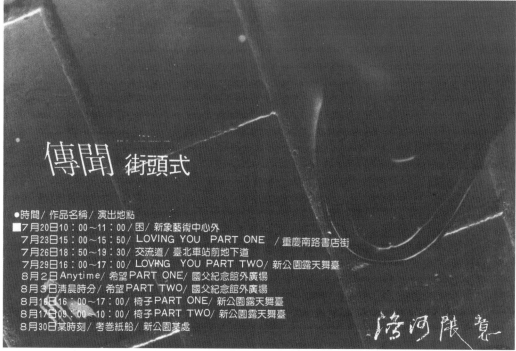

傳聞 街頭式

●時間/ 作品名稱/ 演出地點
■7月20日10：00～11：00/ 困/ 新象藝術中心外
　7月23日15：00～15：50/ LOVING YOU　PART ONE　/ 重慶南路書店街
　7月26日18：50～19：30/ 交流道/ 臺北車站前地下道
　7月29日16：00～17：00/ LOVING　YOU PART TWO/ 新公園露天舞臺
　8月2日Anytime/ 希望PART ONE/ 國父紀念館外廣場
　8月3日清晨時分/ 希望PART TWO/ 國父紀念館外廣場
　8月16日16：00～17：00/ 椅子PART ONE/ 新公園露天舞臺
　8月17日09：00～10：00/ 椅子PART TWO/ 新公園露天舞臺
　8月30日某時刻/ 考卷紙船/ 新公園某處

洛河展意

5上　「洛河展意」《傳聞-街頭式：考卷紙船》，1986，王俊傑攝影／提供
6下　「洛河展意」《傳聞-街頭式》文宣，1986，王俊傑攝影／提供

7 上　中山分局線民及警員上前阻止「洛河展意」演出，1986，高重黎攝影／提供
8 下　「洛河展意」於台北車站地下道演出，1986，高重黎攝影／提供

9 《驅逐蘭嶼的惡靈》，蔡明德攝影，1988

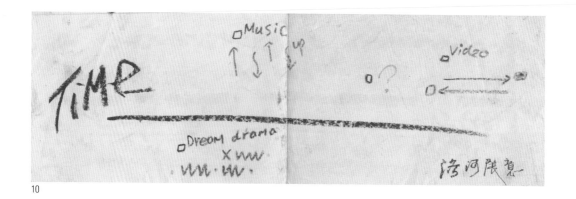

10

10 「洛河展意」手稿正面，1986。王俊傑提供
11 「洛河展意」手稿反面，1986。王俊傑提供

混雜環境下的定義

　　面臨不斷更新的社會景觀與規訓制度的殘留，兩者衝突引發當時的劇場學者產生了對於自身歷史、大時代「定義」的渴望。小劇場運動中，便以馬森、鍾明德、王墨林對於小劇場運動歷史的差異取徑及之間發生的辯證，演繹了當時人們企圖詮釋歷史，以確立自身位置、填補空缺身體的欲望。其中，以「定義」為名的歷史論點，也呈顯對於自身政治、文化定位的錯位觀察。馬森以中國戲劇史為中心建構「二度西潮」的說法，[7] 其「西潮論」將中國「五四運動」效仿西方「寫實主義」戲劇視為「第一度西潮」；而將台灣歷經六〇、七〇年代西方「現代主義」思潮，至八〇年代受歐美當代劇場「後現代主義」的影響與發展視為「第二度西潮」。將「西化」作為「非西方」地區進步發展的促因，此過程也等同「現代化」的發展。[8] 鍾明德於1999年出版《台灣小劇場運動史：尋找另類美學與政治》，[9] 雖承接「西潮論」之框架，卻欲更進一步處理台灣本土問題，以本土美學建制為目的之「革命論」作為切入觀點，將小劇場運動中創作方法的斷裂，分割為1980-1985年的「實驗劇場」與1985年後的「前衛劇場」。鍾明德也將八〇年代後期的劇場創作在西化與本土化間的壓抑與矛盾，和西方「後現代主義」失去中心、抵抗性的情境嫁接，提出台灣「後現代劇場」拼貼的想像。王墨林側重於台灣在地情境，認為若要

12 「奶‧精‧儀式」《第1類型——試爆子宮：II. 強暴瑪丹娜》，1986，王俊傑攝影／提供

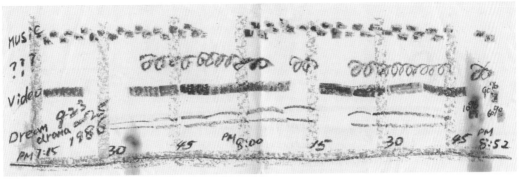

11

分析身處解嚴時刻的小劇場運動，其所謂政治理念及美學實驗難以回避台灣戰後時代結構的知識與權力部署。[10] 其所認定的小劇場運動始於顛覆體制文化的街頭展演，如陳界仁《機能喪失第三號》(1983)、「洛河展意」《交流道》(1986) 與「奶·精·儀式」系列行為作品 (1986) 等，並進而提出「戒嚴身體論」。九〇年代，王墨林有感於台灣在資本主義體制下，民間經濟收編小劇場運動成果，遂而提出「小劇場已死」之宣稱。

　　八〇年代看似身陷於差異體制與社會氛圍轉換的窘困，卻恰恰成就了表演藝術領域盡情創作的巨大實驗場。與今日相比，當劇烈改革的塵埃尚未落定，尚未過度劃分的領域界線、尚未明訂的教育體制與尚未滿足藝文需求的官方機構，使得當時的眾人得以「狂飆」般進行身體實踐，展現對於改革、解放的高度希冀，亦或是對抗戒嚴體制、反思冷戰的抵抗行動，也因而造就出跨領域實踐的創舉。八〇年代開枝散葉的豐碩成果，顯然映照出理想與實踐迸發的花樣年華。而八〇年代混雜環境與跨域創作的一體兩面，是否也在提醒著我們，如何去反思當今社會制度下的創作環境？

1　1984年全國文藝季主辦單位由教育部文化局改為文建會，每年2至7月於全台各地社教館與文化中心舉辦音樂、舞蹈、戲劇、地方傳統戲曲等演出。相關資料來源參考《臺灣大百科全書》https://nrch.culture.tw/twpedia.aspx?id=21211。

2　陳玲玲，〈我們曾經一同走走看！——記實驗劇展〉，《文訊月刊》31期 (1987)。

3　陳玲玲，〈落實的夢幻騎士——記戲劇大師的劇場風骨〉，《聯合文學》152期 (1997)，頁56-60。

4　馬森，〈八〇年以來的台灣小劇場運動〉，《台灣現代劇場研討會論文集：1986-1995台灣小劇場》(台北：文建會，1996)，頁19-34。

5　王墨林、卓明對談，周伶芝、郭亮廷與談，〈有歷史的人：卓明的劇場實踐〉，《藝術觀點ACT》76期 (2018)，頁10-21。

6　劉靜敏為八〇年代時使用之名字，後已更名為劉若瑀。

7　馬森，《西潮下的中國現代戲劇》(台北：書林出版有限公司，1994)。

8　陳克倫，《解嚴政治與冷戰美學：重探臺灣小劇場運動 (1986-1996) 的話語與實踐》(新竹：交通大學社會與文化研究所博士論文，2018)。

9　此書為鍾明德結合1986-1989的親身經驗，於1992年完成於紐約大學表演研究所的博士論文。

10　同註8，頁96。

「現代性
旗幟下
的跨界對話」
主題論壇[1]

主持｜王俊傑、黃建宏
與談｜王墨林、黃建業、王耿瑜

王俊傑 對於台灣藝術發展的研究，仍一直停留在斷代跟類型，但是當我們處理藝術歷史研究時，事實上無法完全把它們切分開來。不同領域之間的關聯性，無論是人、事、物，有非常多的糾結，可能是意識型態的、可能是學術的，而非單純地做藝術歷史的研究。請大家先來談談對於八〇年代整體社會氛圍、政治狀態跟文化環境等整體的看法。

黃建宏 我對電影的理解與興趣，是從黃建業老師的文章開始，還有另外一個很大的部分是王墨林曾跟我說，他覺得當我們這一代人想要回去看台灣的歷史是很不錯的事，但直到現在，大家對很多當時的人、事、物都沒有很好的理解。

黃建業 吳靜吉寫的《蘭陵劇坊的初步實驗》好幾篇文章關於當時「實驗劇展」裡一些表現形式與風格，「實驗劇展」是重要分水嶺，開展很多實驗形式的探索。在這之前，包括「耕莘實驗劇團」（「蘭陵劇坊」的前身）就開始醞釀了，包括吳靜吉帶「辣媽媽」肢體訓練課程也影響「耕莘實驗劇團」本身。當時我跟金士傑、卓明、王墨林、杜可風、劉靜敏（劉若瑀）、黃承晃、馬汀尼

黃建業 出生於1954年，中國文化大學藝術研究所戲劇組碩士。曾任教文化大學、台藝大、北藝大、南藝大等影劇科系，並曾任台北藝術大學戲劇系所主任／所長。中學時期與香港友人成立「衛影會」，曾任《影響》雜誌主編、國家電影資料館館長、金馬國際影展、台北電影節及紀錄片雙年展共同創設／策劃等工作，長期撰寫影評與從事電影教育及劇場創作。2021年獲得台北電影節卓越貢獻獎。

王耿瑜 1962年出生於嘉義的江蘇人，和伍迪‧艾倫同一天生日。80年代參與蘭陵劇坊及台灣新電影的拍攝工作；曾做過三屆金馬獎／影展、兒童影展及紀錄片雙年展之策展人；監製《練習曲》、《他們在島嶼寫作》、《光陰的故事--台灣新電影》等作品。創辦「小導演大夢想」、「DOCDOC」、「短片實驗室」、「果實藝術創作營」等。

2

1

1　吳靜吉，《蘭陵劇坊的初步實驗》，
　　遠流出版社，1982
2　「劇場・八〇」閉門會議於北美
　　館圖書文獻中心舉行，由當時北
　　藝大新媒所教授王俊傑、跨域
　　所所長黃建宏主持，右起與談
　　人為王墨林、黃建業、王耿瑜；
　　2020.08.06 ⓒ 臺北市立美術館提供

這些人一起，我們喜歡電影，又喜歡劇場，我們在耕莘文教院弄小型電影會，等於是一個電影與劇場的公社型態，慢慢開展後來的實驗劇場。《荷珠新配》是蘭陵的當家戲，在形式、內容與表演上得到很大的聚焦，但蘭陵的其他實驗作品反而沒有被注意，例如《貓的天堂》、《家庭作業》、《包袱》、《懸絲人》、《冷板凳》等，那些作品其實代表了蘭陵更具未來實驗劇場的發展性。

　　每一個時代都在錯誤中成長，所以無所謂成熟或不成熟，我本身更喜歡這樣沒有被探討到的作品，它之所以好玩，是因為具有矛盾性。八〇年代某些威權意識開始退位，執政黨內部出現分歧矛盾，又碰到經濟萌生、自由主義的思想引入與許多無聊的夢想。例如黃華成的劇場時代與領軍性的思維開發，那些也開啟了很有趣的面貌。八〇年代好玩之處在於它還存在著威權意識，你發現一個對抗的力度跟動機，有了這個刺激，你才會有更多的狂想、更多的突破性或者不負責任的對抗，才會玩出一個新時代的錯誤、正當或古怪的東西。也因為它有著某一些自由主義的包圍，所以保護著所有突破的可能。

王墨林　我個人和卓明、黃建業他們合作過「試片室時代」，也算是跨界對話。我覺得「跨界對話」這個關鍵詞很重要。當時同樣一批人有一部分轉到當代藝術，高重黎作為代表的話，他又跟攝影、影像有關，乃至於他後來拍了實驗電影。這個脈絡好像都是從電影開始，而劇場概念應該是從張曉風的基督教藝術團契開始，她找了聶光炎，比較不是傳統話劇的形式。那時候我們受西方影響，看電影、看《劇場》雜誌，美學呈現都比較抽象或意象化；其次是姚一葦做的實驗劇展，還有蘭陵。八〇年代「小劇場運動」接續了先前戲劇一層又一層的底氣，亦是小劇場收編了這些游擊隊，這批人到最後又跟當代藝術有關，王俊傑就是其中之一。

　　跨界跟現代性有關，這裡講到「現代性底下激勵出來的存在狀態」是很重要的關鍵。甚至「現代性」也是到近一、二十年大家才慢慢習慣談論。在日本，「近代」與「現代」都被歸納過，他們很少用後現代觀點來敘述「近代」，而我們卻常用後現代觀點來敘述「近代」。當時沒有「現代性」的論述，我們借用「現代化」或用「當代」的說法，這些在梳理歷史脈絡時都要確立下來。沒有這個東西，現代性是不清楚的，也只有談論清楚，我們才可以看到小劇場發展很重要一點，就是「思想」。八〇年代的實驗劇展，就過程來說是重要的，就像現在回頭看日據時代張維賢的戲，其實那些劇照很土，可是它就是一個思想下發生的，從「新劇運動」反殖、反帝或者左翼開始發生的，它就是一種現代性。當年的金馬影展，在中山堂旁邊的戲院放《德國之秋》，那是非常左的電影，它就是現代性的啟蒙，這些都影響「小劇場運動」，不然怎麼會有反核行動劇場、怎麼會有工人報告劇？怎麼會有後面連串的推進？因此，講到「現代性」，更要談台灣的現代性是什麼？我覺得很重要的就是「跨界」與「現代性」。

　　還有一個關鍵詞就是「解除戒嚴」，我們當然不只談「戒嚴」兩個字，而是透過戒嚴的身體與空間來談。「小劇場運動」有碰觸這個，解嚴帶進了新自由主義，也讓資本主義進入到另一個新階段。從經濟起飛時代來看蘭陵劇坊，當然有它特定的

政治背景，跟新電影一樣。為什麼台灣新電影會是由黨中央的電影機構在推動？而且是吳念真、小野這兩個台灣意識比較強的人在做，不奇怪嗎？蘭陵劇坊為什麼會在《聯合報》創辦人，也是國民黨中常委王惕吾時代下，副刊主編瘂弦做了三天的蘭陵劇坊座談，不覺得很奇怪嗎？蘭陵劇坊是一個神話化的東西。我不是說它不好，我們需要這個神話化，蘭陵劇坊到底是現代劇場的神話，還是前衛劇場的神話？我們都知道美國的「辣媽媽」並不是很有思想性的東西，怎麼會到台灣來就變成一個新局面展開？這是虛構跟真實之間的辯證，也不是說它完全錯，否則黃建業不會說《包袱》或《貓的天堂》應該保存下來。可是《荷珠新配》有多了不得？沒有的。當時我在陸光國劇隊工作，我帶國劇隊去國軍文藝活動中心演出，看到他們在演《荷珠配》，整齣戲全都是對白、幾乎沒有唱，像舞台劇一樣。他們的劇本是不外傳的，可是因為我是副隊長隊職官，所以向他們拿了劇本一看，哇！那個劇本真的很厲害。我推薦給金士傑，他改編成劇本在《中外文學》上發表。

《荷珠新配》語言的活潑性是從戲曲裡面過來的，《荷珠新配》有很多戲曲觀念都殘留中國的影子，所謂的大中國或中國文化，那個東西都要細談下去。我問過邱坤良，他說吳靜吉是台灣現代劇場的一個座標，他為什麼重要？假如沒有他，蘭陵劇坊沒有排練場；沒有排練場就沒有課程可開；就沒有文建會第一次對劇場的補助；沒有補助的話，就培養不出那些年輕人；沒有那些年輕人，就進不了小劇場，乃至於後來的藝術大學，都是跟這樣的過程有關。

王耿瑜 1981年我從嘉義北上讀大學，那年是第一屆金馬國際影展，我一直覺得電影跟戲劇這兩件事有好多密不可分的關係。七〇年代台灣電影大都是軍教片、健康寫實或瓊瑤電影，對於喜歡藝文的年輕人來說，製作電影太貴了，所以大家開始做劇場。許多劇場工作者是因為喜歡電影，當大家開始做劇場時，又碰到像侯導或楊導到小劇場去找工作人員或演員，這個關係又牽回來。1983年4月3日我去看了《演員實驗教室》，那時我還在輔大讀書，同一年在永和二輪戲院裡看了《風櫃來的人》，那年

秋天我看到「蘭陵」徵人，當時我在輔大話劇社，就寫了一票履歷表幫朋友們報名，冬天就參演蘭陵的《代面》。1984年，我轉學到文化大學影劇系，開始了另外一個歷程。

「公社」在七○到八○年代非常重要，我轉學到文化後，跟黃承晃、老嘉華、楊麗音有了另一個公社，後來很多朋友叫它「台北最後嬉皮公社」。當蘭陵走向大劇場後，一些朋友們又另組了「筆記劇場」，我們的客廳有八個榻榻米，一個禮拜排戲三天。當時榮念曾第一次帶「進念‧二十面體」來台演出，就住在我們的榻榻米上，當時沈聖德是團長，還有林奕華、王慶鏘、歐陽應霽跟黃美蘭等人。許多人在那個小小的公社裡來來去去，包括高重黎、劉振祥、陳懷恩等，我們有一個廁所空間讓他們作為暗房。也因為陳懷恩是《兒子的大玩偶》的場記，後來侯導要拍《童年往事》，找了我們公社幾個人去當工作人員。後來我在侯導的《戀戀風塵》擔任場記，也是因為陳懷恩，而開始串起很多劇場人。

吳靜吉博士說：「每個人都要相信自己可以創作！」雖然蘭陵在1991年就解散了，但這也是開枝散葉的開始。後來陸續有李國修創立了「屏風表演班」、趙自強成立「如果兒童劇團」、李永豐創立了「紙風車劇團」、黃承晃創立了「筆記劇場」、劉若瑀創立了「優劇場」等等。我從1983年12月加入蘭陵開始，我的八○年代經歷了三個劇團。參與蘭陵之後的第二年，幾個朋友成立「筆記劇場」，1988年又有了「隨意工作組」。由鄧安寧導演，張艾嘉主演的《今晚菜色如何，娘子？》在1988年國家劇院實驗劇場系列（一）首發，以及改編自村上春樹的《圖書館奇譚》，這齣戲是陳懷恩導的唯一一部舞台劇。「隨意工

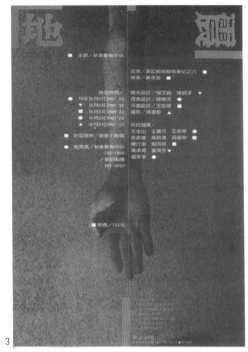

3

4

作組」還做了《火炬三部曲》，也是因為先看了這個變裝皇后的電影，我們才買了版權改編成舞台劇，由鄧安寧導演，趙德、柯一正、趙自強、林如萍等演出。對我來說，「蘭陵」對我的震撼，是非常大而深遠的。在蘭陵那個年代，大家根本不知道未來是什麼，每天在地上爬來爬去，翻啊、滾的，也不知道為什麼要做這些事，但大家懵懵懂懂的都有一種對於藝術的想望。

黃建業　每一個年代在閱讀它的前一代時，都會給予標籤化，這是難免的，標籤化之後，就開始理解某一些實質，然後才會看到裡面的矛盾跟歧分岔。對一個時代的瞭解要先從誤解開始，每一個年代都是依賴著神話去建構它自己的社會力量，大部分人只記得這些，包括「五四運動」等等，那些神話就是他們的生命力跟開創性的來源。

　　佐藤忠男在寫日本電影史的時候，他覺得六〇年代的日本好了不起，年輕人一方面反安保，另一方面，他們什麼東西都要吸收。八〇年代的台灣，好像有這樣的感覺，一大堆東西湧進來，包括吳靜吉帶進「辣媽媽」，增加了很多肢體上的理解，或是「白虎社」舞踏美學，甚至帶有布萊希特（Bertholt Brecht）或左翼思維批判性的「進念・二十面體」。更強的就是電影，錄影帶時代開始時，年輕人可以看到過去沒辦法看到的各種禁忌作品。這些東西都是爆炸性年代的基底，有趣的是，剛好台灣在那段時間也開始爆發出很龐大的、矛盾的對峙力量。解嚴前，那個力量有很清楚的目標，各種思維以及經濟的發展，都容許亂碰、亂撞、亂吸收。八〇年代的好處在於它有非常好的矛盾由來，這個矛盾由來正在開展一個時代的各種可能性，而那個時代正好可以容納這些可能性。

　　一般人其實不關注戲劇藝術，他們關注的是戲劇議題，包括我們在電視上看到的許多影片，大家通常都是討論議題優先，議題優先才會構成龐大社會力。所以，我覺得「蘭陵」這個被誤讀的神話，它的構成是有原因的，其實就是這個社會力的形成。也因為這樣，引起很多人對實驗與表現形式的關注跟探討，包括其他劇場形式也都開始備受注意，很多人開始談梅耶荷德（Vsevolod Meyerhold）、葛羅托斯基、日本的身體發展

3　「筆記劇場」文宣，1986。
　　王耿瑜提供
4　「筆記劇場」文宣，1986。
　　王耿瑜提供

等等都是從內容逐步轉移到形式問題，像賴聲川的即興創作（Improvisation），他的《那一夜，我們說相聲》，其實也是社會力優先，在人類社會中，永遠是先誤讀藝術才瞭解藝術，就跟人的交往是一樣的。

王墨林 「現代主義」跟「政治」，這兩個加起來就是意識型態。八〇年代「小劇場運動」在還無法定位它的現代性時，跟政治之間的連結，產生了台灣表演藝術在意識型態上的各種歷程。就如黃建業說的，「五四」也是神話構成，可是我們要談它的誤植因素，它是如何造成被震撼？重要的是它後續是什麼？《貓的天堂》的後續是什麼？它啟蒙了些什麼？這跟剛剛耿瑜講到的身體訓練好像有些關係，我們從吳靜吉那本書來看其身體訓練，特別是從《演員實驗教室》戲裡可以看到，比較是生活上的、感情上的，這些感情、這些生活表示跟政治、社會沒關係，而是比較私密性、私人性的。是什麼東西在耿瑜身體裡刻下那些深刻記憶？其中一個就是那個訓練造成了身體的記憶。我們現在後設回頭看那個歷史是有意義的，但你因為有意義，就變成這個作品很棒，這是會有問題的。

　　八〇年代的很多思想是跟外來思想有關，非常地豐富，可是裡面主要的核心是什麼？大家好像都沒談。我們談到舞踏、後現代、葛羅托斯基，看起來台灣就變成自由的、開放的、民主的，可是核心是由什麼貫穿？台灣是一個新自由主義之島，如果用新自由主義貫穿舞踏、葛羅托斯基、後現代主義……好像也蠻有道理的，可是藝術可以是這樣的嗎？

　　六〇年代日本小劇場非常流行演貝克特（Samuel Beckett）、布萊希特（Bertholt Brecht），還有沙特（Jean-Paul Sartre），叫做「三特戲劇」，它們基本上都有一些革命的取向。不是那種左派的革命，是藝術上的、美學上的、思想上的革命，這些東西前面的帶動當然是跟左有關、跟馬克思主義有關。六〇年代台灣很流行「顛覆」，後來也影響香港和中國，講「顛覆」不是政治的顛覆，而是在美學上的。這個「顛覆」跟意識型態有關，假如用意識型態論來看，那時台灣小劇場裡不可否認有左翼，有左翼，才可以看到行動劇場、報告劇、一些弱勢的戲出來。另外，

就是「台灣性」，台灣人的身體是什麼、中國人的身體是什麼，以及過世的陳明才，還有現在還在的王榮裕之間都在參與這樣一個論辯。其中台灣性相對於中國性，左相對於國民黨的右，所以台獨是有「新潮流」、是有左翼的路線，他們叫「左獨路線」。但現在已經都沒有了，那個年代，這些都很重要。我們都是《劇場》雜誌的讀者，《劇場》談更多電影，但也包含了劇場，他們做了《等待果陀》，也做台灣第一次的八釐米短片，裡面也有左派，包括陳映真、郭松棻等人，裡面也有一個大右派，就是黃華成，他跑去找廣告公司。那個時代的矛盾和衝突又有現代主義跟寫實主義之爭，後來又產生了鄉土文學論戰等運動。

「蘭陵」被誤讀的神話是需要的！正如我們也神話了日據時代的「新劇運動」一樣。因為沒有「新劇運動」，後面怎麼談「小劇場運動」的戲劇作為社會運動？我們有脈絡，我們不必要葛羅托斯基、舞踏、後現代，台灣本身就有其歷史！誰在建構這個神話？這個神話到底在服務誰？要說得更赤裸的話，它是跟政治、跟美國新聞處，甚至跟陳達、洪通、蘭陵劇坊都有關。按照黃建業的談法，它是非常完整的八〇年代小劇場歷史的好風景。可是這個好風景又怎樣？我們沒有給蘭陵劇坊一個適合的論述，導致關於小劇場論述產生那麼多不通的論文出來，這是很可惜的。

王耿瑜　當我首次參加「蘭陵」一年多的身體訓練，我才開始意識到，我多麼不認識我自己的身體，我覺得在蘭陵很大的課程其實是回到認識自己、怎麼挖掘自己，不管是透過語言或身體去表達。因為進入到劇場，你才會開始去面對「做自己」那個本來面目是什麼。

如同馬奎斯《百年孤寂》裡的那句話：「這世界太新，很多事物還沒有名字，必須用手指頭伸手去指」。大家也都在很饑渴吸收所有事情，所以更多元的雜食生態就是在那個時候漸漸被建立。大家基底上很多都是引進西方的觀念或理論，不管是在文學上、舞蹈上、流行音樂上都是。但是後來大家覺得有點空了，所以開始會有尋根的想法。但那個根到底在哪裡？因

此，有人就往中國走，有人就往台灣的鄉下走，有人就往傳統
戲曲走。大家開始去找所謂的根在哪裡。

黃建業　其實滿值得被探討的是小劇場外延的社會性骨幹，可
是這個骨幹談起來就更龐大，包括有台灣現代主義的整個複雜
性在裡面。耿瑜所說的演員訓練，人與人身體接觸的非語言關
係，一直到後面包括葛羅托斯基、賴聲川、北藝大表演的教學
等等，我們可以看到肢體本身的信賴跟連結逐步取代了語言
性，它跟西方或者歐洲現代主義反語言性潮流有密切的關係。
另一方面，肢體訓練以及對肢體的解放、對同伴的信賴，把自
己最私隱的可能性公開，這個在早年話劇中很少被碰觸。「蘭
陵」讓演員信賴自己的partner，以及解放自己私隱的身體，
構成表演的重要工具，這點對演員來說是非常重要的轉捩，所
以才會產生出後來蘭陵很多肢體的戲，甚至非蘭陵肢體的戲。
我們可以把肢體逐步擴充成為靜止的，甚至意識型態論述。在
沒有肢體解放之前，其實很難談，蘭陵在這個時刻引入「辣媽
媽」，所以有這樣的東西出來。當時很多西方表演美學，包括
「Living Theatre」等觀念也引進來，重擊到台灣，那個時候還
沒看到Living Theatre的表現，除非你出國，但姚一葦的文章
已經開始在談，包括「Happening」等等，它也引發了八〇年
代演員開始對自己身體的重視，而不是處理語言。

王墨林　所謂的「根」是滿奇怪的話語，這個命題從「白虎社」
來到台灣以後開始被談，第一個走到前鋒的是林秀偉，她試圖
用舞蹈尋找我們的身體。但為什麼一直在講「辣媽媽」？好像
「辣媽媽」變成主導，「認識自己身體」使蘭陵劇坊導引的身體
訓練這件事，變成重要關鍵詞。「白虎社」的舞踏對台灣舞蹈
家的吸引，讓大家都在尋找身體，這個第一階段的尋找自我身
體，1988年成立的成長團體「呂旭立基金會」在尋找自己身體
的時候，其實都是用心理劇場這一套在操作，當然這是吳靜吉
的專長，跟藝術比較無關。

　　「優劇場」就注重在談中國人的表演方法是什麼？台灣的
身體是什麼？這個優劇場已經在談了，透過劉守曜用「車鼓陣」
作為訓練，1990年陳明才為「優劇場」編導的《七彩溪水落地掃》

5 「白虎社」表演現場，1986，高重黎攝影／提供

用很草根野台的方式；1993年王榮裕成立「金枝演社」，第一個作品就是用「車鼓陣」在表演，我們可以看到以後的「金枝美學」，如何透過台灣歷史的故事把它魔幻化，並表達他想像中的一種台灣的姿態美學。

講根在哪裡是一個非常唯心、非常形而上的想像。我們有根嗎？所謂根的概念變成一種政治的身分認同。假設我們在劇場裡講根，我們可以用一個比較不精準的說法，說我們的身體是什麼？精準的說法，我們的動作是什麼？我們的身體形態是什麼？根應該不是你的身分認同問題，最後演繹成的身分認同完全是後面的政治藝術，我覺得是引發你動作的那個能量怎麼被生長出來，那是很重要的。

黃建業　我們的「他鄉異國」甚至「本國」都是假的，都是當自己空虛的時候，找一個路。所謂「根」、所謂「本土化」、所謂「橫的移植」，對我來說都是養分。在《劇場》時期，所有介紹的東西幾乎都是外國的，後來才自己做實驗電影。他們做《等待果陀》可能也經歷過某些誤讀，但無所謂，這些誤讀在每一個年代、每一個地方都出現過，有趣的是，它不單只學習這套技巧，還有吸收它背後的美學跟政治態度。不需要只聚焦在「蘭陵」，因為它的往前跟往後是明顯的，包括「實驗劇展」第一屆，它是重要分水嶺的一個原因，是它達成了非常好的社會力，在當時的傳播度上，跟整個社會關注焦點，吸引了許多人。

劇場在以前，好像從沒在台灣有過那麼大的關注度跟發展度。有了這個之後，才鋪陳到了後面的「小劇場運動」，包括肢體的發展方向、非語言方向，非戲劇性依賴，甚至敘事狀況的改變等，這些在之後都全面開展了起來！

1　　　　地點：北美館圖書室（閉門會議），時間：2020年08月06日。側記整理：林怡秀。本篇原始出處：〈「劇場・八〇」閉門會議側記〉，「啟蒙・八〇」特別企劃，《現代美術》199期（臺北：臺北市立美術館），2020.12，頁62-77；©臺北市立美術館。

跨域身體的激盪與演進

吳靜吉談壓抑年代的實驗劇場[1]

受訪｜吳靜吉（表演藝術工作者、國立政治大學名譽教授）

採訪｜王俊傑、黃建宏

本訪談出自一項發展中的研究、展演計畫，期望能夠探詢「跨領域」在台灣藝文發展歷史中的一些線索，慢慢拼構以人以及各種關係所產生、形塑出來的創造力與創造能量。以往的歷史詮釋框架，無論是跟隨或是模仿，都參照著歐美專業分科的架構，但這種移植的「專業論」常常無法深刻連結我們的經驗、直觀與感情，所以，這一系列的訪談希望能夠有機會回溯經驗、重塑環境並摸索適當的語言。「跨領域」不是某種現代性的進程，在台灣，甚至可以說是現代性底下激勵出來的存在狀態與出路。台灣八〇年代的實驗劇場發展，標誌著極為重要的創造、前進與反思力量，透過本次訪談，藉以探問現代劇場運動與時代的關係。

王俊傑　八〇年代，我還是文化大學美術系的學生，那時優劇場的創團戲《地下室手記浮士德》（1988），劇場門口的招牌，便是我用木頭刻成的。當時人們混雜一塊的特殊情境，留外學子歸國，北美館於 1983 年成立等，促成我們欲針對八〇年代的「跨領域」

吳靜吉　宜蘭人，明尼蘇達大學教育心理學博士。曾於國內外多所大學任教。1980 年共同創辦蘭陵劇坊，孕育多位劇場人如金士傑、卓明、李國修、劉若瑀、李永豐等；1984 至 1989 年受文建會委託，舉辦「舞台表演人才研習會」，學員亦活躍於台灣劇場界。2020 年獲教育部藝術教育貢獻獎終身成就獎。

1

2

實踐，進行一個相對完整的研究。您是於1972年回台，1978年金士傑邀請您指導「耕莘實驗劇團」，請問您是如何看待八○年代整個過程？

吳靜吉 1967年，我拿到博士學位前往紐約，1968年便進入「辣媽媽」，1969年做了一個新戲《餛飩湯》（Wanton Soup）滿成功，也因此擴張人脈，讓我有很多機會免費觀賞很多作品，像是羅伯・威爾森（Robert Wilson）的《沙灘上的愛因斯坦》。每個人到紐約或巴黎，都會將在台灣的經驗與在紐約的經歷對比，這是一定的道理。作為觀賞者，當你看到戲劇的各種可能，「百老匯」（Broadway）、「外百老匯」（Off-Broadway）與「外外百老匯」（Off-Off-Broadway），並實際參與後，就會發覺戲劇的多元性與可能性。因為「辣媽媽」演員的關係，我也跟安迪・沃荷（Andy Warhol）見過面，他的演員有兩個特色——即興與敢脫，敢脫不是指為脫而脫，而是沒有限制，這也是實驗劇場的重點特色。在環境的影響下，我很自然地有了「跨領域」的想像。台灣至今都還有一個問題，我們總是相對重視台上的人物，而非幕後，但一個作品的成就背後實則摻雜很多因素。例如八○年代「新象」的許博允提供很多表演觀賞機會與文化資源，促成當時的藝文環境，但我們很常忽略這件事，只以創作者為研究主軸。其實，我從沒認為自己是藝術界的人，只是喜歡與藝術圈混在一起，自由穿梭，因為學術或教育體系較為有板有眼，藝術界則相對放鬆。

回台後，在演講與上課的過程中，我把藝術融入心理學的課程，如林懷民《薪傳》在國父紀念館的演出需要協助，我就找政大企管所、心理系、教育所上我課的同學一起去，藉此也能夠從學生的回饋，驗證戲劇的有效性。當時是被壓抑的時代，因此觀眾都很愛聽與愛情相關的演講題目，而國外回來的博士也很少。1973年，林懷民受「美新處」邀請，舉行數場的現代舞表演及演講，從高雄、台南、台中，一路講回台北，用他的人生經驗與政治家庭背景串連出很感人的故事，蒐集許多聽眾的淚水。1976年，我37歲，以戲劇跟心理學的角色去美國南部路易斯安那州的格蘭布林州立大學（Grambling State University）教書一年，把戲劇的方法應用於外國人，回來後，恰逢「蘭陵」正要開始。我在美國文化中心演講最後有一個短短的實驗劇，李昂也有演出，這種做法非常吸引年輕人。來看劇的清大教授顧獻樑便向金士傑推薦我當指導老師，姚一葦也跟金士傑提過，因此金士傑便在北藝大陳玲玲的陪同下來找我，我就開始在「耕莘」帶工作坊。當時，在「耕莘實驗劇團」旁邊同時有一群人，杜可風、黃承晃、金士傑與卓明在弄電影的雜誌，後來只有杜可風成為電影人。耕莘實驗劇團此前用過很多西洋劇本，如《等待果陀》，聽說觀眾只有五個，其實藝術界引進西方經典是一直存在的，當時卻沒有推廣與行銷概念，與觀眾連結不夠多，但戲劇種子都已存在。耕莘實驗劇團裡的李安德神父很有趣，讀心理學，非常喜歡戲劇，我都跟他開玩笑指神父也沒什麼娛樂，除了喝喝啤酒，就是喜歡戲劇，他聽了都打我。

阿茶新配 玉英全劇

1972年前，姚一葦回台灣前經過紐約，正好李昂的姐姐施叔青與我住附近，便向姚一葦引薦我，我帶他去看「辣媽媽」，而促成了他下決心認定台灣要做實驗劇場。我回台灣後，姚一葦也介紹住所給我，就住他們夫妻隔壁。後來，姚一葦也找我去文化大學戲劇研究所教課，我不想混淆自己的角色，便與胡耀恆、黃美緒等人合開課程，上課地點在我家客廳，姚一葦的女兒姚海星就越個牆來上課。「實驗劇展」的發生，除了姚一葦對實驗劇場的欲望外，還有具政治影響力的立法委員李曼瑰，當時也是教育部的話劇欣賞委員，他自認為是非學院派的戲劇，因此允許兒童劇與實驗劇場的發生，也因此敢於在退休之時將話劇欣賞委員會

日15月7
出演 坊劇陵蘭

包 袱 I

全劇約十分鐘

荷 珠 新 配 II

3 《包袱》、《荷珠新配》公演傳單。
王英生攝影／蘭陵劇坊提供

的主任委員一職交給姚一葦。很聰明的是，總幹事找了趙琦彬擔任，他是政戰戲劇系畢業的，我們現在很少提及他，但他在新電影的貢獻上也很大。

姚一葦在白色恐怖時期被列入黑名單，跟他太太從廈門來台灣度蜜月，結果就再也回不去，留在台灣的銀行工作。他沒有讀過研究所就能成為正教授，也是教育部的學術委員會投票通過的特殊例子。我也沒問過趙琦彬是李曼瑰推薦的，還是姚一葦自己選定的，卻是這樣的組合，「實驗劇展」才能推動，畢竟「實驗」二字在當時很難行的通。蘭陵劇坊在演《荷珠新配》、《包袱》（1980）時，某晚主辦單位是瘂弦，我們卻接收到不能演出的消息，原因是剛好10月31日是蔣中正先生的生日，而總統生日不該演出妓女的故事。趙琦彬便跟我說：「靜吉，你照著演，那一部分我來處理，但你要記得坐在你身旁的人是來監督你的，要照顧他。」我好緊張，等李國修扮演「趙旺」的喜劇角色一出場，那位「監督人」笑得好像忘了他的「任務」。「蘭陵」突破限制，其實趙琦彬真的協助很多。

當時，在蘭陵的養成期間，他們沒有上場的機會，壓抑很久，都有跟我攤牌過，但我覺得你在批評電視劇、舞台劇的時候，如果你們演出方式一樣，沒有資格批評。所以為了徹底改變，訓練才一直在地上滾，回到嬰兒時期，這樣的方法其實不是來自「辣媽媽」，一部分是學瑪莎・葛蘭姆。在劉靜敏家，用我的方法腦力激盪，「蘭陵」這個名字是劉靜敏提的，在文化大學國劇系時學到中國傳統舞台劇是從《蘭陵王》開始，因而提出。而另個參選名字是「炎黃子孫」，最後投票全部同意「蘭陵」，而「劇坊」則有工作坊之意，便以「蘭陵劇坊」之名參加「實驗劇展」。《包袱》原先並不是這個名字，來源是因為當時我帶他們欣賞美國文化中心提供的錄影帶，驚嘆身體做為語言的魅力，可以結合生命經驗進而豐富表演，訓練過程中，我要他們放棄過去的包袱，又要接受我現在教導的包袱，便發覺身體可以去演出這種包袱。「蘭陵」就是透過同儕之間互相激盪、分享，你的、我的才可以加成更多，創造更多故事。「外外百老匯」時常是許多百老匯尋找人才與劇本的地方，我原本是想把「蘭陵」定位成如「外外百老匯」那樣，充滿實驗性，但沒有成功，可是「蘭陵」的創作來源是多元的。

跨域身體的激盪與演進——吳靜吉　　　　　167

黃建宏 八〇年代有一個很強烈且常見的詞──「實驗」，不同領域都對此展現興趣，有很多經歷過的人都會感嘆當時非常活絡的氣氛，後來卻沒能夠延續。您怎麼看這樣的變化？

吳靜吉 我覺得那是一個演進的歷程，而非革命的歷程。因為台灣早期對文化藝術有興趣的人，會接觸外國電影，報紙也刊登外國消息，甚至台灣學藝術的學生去國外留學，比美國人還熟悉美國地理。我在想，鄉土文學本土化，發生最熱絡的幾個人中，其父母皆來自中國，那環境與視野間的反差，會激發你想去創作，國際與本土間流動，自然地促成往外吸收思緒的行動。而且，美國文化中心「文化外交」的工作做得很好，像邀請瑪莎‧葛蘭姆來台，政府雖尚未全然有國際化的概念，但已經存在實際交流。張繼高（筆名吳心柳）是最早的經紀公司，以帶入國外音樂為主，如「維也納少年合唱團」。全球在地化，當時是真正發生的，只是沒有用這個名詞。與現代相比，當時資訊沒有如此流動，社會比較容易聚焦，有點半封閉，人們容易群聚。如火車站對面的希爾頓二樓，現在的凱薩大飯店，那是藝術界愛去之處，我以前跟林懷民、俞大綱都約在那，還有一個在重慶南路的地方，也是很多藝術界會去，如今反而缺少這種地方。許博允做「新象」的時候，也會邀請一起吃飯，我就認識很多人，像音樂界的許常惠、史惟亮，文學界的曾永義，大家很自然地互相交流。林懷民有次播放一首曲《盲》，由許常惠作曲，樊曼儂演奏，啟發自盲人按摩師晚上的笛聲。林懷民便跟我表示他想以此曲編舞，做成舞蹈演出《盲》（1973），合作就這樣促成，也不特地意指跨領域。

王俊傑 在鄉土文學論戰後，很多人重新在東方和西方之間，去找自身的定位。像劉靜敏做「優劇場」，初期有西方的形式，後期也開始跳脫，嘗試追尋自己的身體與語言，還有吳興國的「當代傳奇劇場」等，都是這個意圖。請問您如何去看待八〇年代那種受各方影響的環境下，嘗試追尋身體、語言與風格的過程？

吳靜吉 以我來說，帶「蘭陵」之時，因為沒有對於成就的絕對追求，也就沒有包袱。政治方面，我沒有能力參政，沒有拋頭顱灑熱血的那種精神，但我知道政治隨時會與你產生關連，所以我很清楚如何在政治上定位。像「蘭陵」有一些戲，關起門來批評政府，都沒有關係，本來創作過程就要有無限的空間，但演出之

前我會要求他們修剪，你在出門之前打扮得很漂亮，那你便照相保存下來，但你在見人的時候，要考慮「生存」的問題。要生存的話，就必須要折衷，像我看完劉靜敏的《重審魏京生》後，覺得原劇本的語境跟台灣有差異，你用他的故事來講台灣會有點奇怪。當然，這是創作者的發展階段，過程中會有他的關懷，但因為這個戲由文建會支持，那你邀請主委郭為藩去看，又在舞台上直接罵文建會，其實應該要考慮生存問題。「新象」邀請艾文‧尼克萊斯（Alwin Nikolais）來演出時，其中一個影片裡有裸體，我就提醒來台演出時你要處理，當然大家會覺得遺憾，但我那時會有這種政治的意識。以一個幕後的人來說，你應該要有這種意識，讓團隊可以生存下去。賴聲川跟「蘭陵」的《摘星》（1984），用即興跟真實的社會底層故事鋪墊，找了「雙溪啟智中心」觀察訪問，合作得很好。演出前，劇本送審「中華民國編劇學會」，被指是揭發社會黑暗面，不可演出。賴聲川問我解決辦法，我說有兩條路：「把不利變有利，或大鬧一場」，說明我們演繹的是真實人生；政治關係好，就透過政治去解決。最後，為了達成演出目的，還是透過關係去處理。搞藝術的人，你要去考慮面對不同觀眾的情況，有政治意識去瞭解可以與不可以，懂得即興，利用有限的資源，不要一味認為路只有一條，一個選擇。

我不是藝術家，所以我比較單純。像舞蹈在找身體語言，林懷民《九歌》（1993）是發展自去峇里島的經驗，像設計舞者站在兩人肩膀上面，超越身體的極限，因為峇厘島很愛扛轎，他便轉化去推出《九歌》。一直到了《水月》（1998），從太極導引中找到很有趣的東西，我認為是高度結合太極導引與過往在瑪莎‧葛蘭姆學習的經驗，而創造出絕佳的東方語言。這是非常棒的語言，不必要特別找，就像金士傑，家裡有一些京劇背景，他本來動作上也比較好，把他送到美國是希望他能夠結合京劇身段加上西洋語言，發展出金士傑式的默劇。許博允當時引薦金士傑去當日本默劇大師箱島安的助理，他馬上就學起來，對方也很喜歡他。之後，許博允便想馬歇‧馬叟（Marcel Marceau）來的時候，引薦金士傑當其徒弟到巴黎訓練。馬歇‧馬叟便立馬拒絕，認為不要去毀壞金士傑，他認為京劇身段很好，西方的系統到一定年齡，身體其實無法支撐。

5 左頁上　「優劇場」《地下室手記浮士德》演出現場，1988，王俊傑攝影／提供

6 左頁下　「優劇場」《地下室手記浮士德》演出現場，1988，王俊傑攝影／提供

「蘭陵」訓練的那套，其實並不完全來自「辣媽媽」，我並沒有正式學過戲劇。美國的戲劇界很喜歡跟心理學家談話，從對話中去提醒與組織自己的記憶，而心理學有很多技巧是戲劇喜歡引用的，我就恰巧有了在美國與演員互動的經驗，所以回台後更像是建構一個自己的系統。像是為了讓演員放鬆，一定會進行「按摩」，融合了心理學、中醫穴道與印度概念中的按摩。為了戲劇訓練，兩個人一起做，也打破男女間的隔閡。我沒有在西方和東方間遲疑，你講穴道的時候，演員就不會緊張了嘛。

王俊傑　如果 1980 年是「蘭陵」成立的時間，過了四十年，作為從最初的參與者，您如何評價「蘭陵」整個過程？

吳靜吉　「蘭陵」的戲劇作品，不是特別多，但產生了一些人，後續成立如「紙風車劇團」、「優人神鼓」、「綠光劇團」、「如果兒童劇團」與李國修的「屏風表演班」等。其中，有些人開始教書，會跟學生提及我，我遇到很多人都會介紹自己是誰的學生。「蘭陵」不只是留下舞台劇，還產生連續與擴大的影響。當時，有一百多人來參加「蘭陵」，皆非正統戲劇科系出身，只是恰逢時機對了，這些人對戲劇都相當熱情。當然，要成為藝術家，還是要他們從自身開始做起。很多人留下來的原因都跟金士傑那群人有關，常常聚會，每天待在一起互相交流。「蘭陵」接受文建會（文化部前身）共五屆的「舞台人才培訓計畫」(1983-1987)，也培養很多人，這就是環境的支持。當時不同領域的人也都對劇場有所期望，如瘂弦對舞台劇特別喜歡，有機會就支持，而那一年政府在開國家建設委員會，剛好「蘭陵」推出《貓的天堂》(1980)、《包袱》、《荷珠新配》等劇，瘂弦就利用聯合報副刊的職位，請許多海歸人士來看戲並發表文章或感想，引發包括政府在內的各界開始注意「蘭陵」。前面說到的姚一葦等人，還有高信疆、簡志信、楊澤在媒體上的支持，大家都對此有所期望。我教導的只是歷程，讓他們去創作與面對劇場，以及在時間的改變下，產生不同階段的即興。他們很幸運，我剛好在做學術交流基金會的執行長，二樓是一個很大的圖書館，晚上就把椅子搬開讓他們練習，很多發生都是如此機緣。

1　　　地點：有 Kaffee 行，時間：2022 年 4 月 4 日。訪談整理：黃羿瑄、雷逸婷。

7右頁　「蘭陵劇坊」排演現場。蘭陵劇坊提供

蘭陵劇坊

靈光的著陸
鍾明德回顧八〇年代[1]

受訪｜鍾明德
採訪｜王俊傑、黃建宏

台灣的劇場及表演藝術發展歷史，基本上映照了跨領域藝術的發展歷程，特別是八〇年代，於鄉土文學論戰之後，平行在解嚴前後的政治氛圍，「台灣新電影」、「當代傳奇劇場」的創新中國戲曲、強調社會介入的「行動劇」、後現代主義思潮、新馬克思主義美學、乃至如香港「進念・二十面體」與日本舞踏「白虎社」等亞洲前衛劇場的影響，同時也與當代藝術的行為表演及觀念裝置相匯結合，創造了極為多樣動能的跨域發展。但亦突顯在受西方強大思潮理論與藝術形式影響的同時，文化工作者急欲尋得屬於東方、中國或台灣的風格與創作軸心。透過當時參與前線的第一手觀察，得以探尋八〇年代外來思潮與在地能量於跨領域狀態下的互相激發。

鍾明德 紐約大學戲劇博士，知名戲劇學者，歷任臺北藝術大學戲劇學系教授、系主任、所長兼院長，著有《三身穿透本質出：自殘、裸體與慈悲》（2020）、《MPA三嘆：向大師史坦尼斯拉夫斯基致敬》（2018）、《藝乘三部曲：覺性如何圓滿？》（2013）、《OM：泛唱作為藝乘》（2007）、《神聖的藝術：葛羅托斯基的創作方法》（2001）等學術專書，研究方向為現代戲劇、表演理論、劇場人類學和儀式研究等。

王俊傑　八〇年代，鮮少人會提及「跨領域」一詞，但回顧八〇年代實際執行與創作觀念的經驗，皆可發現與「跨領域」的關聯。今天的訪談期望能夠更深入探討個人經驗，以助於建立八〇年代的學術基礎，同時也希望當時的參與者提供四十年後的回顧觀點。

黃建宏　當我們重新審視八〇年代的經驗，會發現在環境缺乏建制化的狀況下，個人的行動力、欲望與創造力，促成人與人之間的流動。透過當時的參與者，理解台灣有活力的年代如何運轉，藉此思索未來「野」與「體制」之間的平衡狀態。

鍾明德　「跨領域」可稱為一種藝術形式或藝術概念，其引進台灣的過程可以追溯到六〇年代《劇場》雜誌中提到的「發生」（Happening），亦翻成「偶發藝術」，它是於 1959 年在紐約誕生的藝術形式，包括亞倫・卡布羅（Allan Kaprow）等藝術家。「發生」對我而言，可以算是「跨領域」很重要的開始，其並非劇場亦非美術，但參與者皆為美術背景，利用空間、聲音、表演者等元素進行創作。當然，我們也可以追溯到達達主義表演的脈絡，但是以現今「跨領域」的概念為基準，「發生」更能呼應，這也牽涉到約翰・凱奇的作品《4' 33"》，受到禪宗的感染，更能區別其與達達主義的差異，這便是六〇年代「黑山學院」一派的影響。

接下來也相當重要的是「表演藝術」（Performance Art），也稱做「行為藝術」。我就讀於紐約大學時主修 Performance Studies，以前稱為「戲劇系」或「劇場系」，但在研究所期間，便從

2   3

Department of Drama改成 Department of Performance Studies，這樣的改變是相當跨時代的。六〇年代後，西方意識到其表演藝術過於單面向，東方有日本「能劇」、中國「京劇」以及印度「卡塔卡利舞」（Kathakali）和「史劇」，藝術的核心應為表演，文字其實是其次，必須捨棄西方中心。而學院用詞的更動，一方面可以回溯到如古代「酒神」、「日神」或悲劇等「儀式」的表演；一方面可以指涉七〇年代興起的瑪莉娜·阿布拉莫維奇（Marina Abramović）等藝術家很新的創作形式，這些皆與百老匯的戲劇演出不同。我在紐約大學時所學的研究方法包含三種——「跨範疇」（Intergeneric），例如詩、小說、繪畫等不同類型間的研究；「跨學科」（Interdisciplinary）；「跨文化」（Interculture），這受人類學發展影響很大。以學術領域來說，我很明顯地受「反西方中心主義」影響，當時整個紐約的思辯，與我的老師為猶太菁英份子，對西方都蠻具批判性的。我記得凱倫·芬利（Karen Finley）常來紐約大學表演，其著名作品是將巧克力往自己赤裸的身體上塗抹。

　　雖然「跨領域」一詞在當時尚未出現，但仔細思索能找到蛛絲馬跡，如謝德慶《跳樓》（1973）、林鉅《林鉅純繪畫實驗閉關90天》（1985）、李銘盛《李銘盛＝藝術》第五部分（大小便）（1988），多少都有類似意涵。除了 Performance Artist，劇場中「裝置藝術」的出現，1987年北美館「實驗藝術：行為與空間」展覽，藝術家賴純純等找來了台大「環墟劇場」（李永萍、許乃威）在北美館地下室的大廳演出《流動的圖象構成》，只有簡單的裝置跟演員，一男一女穿著高中制服從遠方慢動作走過來，指涉電影《戀戀風塵》（1986）中的情侶，也結合裝置藝術與表演藝術的形式。1988年北美館舉辦達達大展「達達的世界」，找了「環墟劇場」、「河左岸劇場」來演出。「跨領域」在台灣八〇年代並無

4

明確的概念,大家都很直覺性地去操作。那時的創作衝動對比現在,可謂是一個非
常完美的創作年代——解放、奔放、自由的年代,衝撞著整個腐朽、不信任的體系。

　　1986年,我受姚一葦老師邀請回台,還沒念完博士,與馬汀尼、張照堂等人成
立「當代台北劇場實驗室」,演出《尋找——》(1987),整個表演設定為「反劇本主
義」、「反文字中心主義」,從文字的束縛中解開,回到身體論、主體論,為的是貼
近當今台灣真正有感覺且有意義的東西,因此,不得不去探索「我」、「此時此地」
的存在,同時也抗議著陳腐的環境。當時的年輕人因為想要改變世界,以劇場做為
一種「自我啟蒙」。坦白說,我們並非是準備好才革命,都是上了街頭抓到甚麼,
在理論、歷史都半生不熟的狀態下。像那時有羅伯・威爾森(Robert Wilson)的《沙灘
上的愛因斯坦》錄影帶,就到處拷貝、分享。說實話,我怎麼可能在美國念個博士
回來就甚麼都會,這是不可能的。

　　而「優劇場」在八〇年代也提供了藝術創作非常重要的元素——身體的鍛鍊,
其背後的核心人物為葛羅托夫斯基。「優劇場」的劉靜敏在1984到1985年間跟著葛
氏學習一年的身體技術,並非單學理論,而是經由身體上的鍛鍊,避開意識型態的
左右,探詢內在的創作能量。回台後,她找了一群年輕人做身體訓練,很像現在「優
人神鼓」的形式,於偏僻的地方進行閉關。而劉靜敏於1989年向文建會提出一個三
年計畫「溯計畫」,回溯生命的源頭,同時也是創造力、文化的源頭,找到源頭,
一切創造就會如影隨形。但任何文化皆有政治層面,因此他們從「中國人的身體」
轉移到「台灣人的身體」,過程中學過「車鼓弄」、氣功以及龍門太極拳等等。但是,

身體並非一個固定的東西，而是在衝突、矛盾的各種勢力中暫時出現的平衡點，因此他們後期轉向「東方的身體」，包括日本的劍道和禪修。雖然不停失敗，但這些探索活動——「溯源」——都與「跨領域」有關，既不拘泥於領域和媒材，又抱著批判的姿態去反抗過多的文字約束，打破人與人、藝術與社會之間的距離。

王俊傑 劉靜敏帶回葛氏、吳靜吉帶回「蘭媽媽」、林懷民接觸瑪莎·葛蘭姆，而「蘭陵劇坊」的《荷珠新配》、「雲門舞集」的《白蛇傳》(1975) 等，也皆以較為西方的劇場理論去碰觸相對東方的文本。這些西方的概念並非原生，是透過學者引進，才去引發當時的台灣人思考自身主體性。可否談談這個過程對我們而言的意義？

鍾明德 林懷民的概念或許是成功的，在作品上把瑪莎·葛蘭姆與中國文學、抒情傳統做了不錯的結合，如《紅樓夢》(1983)、《我的鄉愁，我的歌》(1986) 等，但若以身體藝術的觀點來說，則沒有到激進 (radical) 的狀態。如何達到激進？從創作的脈絡來說，不論是西方的現代舞蹈、日本的舞踏、「優劇場」思考自己的身體，都是相同的事情，都會回到「身體論」。一直以來，身體累積了太多意識型態、價值文化的加載，如果你不徹底地把你的身體歸零，將會永遠受到前人文化的束縛。由一個去除束縛的身體去出發創作，才是真正理想的。

　　談到田啟元，如今可能很少以天賦來形容藝術家，但是田啟元真的是天生的藝術家。他的藝術思想跟概念，對我而言簡直是亂七八糟，但其厲害之處在於擅長抓到精隨，透過「身體」去對應時代進行創作。田啟元 1988 年的作品《誰怕吳爾夫》，當時我剛好在國家劇院看到，這部劇是相當難導的，那時所有的參與人員都是業餘，但是田啟元有辦法將國家劇院龐大的舞台弄得如地獄一般翻過來。當然，天賦也是可以訓練的，是一種自我啟蒙的技術。受到葛氏的影響，我認為此技術一定是「減法」。將目前為止所吸收的訓練、外加目的去除掉，以田啟元為例，其就是對文化上藝術與社會的建制，感到不舒服，把它層層剝除。

王俊傑 提及思潮的議題，後現代主義在八〇年代初期的建築領域便有相關概念，而當時詹明信 (Fredric Jameson) 受邀來台演講與出版，並且也以相關概念去創作。當時的輿論正反，一方面得以理解西方的內容；一方面在思索為何略過現代主義的討論，直接

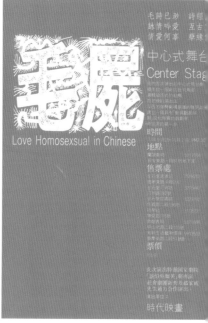

5　「時代映畫」《毛屍》文宣，1988。王俊傑提供

到了後現代主義。能否請您回顧八〇年代的經歷，如何去評價自身與當時混雜的情況？

鍾明德 如今回頭看，蠻多思潮和社會運動，都是必然的發生。發生時常是一瞬間的，相當矛盾，因此會摻雜正反意見。「後現代主義引進台灣」最後何以變成「鍾明德鼓吹後現代主義」，全是美麗的誤會，只是碰巧時間點湊上，連我對於自己鼓吹的內容都感到相當模糊。1986年底到1987年那兩、三年間，我想做的是最前衛、最激進的藝術概念，從根掘起的藝術創作方法，將這些與台灣分享，也是當時在國立藝術學院覺得應該做的。若用西方的標籤劃分，寫實主義、現代主義、後現代主義，那麼我鼓吹的激進目標反而很矛盾——要尋找「當代台北文化」，這也是當時我最常使用的標籤。「當代台北文化」指涉的關係分別為「當代——此時」、「台北——文化」。我主要是站在現代主義和後現代主義，透過實踐去摧毀寫實主義的思考、建構與美學主張，但其中也混雜不清——一方面非常現代主義的純粹美學，孤傲、絕對、不容許雜質；另方面又後現代主義所有的方式，高級文化、通俗文化皆可。我意識到自己很矛盾，而拼貼也很重要，拼貼並非為後現代主義獨有，這在現代主義畢卡索（Pablo Picasso）的《有藤椅的靜物》（1912）就有了。如今回視，主要是當時的台灣也渴望這些東西，是很自然的潮流。

我認為六〇到九〇年代台灣最劇烈的藝術變遷時期分析，逃不開以寫實主義與形式主義二者為主軸，遑論後現代主義。寫實主義，通常會被認為較強調內容，作品與時代的生活、作家的生平、作品與社會共享文化等。形式主義則是為藝術而藝術，藝術就是一種絕對的、本能的衝動，誕生於任何地方，有一些最基本的形式。六〇到九〇年代的台灣，形式主義後來被政治力量綁架，像反共抗俄劇標榜官方藝術，或寫實主義變成官方唯一的藝術形式。這種時候就會出現問題，你把一個偶然變成絕對，那麼形式上就是一件錯誤，應該被摧毀。這就是六〇、七〇年代，我們無法接受的東西。但是要摧毀並引進新的形式需要對應的社會狀態，像是1965年的《等待果陀》在那時對台灣幾乎毫無影響，以及《劇場》雜誌介紹荒謬劇。真正成功是在《荷珠新配》表演的那個晚上，當然之前還有張曉風的戲劇，這都可以一一列舉出來。

6   7

我們自身的脈絡是否一定與西方有關，也與生活內容愈來愈混亂、多元有關。當舊有的形式、寫實主義不夠了，這時如荒謬劇那般不食人間煙火的形式，就會產生魅力。

王俊傑　能否請您談論一下創作《馬哈台北》（1987）與推廣理 查‧謝喜納「環境劇場」的經驗？

鍾明德　《馬哈台北》的劇本是從英文翻譯過來，德國劇作家彼得‧魏斯（Peter Weiss）的作品《馬哈／薩德》。當時讀到這個劇本覺得與台灣的能量很接近，夢想著社會的革命、個人的自由。1986年剛回北藝時，因為有著滿滿的能量，只花了兩、三天就將劇本翻譯完成，也將葛氏的訓練方法、「環境劇場」的概念引進。為了這個戲，我們也到「龍發堂」去學習，這些都是當時對於壓抑真實探索的渴望。並不是我們很囂張，隨心所欲，而是整個社會都鼓勵這樣的狀態，當時很流行一句話「The sky is the only limit」，天空是唯一的界線。我跟馬汀尼帶著演員跑到三芝進行一個月訓練，經費由中國時報的簡志信（簡公）贊助，也沒有經過申請，與現在完全不同。我們那時很大膽，劇中出現蔣經國坐著輪椅，跟大家微微招手說再見，也可解讀成後現代主義跟大中國主義說再見，如今說起，我們都不是原創，只是把流行的、最感動的東西引進。碧娜‧鮑許（Pina Bausch）那時真的很厲害，融合了德國的表現主義與美國的形式主

6 「白虎社」來台演出，1986，
高重黎攝影／提供
7 「白虎社」表演現場，1986，
高重黎攝影／提供
8 「奶·精·儀式」文宣，1986。
王俊傑提供

8

義，只要看過她三場演出，整個人就被洗腦了。另外，日本「白虎社」來台演出（1986），全身抹白、舌頭塗黑、眼睛上吊的形式，各式各樣詭異與死亡的景象，影響很多年輕人。對我而言，影響較大的為「殘酷劇場」（身體）、「史詩劇場」（政治鬥爭改革），這些形式不論是「環境劇場」或是葛氏的演員訓練方法，當時恨不得全部塞進劇場中，觀眾也都願意接受。如今感嘆過往的美好，儘管在三芝半夜十二點做一個工作坊，台北市一窩蜂的藝術家、文青都會跑來。針對「環境劇場」的引進，《馬哈台北》的空間設計就完全參照此概念，但是「環境劇場」不只處理空間，其原則也與「發生」有關，所有空間都是表演者的，也都是觀眾的，這產生了徹底性的破壞，畢竟怎麼可能整個國家劇院都是表演者的空間。而街頭表演藝術，如陳界仁、「奶·精·儀式」系列行為、「洛河展意」《交流道》，都跟偶發性表演有關，代表非主流教育體系所支持的創作。「環境劇場」打破了既有的劇場空間結構，首當其衝就是「鏡框式舞台」，很快在1984年、1985年台北便出現「黑盒子」，沒有固定的觀眾席跟表演席。我當時在談「環境劇場」，比較用心在政治效能上，目的在將演出空間帶到日常生活空間、觀眾的空間，而非規劃好的空間，所以「環境劇場」到1988年底後，就變成「政治劇場」，與社會運動結合，我也引進「麵包傀儡劇場」，廣泛運用於九〇年代的社會運動。

1
地點：北美館，時間：
2021年8月25日。訪談整
理：黃羿瑄。

文學啟蒙與劇場身體

黎煥雄：「在沒有行動場合、行動現場的年代，我們的現場就是劇場」[1]

受訪｜黎煥雄（劇場導演、人力飛行劇團藝術總監、
東海大學表藝學程專技副教授）

採訪｜王俊傑

八〇年代，台灣藝術環境充滿實驗與跨領域精神的嘗試，創作者
彼此合作或介入到其他領域，解嚴前後的政治環境也對學生、年
輕知識份子產生新的衝撞。劇場創作者積極地從過往相對保守、
缺乏現實批判的美學呈現中突圍，此段變動過程同步觸動著黎
煥雄的大學階段，以及他於1985年與「文社」社團成員共同創立
「河左岸劇團」時的思考。在訪談中，我們得以回顧在被「打開」
的年代中，作為承接與轉型的一代如何從文學思考與劇場創作中
對現實進行批判與銜接。

王俊傑　請談談你對八〇年代社會氛圍、政治狀態及文藝環境的
整體觀察為何？以及你對八〇年代整體劇場藝術領域的看法。

黎煥雄　那個時代我們對所有資訊都極度渴求，想像力的投射是
基於渴望，渴望是因為匱乏。八〇年代我成為大學生，主修文學，
先念二年西班牙語系，後來轉到中文系，進到討論現代文學理論

黎煥雄　現任人力飛行劇團藝術
總監、東海大學表演藝術與創作
碩士學位學程主任。河左岸劇
團創始成員，於1986-87年間擔
任《闖入者》、《兀自照耀著的太
陽》、《拾月》編導。2022年以《感
傷旅行》榮獲第二十屆台新藝術
獎年度大獎。

的「文社」、以現代詩為主的「詩社」，本科的訓練加上主動接觸，造成我對文學和美學的現代主義的熟悉。

五〇年代之後，現代主義主導了前一代人的精神、面貌或作品，對我來講，有身體意識的表演藝術一直是對立於這種苦悶、有可能形成遁走與逃逸路線的，譬如「雲門」就是用身體讓自己從大苦悶中遁走。同時，因為鄉土文學論戰的分歧，人道主義、現實關懷與某種左派思想開始帶我們進入另一個階段，這些都在八〇年代後匯流起來。在「雲門」走了第一步之後，第二步是「蘭陵」，除了吳靜吉博士的引領，最初期也包括王墨林非常多想法，所以一開始就有一種顛覆性。在「雲門」之後，「蘭陵」要在劇場內開創出新的身體空間、新的視野，給那時候的年輕人走進去，但結果是偏向保守、沒有現實批判的狀態，要不然就是又回到苦悶。我們沒有懷疑那些現代文學大師的作品價值，可是問題在於，你要做一樣的事情嗎？現代主義的某些苦悶性要持續嗎？因此在美學上，年輕躁動的我們一定是有所不滿的。

大二、大三那幾年，台灣現代劇場在推「鑼聲定目」劇展，算是銜接「蘭陵」後的劇場萌芽。我在學校完成文學理論與創作訓練之後，很自然地走進現實主義的路線，這也跟我們的現代文學啟蒙老師有關。李元貞老師的婦運參與、現代詩與劇場入門的課，施淑老師帶我們讀一些西方馬克思的入門，這些都讓我們對八〇年代台灣的思想與狀態，開始半自覺地採取介於懷疑與批判間的姿態，一開始我們就具有跟前代不一樣的現實主義的關注。台灣過去因為戒嚴而遁走進現代主義某種語意裡頭的苦悶性或者壓抑感，在七〇年代可能有時代的必然性、甚或有著幽微曲折的美感，可是輪到我們上場的時候，就會想，應該要做出、可以做出什麼不一樣的東西？

王俊傑　「河左岸劇團」創團初期，似乎有更多純真、樸質知識青年企圖藉由表演藝術，表達社會介入觀點與開創自我劇場風格的意圖。請談談當時的想法。

黎煥雄　那時劉靜敏（劉若瑀）從美國、王墨林從日本回來，他們看到我們那種大學生作品《闖入者》(1986)會感到訝異，因為我們雖然還是用壓抑的口吻，但已經有掙脫和突圍的可能性。八〇年代前半段，上課時老師會跟我們談美麗島、學長採訪劉克襄的

文章還被（少見的）思想審查、讀很多不那麼合法的文學書，形成一種隱約的張力和躁動。我們解嚴前做的還有街頭的劇場、環境的劇場，我們是承接與轉型的世代，八〇年代也是一個「打開」的年代。在美學上，1987年曾經很熱的是後現代主義，可是我對此有所疑慮，尤其它的去歷史脈絡往往會形成另一種扁平與虛無。

我們其實一開始政治意識並不彰顯，雖然有些思想的觸動，但其實沒什麼行動力，也沒有行動場合、行動現場，我們的現場就是劇場，但醞釀著的能量是可觀的，1987上半年我先改編陳映真的《兀自照耀著的太陽》（1987），之後跟王墨林他們串聯具有高度政治批判意識的環境劇場《拾月》。第一次進入「運動現場」是1988年蘭嶼反核廢遊行，這是台北前衛劇場圈的一次串聯。我那時往返台北、河左岸所在的淡水、進出王墨林在杭州南路的住所開會，行動海報是王俊傑設計，主標「驅逐蘭嶼的惡靈」是我的貢獻。後來那些有劇場人參與的街頭行動，都是從那次開始，算是奠定行動劇場結合街頭運動在台灣的基礎。

王俊傑　那時台灣好像對中國大陸有一種大國的想像，可是在政治上又是對立，在藝術創作上大家都想要找自己的風格，八〇年代很多從歐美帶入的新觀念，但也引出另一個問題，就是我們想去找到的身分定位到底是什麼？

黎煥雄　開始意識到「歷史」是多麼切身的議題時，這些東西就慢慢釐清了。對我來講，那差不多就是1988年——那一年我們啟動了「迷走地圖」系列，就是在面對台灣近代史。八〇年代最後三年，是某種迷霧看似正要消散、實則卻往另一方擴散的時候。1988年「迷走地圖」序篇的《無座標島嶼》，我們用安部公房小說《燃燒的地圖》，平行拉開台灣史的卷軸，意識到殘存在我們身上的歷史意識與自主性，其實是接近暗夜蒸發想像的。後來我們以二〇年代台北無政府主義為本創作《星之暗湧》（1991），作為之後《海洋告別》三部曲的前導番外篇，而1992年的《海洋告別》是以花蓮張七郎家族為本探究二二八，最後是應賴和百年冥誕而作的《賴和》（1994），以他呈現較多心理陰影的獄中日記為主軸。

我們也被提醒去找尋身體意識，那時期有葛羅托斯基的訓練，是參加過葛氏在加州工作坊的陳偉誠和劉靜敏帶回來。我們

是跟劉靜敏這一路，訓練裡有一個脊椎的波浪式擺動練習，要你持續擺動、達到trance（出神），同時要吟唱簡單旋律的歌謠，劉靜敏唱的是《一條大河》（我的祖國），那時我們根本不清楚有何政治意涵，但從這裡你就知道那個時代台灣文青的大中國包袱是如何含糊卻又無所不在。到八〇年代尾巴我們才開始意識到要追問「台灣是什麼？」的重大性。然後開始讀史明、讀日本殖民時期《警察沿革誌》改寫而成的台灣通誌，開始意識到：「喔！其實是不同的主體。」但是對身體裡頭的某種西方的東方主義省思，大概要到九〇年代中才又到另外一個階段。

　　對我來說，整個八〇年代的結束在1990年的野百合學運。那時我在忠孝東路六段附近服役，會趁休假時跑去現場，那裡有很多的小劇場成員和行動劇場，像「環墟」的李永萍、「河左岸」的康文玲，在廣場上都非常活耀。現在只看得到在政壇檯面上的人，但小劇場的參與其實一拍都沒少。

王俊傑　你提到身體訓練和語法，這些東西都會讓我們開眼界，比如「白虎社」、鍾明德帶回的後現代主義等等資訊，你們那時候實際參與在裡面，是怎麼去看待或感受？

黎煥雄　我們是先讓前輩們看到我們的異質性，然後跟隨一些初階的訓練與身體意識開發之後，這個異質性才又慢慢回歸，而這個特質在我後來行走大劇場的階段比較不明顯，可是它一直都在，像一道伏流。在我們自己的身體性裡，這個東西是放低、往下沉的，「河左岸」在成團之後，有四年在淡水河邊一個日式老屋裡，我們的表演很多就是放低身體或彎著腰，這也有某種壓抑性，和台灣歷史某種形塑是有關聯的，是某種殖民時代、隔代的記憶。那時劉靜敏看到我們的另一種異質，就是「沒有身體」，所以她把我們帶進葛羅托斯基的系統，事實上整個台北的氛圍有至少兩、三年是葛羅托斯基系統當道。往回溯的話，我覺得台灣劇場的階段身體意識是很薄的，更早期是默劇，因為當時只能看到這些東西，要等到1985年開始更多人做劇場之後才有新的局面。引進或移植的事情太多了，當時當然很興奮，但是現在回頭看，會有些遺憾那樣的熱度沒有被導向自己的戲曲傳統，也沒有在九〇年代把八〇年代那種神秘性或純粹、熱情挹注下來。網路世代來了、世界變得更複雜，那些就不是八〇年代的「純真」狀

1　「河左岸」《兀自照耀著的太陽》演出現場，1987。河左岸劇團提供

態可以對應的。但也因為這樣，八〇年代必須要更被標的出來，提示人肉身存在的一種真切跟重大，即使現在已經沒辦法重返這種高度熱情的狀態，或是因為神秘、匱缺而產生的高度自主，但在八〇年代存在感的密度（density）與濃稠度裡，每個人多少都可以獲得一些養分。

王俊傑 關於河左岸，除了「迷走地圖」系列，其他還有像《闖入者》、《兀自照耀著的太陽》、《拾月》，是否能再從作品角度來談為什麼有這些創作？

黎煥雄 「河左岸」有一種矛盾的精神狀態——我們活在一個解嚴前後激動的時代，可是我們都挺鬆散頹廢，行動很常缺乏效率。成員們都受文學訓練，我們甚至直接用文學作品的修辭放到演出裡當舞台語言，《拾月——在廢墟十月看海的獨白》不到四十分鐘的演出，我塞了馬奎茲（Gabriel García Márquez）的一個短篇、對岸文革的傷痕文學《反修樓》、還有我們自己原創的文本與一、兩首詩，但我們並不真的知道拼貼（Collage）美學所謂何來。另一個矛盾在於，我們就是一群沒有受過專業訓練的大學生，沒有多少人聽得懂我們在說什麼台詞。2000年，「河左岸」第二次搬演《星之暗湧》，這些事情都沒有改變，我們一直卡在文字極濃密、極文學，可是我們沒有聲音（或技巧），「河左岸」的文氣屬性介於激進和「茌懶」，心境上我們比較像大正民主時期的頹廢派文人、或者巴黎的貧窮藝術家，但偏偏又踩了一些激進題材或自我鞭撻。「河左岸劇團」名義上存在到2014年，可是對我來講真正的「河左岸」某種程度上就是專屬於八〇年代。1987年的《拾月》的起頭，是王墨林和王俊傑那時幫《南方雜誌》製作劇場的觀察專題，在王的住處有兩個對談，一場是跟香港的榮念曾，另外一場是王墨林跟「河左岸」的我、「環墟」的李永喆、「筆記劇場」的老嘉華。

王俊傑 榮念曾在那之前就提議：「我們在香港做《拾月》，台北要不要也做一個？」兩個不同政治意義的十月，會很有意思。再加上王墨林說要和當年十月的兩廳院開幕打對台，我們就附和：「我們也來弄台灣的《拾月》！」

黎煥雄 「進念」那時候是用一種意象劇場的形式去包裹很多政治思考或批判，我們這些小文青都覺得榮念曾的戲很酷，但可惜後來和香港的連線沒有發生。

2 左頁上 《拾月》演出現場，1987，王俊傑攝影／提供
3 左頁下 《拾月》演出現場，1987，高重黎攝影／提供

4 《拾月》演出現場．1987，高重黎攝影／提供

謹訂於一九八七年十月二日

五日，二十六在鍚板發生

第一齣　劇劃王榮林
藝術指導組王接傑
行政助理關維也 林翠峯
攝　影高亮聖
平面設計組王俊傑

作　品■M和W住在10月32號
演出團體蘭陵話劇場
導　演陳愛恩
演　員關思溫　黃朗斌
導　助王歌咪　邱俊盛　張頌欣

作　品■I 都記事本本
演出團體陸話劇場
場　演陳華永茁
演　戴思蓮娥　趙洞玲　馬一蓮　王文華
顧志頌　劉國寶　郭文凱　羅綺燕

作　品■在塵城十月看海的日目
演出團體關得方京劇團
導　演陳黎燕遙
演　組陳熙源組周
猛　松關成天華
助理建宏盧碧華貞如
西部組譯麗組關碧碟
服裝造型關李淑康
服裝協理關高怡祥
道　具廖森森忠
模　範彭聚珍志峯
　　　　陸天堅　金切修　陳哲國　李曉玲
　　　　康文唆　羅俊志　整榮瑞　林月壽

作　品■存葡蜡福前的贅賓
構　成組王俊傑
協　助組趙洞聲　李記壹　何獻科

嗚　謝施淑女女士
　　李正也先生
　　黃麟曲女士
　　人間劇語語
　　文星劇語語
　　南方劇語群
　　書林書店
　　天運書林
　　幼稚文化
　　唐永文唯書局
　　茶的餐飲劇場
　　久大書香世界

後後拾月，現代後後

王榮林

■為什麼是拾月？不是十月？
■一個是繁體字，一個是簡體字。
大家都慣用簡體字的十月，你們用繁體字的拾月反而讓人覺得奇怪。
■台灣不是不采用繁體字嗎？我們應該這寫了表示台灣疑進，才特別用繁體字的拾月。
■這種想法不太人造作了點嗎？大家都習慣用簡體字的十月嘛！
■寫意看有種可以用來表象、你畫有天白日滿地紅的紅色，就比星旗的紅色，一定親切誇話到一下此北京旗紅。
■啊，我懂了，就好像瀟洲中國這個名詞，一定要刻意地用些字眼區別一下，譬如，自由中國與赤色中國，或者中國大陸與台灣。
■是啊，在台灣到國慶日，當然是拾十月十日，但是香港、陸到國慶日，就要寫區瓦一下十月十日這一個，或者是十月一那一個。
■中國人可真有意思，字體可以用來區別政治，顏色可以用來區別政治，甚至日期都可以用來區別政治。
■拾月是用來區別了一月，不用十月又是用來區別簡體字。
■你把拾月說得太玄了，現代劇場喜歡把什麼東西都弄得玄怪玄氣的吧？
■拾日本來就是由一大堆玄氣玄氛的東西構成，十月十日與十月一日、簡體字與繁體字、中國北京與中國台北。
■拾月要談的就是這些東西嗎？
■不只是這些東西，還有一些說出來就不值錢的東西。
■拾月某物介是後現代的魂嗎？
■不！拾月呈現的是後後現代的精神。
■後後現代什麼？有這種說法嗎？
■拾月的後現代化是針對的現代劇場加上台灣80年代崛起的新興劇場，兩個後加起來就是後後了。
■現在瀟洲字印後現代反而將後後現代弄得瘦痞了，拾月的後現代有沒有可能在文化對辭方面給予一定區隔什麼預影？
■高病，給行的後現代有一個路是和本土結合的，另外一個後就讓好事者去評說算不算結的的後現代吧！
■我了解你的意思了，即提在瀟進現代不可，在國土分對下的現代也和起跟的的後現代有極大差異性。
■國的後現代認為有官資本主義文化進入黑的期後必然產生的反勢力；國土分對下的後現代劇場還是過多少一下台洲進入80年代後期必然產生多補出來的可能性生。
■你不要把後現代和台洲的政治混在一塊喇！
■那麼，我們換個話題，就先談談後現代和美國文化的關係吧！

M和W住在10月32號

孝鳶蘇

長久以來我的朋友胡適之是個笑話但是漸漸地
覺得並不好笑我們給予然後相信並且頂拜並且恐懼
忘記由之所從來從來1＋1＞1這是蠢的心情

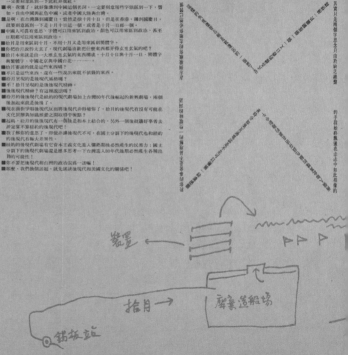

拾月→ 　廚棄道觀場

◎ 鍚板誌

丁卯記事本末

李永喆

我從小被教導去崇拜一些偉大的人物我一直很遵守的
但是後來我想通了我大概和其他很多不偉大的人一樣吧
歷史不會讓我有機會成為一個偉大大大的人物

去年十月九號的晚上，我記得在彰化的鄉下，那個時候，正好在一家小店理髮，店裏面只有兩張椅子，它們的塑膠皮面不但已經泛黑而且還花色不同。我坐在左邊的椅子上而右邊坐著一個頭髮灰白的老先生，我們兩個人甚至連剪出來的頭樣都差不多。從鏡子裡可以看到一個中年的人在後面的長條板凳上等著。

這個小理頭店正好坐在一條大水溝的旁邊，屋側是一棵大榕樹整個罩了它的屋頂。由於還不怎麼感覺到秋涼的意味，所以它的窗戶都是卸下來的，風可以從屋子的三面灌進來，在前兩三個月的炎炎夏日，這樣一定非常涼爽。然而大水溝裏面一些垃圾和養豬人家排出來的污水糞便，它們的氣味也同時被吹進來了。

還好大樹的另一端有一個麵攤，那個老板把麵丟下去煮著煮著，咔的一聲把麵鍋的蓋子掀起來的時候，會有一陣濃白的水蒸氣冒出來，同時也跟著冒出香味。因為被理頭是一件很無聊的事情，有時候我會稍稍的用很慢的速度把頭偏到右邊去看那個攤子，剃頭的老板就會很用力而且很迅速的把我的頭給扳回來，老板在剃我的頭，老板娘在剃老先生的頭。

在兩面破鏡子的上頭，還掛了一架十四吋黑白的小電視機，老板娘踩著一個小板凳去打開它的電源。聲音比畫面先出來，我們一起聽到了一個很標準的女生的聲音。她正在唸一些我們在小學教室後面的黑板上常常看到的句子。老板娘轉了台，但是畫面差不多。

其實我一點也沒有忘記這是國慶前夕，我可以猜到畫面上有我們熟悉的北一女學生，很辛苦的在掀板子上的色紙，還有國中女生跳民族舞蹈，主持人喊親愛的僑胞代表請起立。在這一天很多問題似乎獲得了解決，不少罪惡感得到救贖。

後來只有那個等待著的中年人在看電視了，剪刀繼續進行，那時我在想著等一會兒到麵攤去吃麵，至於剃頭老板在想什麼？老板娘在想什麼？中年先生在想什麼，老先生在想什麼，我是一點都不知道了。

在廢墟十月看海的獨白

楊煥雄

馬奎茲《獨裁者的秋天》第七章的閱讀及其他
「在那個秋天的黃昏竟然會有這般甜美的愛的微風……」
——《獨裁者的秋天》

角色們：
總統閣下（獨裁者）
妓女亞爾華拉多（獨裁者的母親）
台灣的一名國中女生／總統閣下的女人
文革紅小兵／少年軍官
導演／瞎眼的詩人
三隻天使

在動亂的年代失蹤的男人及他們的女人（沙灘上）
第一部分：在廢墟／閱讀及獨白／一個被割裂的空間
■亞爾華拉多與她的天使們在鏽蝕的記憶高臺
■導演與獨裁者及亞爾華拉多對話
■《哈姆雷特機器中的奧菲莉亞》／一名台灣國中女生為元首服喪與她國慶前夕的第一次月事／獨白：……血不斷地泉湧，我無時不在經血中，身體急遽地發育、抽長、膨脹：無可挽回地加速成為一個女人……
■一名小詩人與關于丘考克星的兩首詩／《反修樓》中的趙曉冰獨白：………一九六七年九月三十日在文化大革命的一個角落，那麼多的血……
■閱讀馬奎茲小說"伊莎貝在馬康多看雨的獨白"

在沙灘上走過／一個歷史的記憶
■天堂失火了，我們紛紛墜落在海面……
■一九四七年島嶼・黑色

第二部分：在獨裁者末世的詭異城堡／演出
■性與殺戮的追逐
■"母親，妳有一個著火的脊與私處……"
■海洋與獨裁者的再次死亡或沈睡
■為總統閣下朗誦盧本達利歐的詩

題目格式源自馬奎茲另一篇敍述死亡與遺忘的短篇小說"伊莎貝在馬康多看雨的獨白"；雨成為某種神秘的主宰，乍臨時人們的歡悅期盼和之後再也停不了的泥濘昏睡的雨日中的愁苦與麻木，及至於終於死亡而仍然有著晴天的幻覺，或開始另一種無所謂的生命型態——這樣的事相應於這個環境，也不是陌生、不可解的經驗。

有蕃茄傾向的裝置

王俊傑

我是一個有教養的蕃茄我從不逃學
我不做別人看不懂的東西我心無邪念說話謹愼敬愛師長尊重女生
我什麼都相信什麼都害怕我熱愛我的國家不說他媽的

■政治是什麼。
是一堆爛櫻桃，兩個發臭的雞蛋，康寶蘋果還是不聽使喚的中樞神經。
我們常常不了解政治就同我們不了解蕃茄是一樣的，因此我管它叫它媽的。
■本來在小海報上設計了三個高反差頭像，一個是孫中山，一個是毛澤東，另外一個則隨便，我選了溫德斯。
不料，印刷場老板把原稿退回，他說「你弄這種東西我們不敢印，以前也發生過這種事情，結果『某單位』來調查了半天…………」。
於是，在「各類壓力」下，我將毛澤東換成了希特勒。
■有個外國朋友說，他走過世界各地，從來沒看過這麼醜的城市。
中國台北，中國北京，那個美麗那個醜陋。
紅色，藍色，白色，黃色還有綠色，就在這個地方分裂。
■我在聽瑪丹娜的「宛若處女」，我想到瑪丹娜的屁股。
屁股和乳房的形狀略有差異，方向也不同，彈性也不一樣。
我想到，如果把乳房長到屁股上是一件有趣的事。如果「男人」有了乳房老二長到上臂膀去，該也是一件有趣的事。
台北的街道充滿了這樣的人群，這是個有特色的城市。

■關於我的裝置，是不是蕃茄不重要。
就像這張節目單上的頭像，馬克思，孫中山，魯迅，毛澤東和希特有的微笑，有的神情嚴肅，有的故做老大狀。
有一條紅色的麻繩，它繞過表演區，我希望它很長，但是錢不夠了。
有一些照片，是亂拍的。有一些油漆，你也可以摸摸看。
有一些布，有一些東西。

■我突然想到，不會講笑話是一件很羞恥的事情。

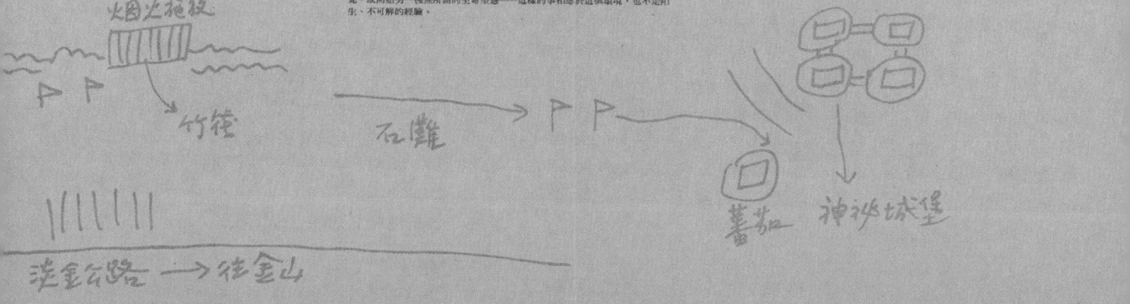
烟火施放
竹筏
石灘
淡金公路 → 往金山
蕃茄
神秘城堡

關於《拾月》，河左岸團員坐下來就問：「《拾月》要談什麼？」革命嗎？還是秋天的感傷？第二個議題：「解嚴」。國家劇院開幕、七月的解嚴，哪一個比較急切？我們覺得：「只要跟它同一天演，根本不用談到它，就已經跟它形成對峙了。」所以我們決定是戒嚴與革命的「政治」。

我們覺得要以兩蔣時代的政治制約、對比解嚴延伸出的政治辯證，另外加上一個對岸文革武鬥的悲劇取樣，訴說年輕生命與無辜青春如何在政治狂熱中被祭獻或被操弄。台灣原創文本的部分，我們取樣一個女團員講述初經的經驗，轉成一個北一女學生的角色，我讓這個高中女生的角色在國慶日於總統府前排字時來初經，她排的是在國旗紅色的部分，它其實不是毀滅的血，但卻因此受到羞辱，對比著文革武鬥時期的年輕學生被煽動起來互相毀滅的滿地鮮血，有很多內外對照的辯證。然後是怎麼落實？「河左岸」主導空間的尋找，我跟一個團員騎著野狼機車沿淡金公路走，最後在三芝鄉錫板發現巨大的廢棄造船廠，還有不遠處的飛碟屋廢墟，空間意識就全面落實了。

王俊傑　在廢棄造船廠很難操作，三個劇團聯演大家已經都累死了，要延伸到圓形飛碟屋廢墟還得走一長段沙灘，走路的時候要做什麼？所以，我就設計了一個橋段，沙灘沿途都要放沖天炮。

黎煥雄　我還在淺灘演戲，瘋了一樣跑來跑去。我們在引馬奎茲意象的時候提到天堂失火了、天使掉到海面上那類的意象。一個女演員在岸邊拉著一塊紅布，好像政治受難家屬在等待或找著失蹤者，這些場景成了動線引導，完全是「環境劇場」的概念，但當時我們其實連「環境劇場」這個詞都沒聽過。

造船廠有兩、三層樓高，樑柱非常巨大，王俊傑讓同伴爬上去攀繩子弄裝置作品。「環墟」演員直接在懸空橫樑上走來走去，簡直是賣命。演出前兩天發布超強的颱風警報！第一天演出果然風雨交加，但那天觀眾竟然有上百人，地上全是泥巴，演員也都是踩著泥巴在演出。那真的是很瘋狂的一年。

王俊傑　到底那個時候有沒有去思考或是透過劇場去尋找我們的創作語彙？我們到底要什麼？

黎煥雄　其實就是衝撞，有一種時代的躁動，即使你再散漫但只要碰到那個圈子就會被鼓動。自己的語彙都是要在激動感、躁動

6 右頁　「河左岸」《兀自照耀著的太陽》海報，1987。河左岸劇團提供

河左岸　　　1987年公演

演出 ● 河左岸劇團
編導 ● 黎煥雄
　　　根據陳映眞先生小說 "兀自照耀著的太陽"
演員 ● 李曉玲　林月惠　劉宇均　施宏達　陳哲鵬　曹忠猷
　　　林家興．張世彬　廖抱一　陳行潔　康文玲　胡慧瑛
演出 ● 5月17日　PM-3:00　PM-7:30
時間 ● 5月24日　PM-3:00　PM-7:30
演出 ● 新象小劇場
地點
售票處 ● 新象藝術中心　淡水文理書局　淡水滙文書局
票價 ● 150元
河左岸劇團——TEL: 6217035

感稍微開始往下走的時候才會出來，開始去看什麼是西方、什麼是東方的身體。1986年底開始，劉靜敏把「河左岸」部分成員帶過去「找身體」，密集工作半年，1987年她要去義大利參加葛羅托斯基的工作坊，臨行前有點像把我們當徒弟交代好這個、交代好那個，之後延續《邁向質樸劇場》的閱讀與翻譯，五月我做了第一版《兀自照耀著的太陽》，接著七月在皇冠小劇場做第二版演出，劉靜敏剛好回來，帶來兩個訊息，一個是：「你們還是沒有身體！」第二個是葛羅托夫斯基跟她說：「你得回頭找你自己的脈絡。」之後她參與了《兀自》第二版的改版，第二版讓我們被鍾明德定位為後現代主義，裡頭一些場面也有不少人說有點碧娜・鮑許又有點羅伯・威爾森之類，但我們根本沒看過這些的現場演出，羅伯・威爾森更不可能，只在雜誌上看過一張《沙灘上的愛因斯坦》劇照。我們有一個椅子上的傾斜動作很像羅伯・威爾森的無重力漂浮，但我們是在說中產者的意識歪斜、階級傾斜，劇中有一個勞動階級的女人與小說的中產階級角色同時前傾彎腰的關鍵時刻，前者洗頭、後者端咖啡，黃建業說那就是個很難再現的重大交匯點，台灣劇場過去沒發生、以後也不確定還會有。同一個週末，李永萍在「新象小劇場」做了《奔赴落日而顯現狼》，七月，台灣宣布解嚴。

《拾月》之後，我暫停「河左岸」，從1988年2月開始跟劉靜敏工作一個新的劇團，就是「優人神鼓」的前身「優劇場」。為了擺脫葛羅托夫斯基，她先找太極來練，作為回歸的第一波，而完全沒有慧根的我也就開始去站了半年的椿，完成《地下室手記浮士德》，之後決定回河左岸找「沒有身體」的自己。

王俊傑　經過這麼多年，你的風格也有一些轉變，你怎麼從現在回頭去看八〇年代？

黎煥雄　八〇年代小劇場運動很多論述脈絡在一些研討場合被閹割了，淺化前衛、混入保守河蟹意識比比皆是，這是八〇年代前衛美學刻意被扭曲與忽略而產生的。八〇年代小劇場畢竟是一個記錄不夠全面而又難以重現的狀態，這種高度自發而自主的前衛精神、作品，當然不合專業主義的精確（與精緻）標準，但這種活性或獨特性也是後來的人要看、或想從裡頭找到的養分。

我從沒脫離過八〇年代小劇場與文學的底蘊。就算中大型劇

場製作，也還是堅持實驗性的手法。重點是，八〇年代如果沒有像王墨林這樣的身體論論述者提醒（或打擊）你去思索或面對自己，老實講，風格這東西可能也就被丟在路邊、落在路上。那些骨子裡屬於自己的風格，就在那麼前衛、激動的小劇場運動裡，激活了自己的劇場生命。

王俊傑 　從現在往回看的話，當中好像有一個來自檔案的斷裂，或是書寫歷史與詮釋話語權的問題，大家理解或認識的其實並不是全面性的歷史。你最近帶領東海大學「表演藝術與創作碩士學位學程」學生在牯嶺街小劇場演出《寺山修司來訪／狂人教育》，這個作品似乎是對整個世代與環境的反諷或批判，重新演繹寺山修司，某種程度是否也代表了你在環境、風格、藝術與政治之間做出一個自我的省視？

黎煥雄 　台灣一直以來常常只有歷史教條、沒有歷史意識。我跟一起工作的年輕朋友說：「當年我們都是廢青，可是回頭才意識到我們曾經如何緊緊地拉住了歷史的衣角。而那讓我們真正不一樣。」如果身為創作者或相關產業的我們還有點自覺的話，真的要謝謝老天爺，因為我們的教育並不教我們這些，這些都是自己長出來的，而它沒有被湮滅、被蓋掉。

　　離開八〇年代之後，我的劇場創作有許多不同的曲折與探索，「走自己的路」常常變成某種半自嘲半打氣的話，除了強調歷史意識，漸漸也到重審自己歷史脈絡的階段。不在小劇場的日子，我去到講究高技術質量的各類現代劇場，但那些是目標、也是練功。帶年輕學生回到小劇場，與總是在顛覆現況的前輩大師寺山修司透過作品對話，彷彿也銜接回八〇年代初初領略前衛的記憶，這當然是一種類似回看的自我省視，但也是通往晚年的創作前路的提示吧。

1 　　地點：北美館，時間：2020年10月29日。訪談整理：林怡秀。本篇原始出處：〈八〇年代的身體伏流──黎煥雄：「在沒有行動場合、行動現場的年代，我們的現場就是劇場」〉，「啟蒙‧八〇」特別企劃，《現代美術》199期（臺北：臺北市立美術館），2020.12，頁46-61；©臺北市立美術館。

寫實需求
與景觀欲望
動態影像
觀　　察

張瑋倫

　　八○年代台灣在歷經長年政治的高壓管束，於全球政治經濟環境改變之際，整體社會氛圍逐漸鬆動、終至推向1987年的解嚴。延續著七○年代對本土脈絡的建構，當時在面對解嚴後集體國家認同焦慮或個人主體性的重新建立，更倚賴在地能量進行對自我的凝視與找尋，並隱然成為菁英知識份子、藝文圈的主流共識。另一方面，民主化也帶動媒體、自由市場競爭，彼時動態影像生產不僅反映集體社會對於寫實的內在需求，也在於滿足消費市場對於景觀欲望的追逐，除了在傳統電影、電視的基礎上，開始出現新形貌，亦有「金穗獎」和相關影展鼓勵不同類型的影像創作，隨著民主化之下快速發展的技術、平台和媒體，動態影像在沉澱、凝視自身的反思以及透過創新取徑開啟商業契機這兩股力量夾擊之下前行。

張瑋倫　就讀於國立臺北藝術大學藝術跨域研究所。從事創作、策展及研究工作，著力於教育、藝術、女性與社會變革相關議題。以繪畫、雕塑為主要創作媒材，2016年起以「APD」藝術計畫，串連藝術及跨領域社群，實驗各種當代藝術與公眾生活、關係連結行動。曾任職於奧美、李奧貝納廣告。

電視媒體與民主化

1 司迪麥口香糖廣告劇照。紅色
制作所提供

　　八〇年代隨著民主化發展，商業媒體數量一夕暴增，隨著電視普及率提高、節目類型更趨多元化、並引入以電影手法拍攝的港劇如《楚留香》，創造出前所未有的高收視率，電視逐漸取代電影成為大眾吸收影音內容的主要媒介。當時電視頻道以官營老三台為主，同時為有線電視、公共電視的草創初期，媒體生態因應市場快速改變，大筆資金挹注於影視產業，有助當時動態影像在主流媒體上的發展。電視媒體在當時民主化、社會轉型過程中平行產生的關鍵性作用，補足影像製作的社會資源整合和意義生產的社會溝通工作，並能從電視紀錄片、單元劇和部分電視廣告作品中，觀察到當時影像內容在電視媒體上的創新和改變。以電視廣告來說，八〇年代前期台灣政府開放外商投資，國際品牌及跨國廣告公司相繼進入本地市場，廣告需求量增加使廣告業吸引各方菁英投入，電視廣告創意及影像語言進入繁盛的發展階段。[1] 其中，例如「意識形態廣告公司」與陳宏一導演為司迪麥口香糖、中興百貨製作的廣告影像呈現獨特美學風格。同時，電視紀錄片也逐漸擺脫正面宣傳國家形象主題，更重視如何反映社會現實樣貌。例如王小棣的《百工圖》(1986-1991)，記錄傳統產業中的勞工以及如模特兒、舞廳DJ、漫畫家、婚禮攝影師等八〇年代新型產業工作者。節目劇情片則出現「電視電影」類型單元劇，又被稱為「台灣新電影」導演搖籃。如張艾嘉監製的《十一個女人》(1981)，為楊德昌、柯一正首次拍攝劇情長片之作；另有蔡明亮在「華視劇展」的《海角天涯》(1989) 和《小市民的天空》(1990-1991) 等。從節目企劃、拍攝手法的創新，可見創作者和知識份子們在劇烈的媒體與市場環境變動中，積極為影像創作的多元性，爭取實驗的資源與場域的開創態度。

技術、平台化與交流

　　八〇年代是錄像藝術、實驗電影、紀錄片、動畫等來自西方的影像相關知識，尚未以學院建制進入台灣創作者視野的混沌時期。一群手持攝影機的在地創作者，在民主化進程觸發的資訊流通、平台建置及技術設備流通等現象中，開啟了動態影像在地

實驗的契機。「錄影帶影像再現新技術」和「攜帶式電子攝影機」都在八〇年代被引入台灣，平民化的技術門檻帶動民間與個人影像紀錄相繼出現。[2] 實驗電影導演呂欣蒼曾在〈平民電影如是說〉文中以金穗獎作品的低廉製作成本為例，提出健全的電影文化，除了商業電影之外，對於影像生產、落實呈現多元、多樣性的需求，才是真正能取得電影文化平衡的關鍵。[3] 在 1977 年舉行的「實驗電影展覽座談會」中，與會者即提倡參考香港實驗影展、鼓勵創作者拿起攝影機表達個人風格，並於會議結論提出成立「電影圖書館」以推動實驗電影影展、並於隔年落實「獎勵優良實驗電影金穗獎」第一屆徵件（1978）。1987 年，由《人間》、《文星》、《當代》、《聯合文學》等四家雜誌社合辦「1987 另一種電影觀摩研討會」，反映當時電影評論、藝文工作者在商業體制外建立「另一種電影」體系的努力，推廣包括非商業劇情片、紀錄片、實驗電影、動畫片等獨立製作的產品。[4] 當時這些相關獎項、影展和機構平台的設立，直接或間接地支持創作者們以相較於電影產業較低的成本，在不用顧慮商業市場、電檢審查的限制之下，嘗試商業電影之外更多元的「實驗電影」。例如前述「金穗獎」（1978）和「金馬影展」（1980）、「中時晚報電影獎」（1988）相關影展、獎項的設立，以及美國文化中心、美術館、藝廊及替代空間等多樣化的平台，[5] 都在商業體制外提出對於「另一種電影」的觀賞管道和體系建立的可能性[6]。而另外開啟獨立製片路線的黃明川和記錄當時民主改革及社會運動現場的自媒體先驅「綠色小組」，更是以對於技術的掌握，抵抗及跨越官方、主流媒體屏障。

六〇年代以降，要一窺前衛風格的海外影像，主要透過官方機構如「美國新聞處」、「德國文化中心」、「金馬獎國際影展」外片觀摩影展、官方和民間共同成立的「電影圖書館」，或民間組織如「耕莘文教院」、「華燈藝術中心」等。而在迎來思想解放的時刻，大眾對影像的好奇、渴求，帶動市場商機，在當時沒有智慧財產權觀念的時代，非授權挪用並不違法，市場上開始有專門提供拷貝片的店家，例如曾命名為「另類電影專賣店」、「學術電影倉庫」的「秋海棠」，以及專門搜集、播放歐洲藝術片的 MTV，如「影廬」、「太陽系」、「八又二分之一非觀點劇場」等。

2

2 「1987 另一種電影觀摩研討會」活動手冊封面。石昌杰提供

3 「綠色小組」30 週年文物展「看小眾媒體如何戰鬥」綠色小組錄影帶，2016。綠色小組提供

3

電影在這樣的環境氛圍之下，成為不同領域背景的影像同好得以交流想法的共同主題，民間隨之開始有不同型態的小型觀影或聚會空間，如王墨林、卓明、黃承晃等人在各個試片室舉辦放映活動、陳文茜與韓良露合開的「跳蚤窩」、音樂人李壽全、詹宏志等人輪手經營的「麥田咖啡館」、「紫藤廬」等藝文圈及知識份子的聚會所，呂欣蒼、黃明川成立的「映像觀念工作室」更廣泛地促成實驗電影、獨立電影與錄像藝術[7] 的交流和工作、「台大視聽社」是本身即帶有跨領域特質的社團組織。這些現象讓影像有機會成為跨領域交流的載體，並呈現出特殊流動的時代樣貌，也深刻影響當時國內與海外文化、知識流通的關係。

新電影與自由化

當我們將台灣新電影置放在台灣八〇年代混雜、暴衝的整體社會、市場環境之下來思考，這個台灣電影史上具指標性和重要性的現象、事件，不僅能以電影本身跨領域的創作質性，從作品與產業現象中感受混雜、拼裝的時代氛圍，亦可見當時知識份子和創作者們，在解嚴前後，面對政治尚未完全鬆綁、自由市場開

放競爭的兩大作用力夾擊之下，強韌地衝撞當時
的政治箝制和嘗試跨越投資者、市場票房的現實
檢驗等種種現存框架。1978年由明驥接任「中影」
總經理後，啟用年輕導演與編劇企劃人員，如小
野、吳念真、侯孝賢、楊德昌等人，開啟當時以
關注真實社會現象、由台灣本土經驗中汲取靈感
的藝術電影風格。一般對於「台灣新電影浪潮」的
時間起迄點，多認定約與八〇年代同期。最初，
「中影」以集錦式電影《光陰的故事》(1982)，推出
陶德辰、楊德昌、柯一正、張毅四位當時仍沒沒
無名的新導演，並以「以藝術勇氣，拓展國片領
域」作為電影海報標語，該作品被視為「台灣新電
影浪潮」的濫觴。隔年，中影推出《兒子的大玩偶》
(1983)，由侯孝賢、曾壯祥和萬仁執導，劇本改編
自黃春明的小說〈兒子的大玩偶〉、〈小琪的那頂
帽子〉和〈蘋果的滋味〉；《小畢的故事》(1983)則
由陳坤厚執導，劇本改編自台灣作家朱天文的小
說，並成功賣座，票房反應了對於新電影的支持成
為市場上的一種可能。8

　　新電影以追求寫實的創作精神對大眾發聲，回
應八〇年代社會對於本土經驗凝視、台灣主體認同
的內在需求，進而召喚了「一起」、「找尋」的集體
動能，並同時反映在電影產業與其他領域的結合。
例如「新電影」導演與編劇、原著作家以共同合編
的方式編寫劇本，成功改編台灣鄉土文學和現代文
學作家的作品，使文學也嵌入新電影浪潮之中。9
侯孝賢曾說：「我之所以選擇《兒子的大玩偶》，正
因為這是黃春明的故事。黃春明和其他鄉土作家的
小說，對我們（「新電影」導演）所有人影響至深，因
為那是我們成長階段、在學期間閱讀的東西。黃春
明故事裡的世界，正是我們成長的世界，那是一個
我們所有人都非常熟悉的世界。更重要的是，那是
一個在電影裡尚未被呈現、被表達的世界。一旦有

4

5

機會把這個世界搬上大銀幕，我們就迫不及待想去做。」[10]

　　跨足領域甚廣者如張艾嘉、詹宏志等人，亦曾積極協助「新電影」導演開創更多元的媒體策略，例如張艾嘉在台視推出的「電視電影單元劇」《十一個女人》(1981)，即為楊德昌、柯一正等人執導的首部長片作品，劇本改編自本土女性作家的短篇小說，並以全實景拍攝。1982年張艾嘉出任「台灣新藝城」總監，擬定「台港分家」構想，採取不同於新藝城總公司的商業路線，以拍攝「台灣本土性藝術片」為主，陸續促成楊德昌《海灘的一天》(1983)、柯一正《帶劍的小孩》(1983)等片。張艾嘉曾在訪談中坦言當初接下台灣新藝城的想法是：「讓新藝城在台灣有不同的面貌，讓商業與藝術之間可以平衡。」[11] 八〇年代初由美國返台的詹宏志，曾任職於「聯合」、「中時」兩大報系副刊，在新電影尚未出現之前，便嘗試在《工商日報》副刊進行台灣影視產業分析、試圖更深入了解台灣電影工業結構。他提出「侯孝賢經濟學」[12] 的商業策略，論述「台灣新電影」的經濟潛力，當時「年代影視公司」董事長邱復生，即被此概念說服而投資後來拿下威尼斯金獅獎、衝破國內千萬票房的《悲情城市》(1989)。

　　「新電影」彷彿以自身歷程記錄了八〇年代影像創作實踐在現有侷限下的突破。1983年，「削蘋果事件」在輿論強力聲援下，將創作自由與政治干預之間的角力再往民主推進一步。除了對抗政治干預，新電影導演更進一步追求讓電影不再是戲劇或娛樂的附庸，還是富含影像聲音魅力的藝術形式。[13] 然而，「台灣錢淹腳目」的八〇年代，似乎無暇反芻這些來自深刻反思後的文化生產，大眾更傾向消費性、娛樂性的影像商品，新電影這股在地影像實驗能量，終究被淹沒在以市場利益為優先的商業浪潮下。1986年新聞局取消外片拷貝限制配額，導致外片大量進口，同時期國片景氣直落、片商撤資、製作公司及戲院相繼倒閉，新電影導演們對於藝術的堅持，也被迫在現實與理想、藝術與票房的取捨之間被放大檢視。即使有著政治、經濟、文化上的阻礙和壓力，「台灣新電影」終於在接二連三的國際影壇重要獎項的肯定下，把台灣本土電影的前沿風格推向國際視野。但是當菁英文化層拔高到這樣的國際性視野的同時，整個

4　《光陰的故事》電影海報，1982。
　　中影提供
5　蕭颯等著，《十一個女人》，爾雅
　　叢書，1981

6   7

6-8 《悲情城市》劇照，1988，陳少維攝影

電影工業界和通俗電影觀眾層，卻明顯地與這樣的發展格格不
入[14]。1987年的「台灣電影宣言」宣告「新電影」在商業、政
策與評論的排擠下，難以存續。[15]隔年國軍宣傳片《一切為明天》
（1988）引發「新電影」被政治收編等種種輿論。雖然1989年的《悲
情城市》一舉揚名國際，在政治議題的突破和票房表現上大放
異彩，然而隨著八〇年代結束，台灣新電影浪潮也從一種集體
趨勢逐漸朝向個人作者電影路線發展。

　　當我們以「新電影」為題、嘗試理解台灣八〇年代動態影像
生產中的跨領域現象，可見其創造出無數個連結政治經濟、媒體
市場、藝術人文和不同專業領域的交集點，在衝突、共感並存的
社會集體需求中（如大眾／菁英、社會寫實／消費景觀化、藝術／商業），串
接各式各樣的人才；在現實侷限中朝向自由的邊界試探，穿梭在
那專業領域尚未清楚劃分，因而得以恣意切換的跨領域平行時空
之間。而這樣的混雜、拼裝，也正是燃燒八〇年代的整體現象。

8

1　孫秀蕙、陳怡芬，〈探索台灣電視廣告史的研究路徑：從符號學、敘事研究到文化研究〉，《中華傳播學刊》22期（2012），頁47-48。

2　盧非易，〈台灣新聞與紀錄片資料庫之建構與片目研究初探〉，《廣播與電視》16期（2001），頁10。

3　呂欣蒼，〈平民電影如是說〉，《400擊》16期（1985），頁78-79。

4　齊隆任，〈再見「新電影」，期待「另一種」電影的來到〉，《新電影之死》（台北：唐山，1991），頁7。

5　如美國文化中心「高重黎攝影展」（1983）、臺北市立美術館「法國VIDEO藝術聯展」（1984）、春之藝廊的「錄像 裝置 表演藝術」展（1986）、臺灣省立美術館（現今「國立臺灣美術館」）「尖端科技藝術展」（1988）與「日本尖端科技藝術展」（1988）、由高重黎、陳界仁與王俊傑等人從1986年以降舉辦的「息壤」系列展覽，盧明德與袁廣鳴等人加入成立於1988年9月的「伊通公園」等。參見孫松榮，〈重構歷史：當臺灣錄像藝術創世紀不曾發生〉，《啟視錄：臺灣錄像藝術創世紀》（台北：臺北藝術大學關渡美術館，2015），頁12；孫松榮，〈延遲影形力：1980年代華語系罕頻道錄像藝術的政治批判銘議〉，《現代美術學報》34期（2017），頁65-90。

6　迷走、梁新華編，《新電影之死：從〈一切為明天〉到〈悲情城市〉》（台北：唐山，1991），頁7。

7　1986年由陳界仁、高重黎、林鉅、王俊傑組成的藝術團體「息壤」也曾經於「映像觀念工作室」舉辦聯展。

8　盧非易，《台灣電影：政治、經濟、美學（1949-1994）》（台北：遠流，1998），頁271-273。

9　台灣新電影曾改編的文學作品如黃春明《兒子的大玩偶》、《小琪的那頂帽子》和《蘋果的滋味》（分別由侯孝賢、曾壯祥、萬仁導演，1983）、《看海的日子》（王童導演，1983）、白先勇《玉卿嫂》（張毅導演，1984）、李昂《殺夫》（1983年聯合報中篇小說獎首獎；曾壯祥導演，1984）、《暗夜》（但漢章導演，1986）、廖輝英《油麻菜籽》（1982年時報文學短篇小說獎首獎；劇本由廖輝英、侯孝賢合編，萬仁導演，1984）、蕭颯《我兒漢生》（張毅導演，1985）、《我這樣過了一生》（原著名為《霞飛之家》，劇本由蕭颯、張毅合編，1985）。朱天文與侯孝賢合作劇本有《悲情城市》、《童年往事》、《小畢的故事》等。

10　詹宏志，視頻訪談，《侯孝賢：一個導演的來歷》，台灣、香港聯合出品。

11　陳煒智、楊殿安，〈市場現實下迸現的理想火苗：新藝城在台灣1982-1984〉，《Fa電影欣賞》172-173期（2017），頁23-33。

12　詹宏志，〈侯孝賢經濟學〉，《商業周刊》68期（1989）。

13　盧非易，《台灣電影：政治、經濟、美學（1949-1994）》（台北：遠流，1998），頁275。

14　黃建業，《人文電影的追尋》（台北：遠流，1990），頁41。

15　1987年，由五十位「新電影」工作者與文化人所草擬、詹宏志執筆，發表於《文星雜誌》和《中國時報》「人間副刊」的「民國七十六年台灣電影宣言」，對於當時電影政策、大眾傳媒和影評體系提出強烈質疑，並訴求「另一種電影」的存在空間。

9 《悲情城市》劇照，1988，陳少維攝影

「影像異托邦」
主題論壇[1]

主持｜王俊傑、黃建宏
與談｜石昌杰、呆中孚、麥大傑

八〇年代因為經濟起飛、外匯積累以及政治的自由化，推動著資訊社會的試驗與成形，資本與資訊的開放和流動，在上述環境中逐漸發展出各式新的影音溝通介面。在這社會空間與知識場域頓時敞開的時刻，「影像」成為許多人渴望接觸、理解和試驗的新領域，加上同時期各種新型態消費、新思維，與形式上的民主化交織出多種平台、媒介與通路，內容上從實驗電影、紀錄片、動畫、錄像藝術，電影電視製作或平面設計廣告，直到政治論述的空間，皆成為八〇年代重要的文化徵候和溝通場域，並突破傳統藝術類型及語言。公共化、商業化、文化社群與前衛實驗讓影音成為台灣八〇年代的重要開展面向。此次的訪問人物集中在曾參與「金穗獎」並獲獎的重要創作者，期望獲得當時個人在影像實驗創作、參與金穗獎之相關經驗和觀點，以及記憶中是否有對比，或影響今日跨領域觀念的重要特殊事件、過程和相關留存檔案。

石昌杰 紐約理工學院傳播藝術系碩士。長期從事動畫影像工作與教育，曾任教於台南藝術大學、世新大學，現為台灣藝術大學多媒體動畫藝術學系教授。與呆中孚合拍作品《妄念》獲第六屆金穗獎最佳八釐米動畫片。大學畢業後與友人成立台灣第一家停格動畫工作室「躲貓貓動畫有限公司」。

呆中孚 紐約理工學院傳播藝術系碩士。長期從事廣告與動畫工作，與石昌杰合拍作品《妄念》獲第六屆金穗獎最佳八釐米動畫片，其他作品《下午》、《識界》、《劫》也曾獲得金穗獎肯定。近期與楊澤共同擔任文學紀錄片《新寶島曼波》導演。

麥大傑 台灣師範大學美術系畢業。在學期間作品《電影夢》獲第三屆金穗獎八釐米長片佳作，畢業後執導劇情片《國四英雄傳》。往後參與多部電影與電視劇製作，代表作如《妖獸都市》、《流星花園II》、《又見一簾幽夢》、《愛上女主播》、《一不小心愛上你》、《起鼓出獅》等。

1　圖左起：呆中孚、黃建宏、王俊傑、麥大傑、石昌杰。
2　圖左起：王俊傑、麥大傑、石昌杰。

王俊傑　現在因為數位化媒介的關係，基本上已經幾乎沒有人在用Film拍東西，可是相對的，當回去看早期「金穗獎」時代，大家用八釐米、十六釐米在拍所謂的「實驗影像」，反而是回到媒介的本質上去做一些探討跟思考，現在看起來反而變得滿珍貴。另外就是八〇年代中期之後，台灣開始有一些年輕人嘗試做錄像藝術，後來金穗獎也加入錄像這個媒材，所以整個這個歷程在八〇年代其實是很特別的。甚至大家如果有關注現在的金穗獎，當代怎麼去看所謂「實驗影像」，那和八〇、九〇年代在做實驗影像的出發點其實非常不同，不管是對媒介的掌握，或是題材、觀點等。所以，我們現在重新回去看那個時代在做的實驗影像創作，應該是滿有意義和價值的。

黃建宏　關於新的影像在社會裡如何發生，在台灣大致有兩條觀察脈絡。一是從論述脈絡來看，主要從六〇年代《劇場》雜誌開始，突然就接到吳俊輝在2000年左右的「台灣實驗影像研究」，著重國際上實驗電影的脈絡和潮流發展。但是八〇年代，也是金穗獎最蓬勃的時期卻沒有辦法談，或不曉得可以怎麼談。另一條脈絡則是回到現實經驗，回應到「跨領域」這個主題。以當時金穗獎參賽者、獲獎者的狀態，它已是一個十分跨

領域的平台，在還沒有相關專業學校、學系建制的八〇年代，好像對於電影或影像感興趣的人，幾乎都會嘗試在這個平台上實驗或發聲。因此，我們認為八〇年代金穗獎可以提供很好的研究入口，且當時很有趣的是，很多評審都不比參賽者來得對「前衛」、「實驗」有概念，因此也想了解當時是什麼樣的脈絡下開始影像的實驗和創作。

麥大傑　我在八〇年代到台灣唸師範大學時，就一直在想怎麼樣可以拍電影，後來參加電影社，而當時電影社權力很大，可以決定校內要放什麼電影，於是就這樣在學校放了一年的電影之後，遇到「金穗獎」成立。第一年金穗獎我就跑去看，看完之後心想「這樣就可以得獎？這是拍什麼？不明白。」當時心裡很多不明白，因為很多實驗電影的「實驗」兩個字就是「我實驗什麼你管我。」這個範圍很大，意味著實驗什麼都可以。當時八釐米底片很貴，我想要參加金穗獎，但是沒有經費，於是就把公費都拿來拍，也跑去唱歌、拿唱歌的錢來拍片，然後想說既然是實驗，那就拍我想拍的，於是就拍我的電影夢。那個時候「金馬國際影展」、「電影圖書館」是接收電影資訊的主要來源，人好像收垃圾一樣什麼都從那裡吸收進來，於是我就把這個過程拍成《電影夢》(1981)。[2] 後來作品得獎，學校就開始張貼「美術系的麥大傑得獎」，好像因此有了信心，後來就每年都參加。現在回想起來，當時只是很直覺地做這些事，用這樣的工具做練習，因為我沒有讀過電影，讀美術系還被罵一天到晚跑去拍電影。我都是自己找書看、看的很雜，沒有人教我。畢業後本來想好好努力做個美術指導，但有一年，台灣電影新浪潮導演到香港去辦影展，我買了票去看，結果遇到楊德昌、吳念真、侯孝賢、小野等人，在電梯口遇到時，他們突然問我「麥大傑你要不要拍電影？」於是，我就來台灣拍了《國四英雄傳》(1985)。

石昌杰　我1979年到文化大學美術系唸書，我是西畫組、阿呆是設計組，和麥大傑導演的背景很雷同。那個時代其實是一個相對來講，專業主義還沒有到一個高峰的年代，所以其實留了很多空間，而且在藝術學院的大環境會跟不同領域的人混

3 《國四英雄傳》劇照，1985。國家
電影及視聽文化中心提供

在一起，加上美術系會流行一些被老師們從國外帶回來的新思
潮，像是「繪畫已死」的觀念，就會從傳統繪畫的框框跳出來。
雖然現在回頭看當時這些新的思潮，仍是非常依附在美式帝國
教育的體系下，但已經讓我們看到另外一片天空，我就覺得說
既然繪畫已死，那是不是應該去尋找別的媒體來表現自己？後
來我便發現電影太棒了，那時候學院裡的電影社，有鼓吹「用
電影來改造社會」、有提倡「用電影記事參與社會運動」，也有
一派像我這樣的學生，只想為了藝術而藝術，拍的東西都比較
內心。我的第一部作品《妄念》(1982)，[3] 就是在思考我們跟創
作的關係是什麼。當年就是因為流行這個「繪畫已死」的想法，
所以可以產生在文化這種藝術學院的環境和同學們交流、腦力
激盪的互動結果。當然現在回想起來都覺得不可思議，其實我
拍片真是無心插柳柳成蔭，因為包括我自己的畢業紀念冊，上
面也是八釐米，因為其他同學都是用畫的，那我想說我的畫畫
沒有畫得那麼好，然後拍片一直得到「金穗獎」的肯定，跟著
自己也肯定這件事情。也因為這樣走上了影像創作的路，而沒
有再回到繪畫創作。

呆中孚　我小時候喜歡動畫也喜歡電影，常在書本上畫動畫，然後翻頁圖就會動起來，整本書就是動畫、每一本書都有動畫。我喜歡會動的東西，雖然繪畫也不錯，但是不會動就怎麼看都不太對勁。後來大學在美術系漸漸覺得畫畫就這樣而已、沒什麼意思，剛好那時候就被石昌杰拉去影劇系上課，當時有好多厲害的老師，像是焦雄屏、黃建業等人，也就是在那時候看了很多重要的大師作品，他們應該是我們這一代人的啟蒙老師。那時候大家會一起討論導演為什麼會這樣子拍、鏡頭語言是什麼，才會慢慢了解那些大師在想什麼。也因此大學時候的心靈敏銳度非常高，一看就能懂得作品在說什麼。我覺得會走入影像世界，可能就是因為八〇年代被壓抑而不安的心靈。記得高中畢業剛進入大學美術系，完全沒有人管你，學藝術就很像神經病或瘋鳥一樣亂竄，內心非常躁動。每天看到新的東西不斷進來，那時候覺得很多人都快瘋掉，自己也在這個半瘋狂的狀態，非常不安、焦慮和批判。因為資訊太多了，雖然沒有現在多，但是現在更像是麻痺和轟炸，兩種是不同的狀態。當時比較是受限的狀態，你的技術限制你、你的環境限制你，反而對外衝力愈大。限制愈大動力愈強，這是我覺得八〇年代那時候的動態。

黃建宏　八〇年代的實驗性其實都與整體環境有關，例如《台北變奏》(1984) [4] 處理城市議題，跟當時的時代脈動接近。若回想個人在八〇年代的創作，有沒有具體的創作想法、核心思維？以及在有了國外經驗之後回看台灣，對個人又有何影響？

石昌杰　現在看《台北變奏》我自己仍覺得挺有趣，因為它還保留著實驗精神的外貌。當然色彩不能看、聲音也不行，因為以前八釐米的聲軌都是磁帶，所以只能從頭錄到尾，要改的話要消磁重錄，但會破壞它的聲軌等等。所以這些作品現在看起來就變得像是很抽象的影片，宛如一些斜線跑來跑去。每個時代的創作精神不一樣，我還是很後悔當初沒有老老實實去拍台北的城市樣貌，而是把它當作抽象畫在經營。《台北變奏》是那時候個人覺得台北都市正在歷經現代化過程，我就是突然著迷於台北這麼多玻璃帷幕、高樓大廈，雖然後來去紐約留學，

知道台北都市景觀真的不算什麼，但是那時候台灣小孩根本沒有看過那麼多現代大樓。我拍攝的時候是坐在摩托車後座，有些用正常速度、仰角，有些用單格拍。我習慣、也喜歡用單格拍攝，因此後來轉變成像是《持攝影機的人》、《柏林：城市交響曲》之類的作品，在世界各國很多電影史都有，由作者拿著攝影機去拍他們的城市，但是當然他們做的比較大，當初如果有那樣的雄心，也應該學他們，他們做的將近是一個小時。因為當時真的是受限於各種因素，主要是錢的關係，幾卷八釐米大概只拍個七、八分鐘，不超過十分鐘，主要就是把當時的這個市容記錄下來，以比較抽象的概念在剪接，畫面中有很多斜線的玻璃帷幕、然後有速度感、很多蒙太奇的剪接，比較可以看出我從美術系出身的背景。不過當時拍的八釐米影像，現在都很舊、顏色都褪了，如果看以前的影片包括《下午》[5]、《台北變奏》，我們拍完剛沖洗出來的時候，那些玻璃帷幕的牆面映射著天光雲影，藍的很藍、白的很白，但是現在看起來都糊成一片、解析度也不夠。

石昌杰、呆中孚　台灣當時的動畫都是用賽璐璐片做，比較像是產業界的商業動畫，沒有什麼所謂的另類動畫。我們兩個共同創作的《妄念》，算是台灣第一部八釐米的偶動畫片，而在此之前，就是金穗獎中麥大傑的《將軍》(1982)。[6] 當時我們對單格很有興趣，看到 Crocodiles Street（《鱷魚街》）等重要的作品，覺得很震撼，發現原來不用人也可以拍。當時我們兩個拿一些現成的黏土，把八釐米機器架著，就開始在租屋的地方拍，自己做動作演一遍，然後算秒數、再把動作拆出來，一格一格拍。所以人家說那個偶就像阿呆一樣，因為自己演表情都很像，然後沒什麼剪接，一氣呵成拍出來就是一部動畫。

呆中孚　八〇年代是非常純真的年代，接觸到的是最簡單的機器、表達自己的想法，當時的作品現在看起來自己都還滿感動的，因為有種純真感、是自己心靈的遊戲。像《下午》(1984)是我自己寫的一首詩，那時候看了很多實驗電影，有很多都是在探討很大的問題，想著那些大師們、人際關係、這個世界的問題。但是《下午》這部片就只是一個午後、我躺在房間裡、

做了一個很舒服的夢，夢見我沉到水裡，有陽光、樹影、裸體、水光，像喝醉酒做的夢，然後我就把它寫成一首短詩，剛好手邊有一些底片，有空就拍一點、拍一點。片子出來之後，萬仁看了覺得不錯，後來就打電話給我，找我去聊天。我比較喜歡心靈上、抽象的東西，後來拍《識界》(1989)，[7] 那時候我剛畢業，在電視台「週末派」節目組工作，每天操到凌晨三點鐘，回家後會花兩個小時畫水墨動畫、每天畫三十張，就像睡前的休息儀式，就這樣畫了一年，然後再用十六釐米把它串拍一起，串起來以後就發現裡面有動物、人物，會不斷跑出來，是潛意識累積一年的狀態，就像是意識的界限、那一年中意識的流動狀態。作品本身是一個心靈的活動在最焦躁時候的一個紀錄、行為，是內部對外界的反射。至於後來的出國經驗，其實就是影響個人眼界的問題，到紐約眼界是一下就打開了，看到各種不同的東西同時存在，有時候想「欸！怎麼可以這樣子思考？」比較重視實驗性、不斷實驗找新的東西，新的才是好的就對了，寧可是一個爛作品，也不要一個舊的好作品，大概是這種觀念。但是在接受這些最尖端、實驗的 idea 之後，最終還是要回到現實，因為環境就是這樣。要能落實、思考自己的東西。

王俊傑、黃建宏　回想當時台灣本土的藝文環境，是否有特殊事件或文件檔案，對於影響今日的跨領域觀念現況是重要的？另外就是你們在八〇年代當時，互相之間有沒有交流、彼此認識或是合作？

石昌杰　跨領域觀念在蔣勳老師擔任《雄獅美術》主編之後，提出「美術不再只是繪畫」這樣的藝術概念，或者新的繪畫觀念，間接影響到很多人，而且不只是美術領域，包括我之後去紐約遇到很多學建築、舞蹈的朋友，也都受到他的啟發，才發現蔣老師的影響力真的非常大。當時很多革新已經在發生，而在那個大家觀影經驗還缺乏的年代，其中有一個來自外部環境的影像啟蒙，是台南「華燈藝術中心」的紀寒竹神父，當時他買入大量的國際動畫片，每次到台北就會跑到文化、師大給同學放片。而學院內部比較知識性傳播的導師級人物，像焦雄屏、

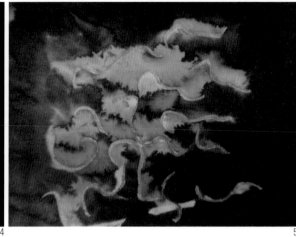

4

5

4 《妄念》劇照，1982。國家電影及
視聽文化中心提供
5 《識界》劇照，1989。國家電影及
視聽文化中心提供

黃建業、王小棣、張昌彥和李道明等，比較標竿性的人物還有
像但漢章、李幼新。但漢章有一本《新潮電影》，把我們那個
時代談到關於情慾、性等主題而被禁的藝術電影都收錄在內。
這在那個時代確實是一個禁忌，而這本書當時也影響我很多。

　　1986年我和阿呆剛退伍，一天到晚和很多詩人、劇場的朋
友聚在一起，有一天突然想說「可不可以把詩變成是一個劇場
表演？」於是就有了《蟲魚鳥獸》這部劇作，還自己取團名叫
「素人聚落」，表示我們都是素人，不像「蘭陵劇坊」演員受過
專業肢體訓練。而難得的是，當時由平珩老師創立的「皇冠藝
文中心」，不僅以「小劇場」推廣劇場活動、更開放給我們這
樣非專業人士申請演出。我在1988年出國，在此之前，1987
年有兩場活動，一是「映像藝術節——短片／台北／ '87，
Experimental Film Festival」，由「皇冠藝文中心」和「電影圖
書館」主辦，「香港火鳥電影會」協辦，黃玉珊老師擔任節目
總監和策展人。同年5、6月在耕莘文教院，由《人間》雜誌、
《文星》雜誌、《當代》雜誌、《聯合文學》雜誌、「電影圖書館」
聯合舉辦「1987另一種電影觀摩研討會」，策劃人是李道明、焦
雄屏、黃建業等人。我覺得這些都影響到我們創作實驗電影和
跨領域的人，我覺得學院派老師、或者像他們這種知識型的影
評人都還在堅持，影像創作不只是注重商業電影取向的內容。

6 《蟲魚鳥獸》傳單，1986。
　石昌杰提供

現在我自己也在學院教書，評鑑指標之一就是輔導同學就業的情況，所以若要說今昔對比，最大的差異之一就是今日的專業主義，不同於那個年代，就算是非專業人士，也可以多方去嘗試、去闖。我們當時是在追求自由，現在的年輕人也一樣，但在這個時代追求的是專業性，當時我們可能就比較天真無知一點，沒有想說要幫自己建立什麼地位，因為連自己要做什麼都不知道，只是想要找什麼樣的藝術表達最適合自己，每個人都在找自己，找什麼是自己最適合表達的媒材，即使同樣是影像創作，像當時同班的蔡明亮，是用劇場的概念去拍；吳乙峰作紀錄片；葉鴻偉則是走向商業電影等等。

麥大傑　當時做的這些被稱為實驗電影或短片的影片，並沒有受到太多商業行為的影響，就是在於個人的眼界、技巧到哪裡，對個人本身的意義很大，但未必在市場上有反應。反觀現在做影像要照顧太多人了，客戶、廣電局等等，反而只關注自己來進行創作，可能對某些人來說會有感動。當時在台灣的教育是有問題的，要大家都一樣，但在香港不是這樣，每個人都有自己的想法，但是現在又相反過來。整體教育、政治環境會影響創造空間。《國四英雄傳》上片之前，新聞局就來跟我說，

導演你很多地方過不了，我去看審查過程，回去之後就收到一張單子，叫我勾選要剪掉哪裡。我到第三部戲就開始拍較為商業類型的影片，很多影評就開始罵我，說新導演墮落了，但電影本來就可以有很多面向，為什麼我拍一部之後，就一定要拍社會批判的電影呢？

每個人有自己來自哪裡的那個機制。我其實是從越南去到香港，來台灣唸書後再回去香港。我常常會跳脫空間，然後在這個空間裡面，人就是這樣，放在空間裡，他就會適應這個空間去生活，也會觀察到不同的社會現象。當時會覺得台灣比較有人情味，但也比較守舊，如今台灣看似好一點，但其實也沒有，我原本想台灣應該做出更批判性、更自由的影片，但反而是往商業片去，個人風格反而受到壓抑。

黃建宏　謝謝各位，跟你們聊過以後，真的比較能具體了解當時金穗獎參賽者和在拍實驗影像的人在想些什麼。關於八〇年代這個研究主題，其實就是希望透過很多人的見證，或說從很多人的經驗中擷取，讓大家重新去思考台灣的創造力，其實都跟人有很大的關係。

1　　　地點：北美館第二會議室（閉門會議），時間：2021年8月3日。側記整理：張瑋倫。
2　　　第四屆金穗獎8mm長片佳作。
3　　　第五屆金穗獎最佳動畫。
4　　　第七屆金穗獎優等實驗短片。
5　　　第七屆金穗獎最佳8mm實驗片。
6　　　第五屆金穗獎最佳8mm動畫。
7　　　第十二屆金穗獎優等16mm動畫片。

典範轉型中的
行者
蔡明亮：「我走了一條不歸路，就往另外一條路去了」[1]

受訪｜蔡明亮（電影導演、藝術家）

採訪｜黃建宏

黃建宏　我們在這個計畫中，主要希望能夠回頭爬梳當時在台灣不同領域中的創作者，實際的工作、以及不同專業領域中，人與人之間連結、交流的狀況，進一步以當代「跨領域」這個詞彙的意涵，理解八〇年代的台灣。因此，想透過這次訪談，邀請蔡導與我們分享一下就個人當時從馬來西亞來到台灣求學、並在劇場、電視、電影等不同領域一路發展下來的經驗及觀察。

蔡明亮　我是 1977 年來到台灣，在此之前，對台灣的感覺是有軍政的概念，有教官、軍訓和成功嶺、省訓團等對大專院校生、僑生的軍訓管理制度，因此當時父親比較放心，覺得台灣是正派、嚴格的社會。當時馬來西亞政府反共、和台灣關係相對密切。且台灣政治上傾向民主、自由，雖然事實上還保有軍政的概念，學校學長會提醒說有些東西不要去碰，特別是政治上一些禁書、

蔡明亮　1957 年出生於馬來西亞古晉，1977 年來台發展。是國際上最受矚目的台灣導演之一，多次獲得國內外影展各項大獎。早年執導電視劇集《海角天涯》和《小市民的天空》。電影代表作品為「台北三部曲」──《青少年哪吒》、《愛情萬歲》、《河流》。近年創作將電影帶入美術館，如《來美術館郊遊》、「行者」系列作品，也將電影結合數位科技，如首部華語 VR 長片《家在蘭若寺》。

2

禁片，但這些大概都已經到末期，不久後就解嚴了。同時電影、流行音樂等台灣次文化也一直影響東南亞，因此來台之前我對台灣整體印象並不陌生。

　　當時台灣一方面是一個軍政社會，同時是商業社會，就像電影也要跟香港競爭，台灣國片、港片都曾經一度在東南亞火紅，但是又以台灣略為領先，比如說甄珍、李行和白景瑞那個年代。台灣跟香港之間的競爭比較單純，台灣主要生產文藝片，武俠片則打不過香港，當時只有郭南宏、香港來台灣的胡金銓比較特別，而胡金銓比較像是獨立的現象，一方面被主流接受，但也像是藝術家、「作者電影」的概念。至於整體市場上武俠片生產狀況則跟香港一樣，大家都在拍一樣的電影，跟著時下流行的類型片走，所以有一個詞彙在港台是共有、共通的，就是「一窩蜂」。

　　我來到台灣時已經是大學生，讀影劇系、也開始接觸電影課程，我觀察當時台灣整體政治氛圍主要還是軍政的概念，所以可以看到很多電影題材也是偏向類型化、軍教片或淨化歌曲，電視台會要求那些歌手們去唱所謂的淨化歌曲，比如像《梅花》（1976），印象中每個綜藝節目都要有。電影則會有軍教片類型，在東南亞比較不流行，除非有大明星來演，比方說《辛亥雙十》（1981）或林青霞演的《八百壯士》（1975）。那個年代在東南亞可以看到、也會接受這種類型電影，可是後來台灣電影就還是以大量

1左頁　圖左起：蔡明亮、黃建宏
2　　　圖為蔡明亮於其工作室

生產類似瓊瑤愛情文藝類型片為主。八〇年代以前，台灣電影曾經很有市場性，每年可以拍三百多部片子，發行除了中國之外的全球華人市場。當時主要就是賣明星，從甄珍、林青霞到後來雙秦雙林，這些過程就跨越大約二十年。可是大概我讀大學的時候很明顯市場就沒落了，若認真分析有非常多的原因，包括電視媒體崛起，我小時候東南亞沒有幾個人家裡有電視，香港電視發展比較快，台灣也算滿早，起碼幾戶人家有一戶有電視，後來家家戶戶都有。當大眾把電影當娛樂的概念，會進戲院看武俠電影，但同時香港無線電視劇出口當時很紅的《楚留香》(1982)，便會直接影響戲院生意。另外是「一窩蜂」追潮流的風氣，使大家慢慢疲乏，香港電影一直在改變題材，但也就是很「類型性」的改變。比如說《英雄本色》(1986)推出，就強勢於台灣、明星也比台灣更紅，而台灣就一直是那幾個演員。我一直在思考或許可以將林青霞去香港發展作為一個分水嶺。當然不見得是林青霞一個人，而是整個片種已經令人感到厭煩、拍到爛了。

另外還有一個原因是香港電影起來了，而且是一波一波的，像是「新藝城」、「香港新浪潮」，也是在我大二的時候發生，徐克、許鞍華、譚家明等人從國外留學回來，在香港電視圈開始發光。他們可以拍比較現實的題材，因著市場需求，他們會找很多題材，有武俠片、偵探片、驚悚片。所以台灣電影忽然間沒有市場、沒有片商要投資，而且當時兩岸開放、開始互通，錢可以流動了。聽說當時所有片商都把錢拿去投資香港片或開始有接觸，所以一下子台灣商業片忽然間消失、沒有片商要投資，剩下「中影」，因為是黨營，他們有錢、又必須要拍片，但是一些老導演好像片子並不賣座，所以開始找新導演，就是在明驥的時代，讓台灣電影又活絡起來。還有比如說「蒙太奇」之類的獨立公司，王童跟他們拍了《看海的日子》(1983)。還有像「新藝城」跨港、台兩邊，由張艾嘉牽線製作的《海灘上的一天》(1983)和《搭錯車》(1983)。

台灣電影是在解嚴前沒落、解嚴後開始出現很多新題材，大概就是和鄉土文學有關，像是《嫁妝一牛車》(1985)。因為官方不鼓勵說台語，所以有的電影就變成是台灣國語發音，現在看起來滿怪的，就是很刻意的語言的運用。後來你看台灣解嚴之後可以拍「文學電影」，雖然當時還有檢查制度引發的很多問題，像是

《蘋果的滋味》(1983) 之類的，或是關於語言問題，從台灣國語到可以講台灣話或雙語的片子。在侯孝賢導演那個年代，不太有類型的概念，文學、鄉土、歷史感、政治主題的年代，各種題材都在嘗試，那不是我進電影圈的時代，但那其實是滿豐富的。對我來說，我在台灣的養成有一種被解放的感覺。大學因為是讀影劇系，主要是寫散文、也有寫劇場的東西、改編過泰戈爾的小說並以舞台劇形式演出。我跟電影開始產生關係，我自己猜測、很可能是真的，是大三暑假做過一個場記的工作，是台灣最後一部武俠片《御劍伏魔》(1981)。記得八〇年代初有「電影資料館」成立，我就加入會員，才開始接觸到法斯賓達 (Rainer Werner Fassbinder)、小津 (Yasujir Ozu) 這些導演，開始讓這些電影進到我的世界。當時也有發現台灣有些電影已經跟以前不太一樣，例如《光陰的故事》、《海灘的一天》、《牯嶺街少年殺人事件》(1991)，都是差不多那個時代的東西，因此當時會有點嚮往能進「中影」，但我跟中影在早期是沒有什麼緣分的，唯一早期的合作就是王童的《策馬入林》(1984)。那時候我已經畢業，因為王小棣的介紹，我在擔任某個導演的編劇，寫了兩個劇本，然後又幫小棣去做電視等等。我以前被困在商業片中，當然我也會想看好的商業片，但我逐漸在「電影資料館」或金馬獎外片觀摩時，接觸到歐洲的、舊的、新的、當代、經典的或日本電影，開始發現電影另外的面向。我就說我走了一條不歸路，就往另外一條路去了。

　　我在電影實務上的訓練是從場記做起，然後很重要的是我做了好幾年的電視。做電視的遭遇又不太一樣，別人做電視可能就寫連續劇，我也寫過，但一檔之後就不想再寫了，因為那是一種束縛，就是要寫什麼兩代情啊之類，只能寫這些東西，所以我就不寫了。而王小棣做了一件事情對我影響很大，是她拍了一個單元劇的劇集，由當年的製作人葛福鴻幫華視製作，大約十幾集、一集大概七十分鐘，那個劇集叫《人生劇場》，拍小市民的一些事情。我作編劇、場記，後來當她的副導，所以累積一些很切實的基礎訓練。後來，圈內有一位老藝人叫唐威，他最早找我寫劇本，是寫「湯臣」的「好小子」第三集，片名叫《苦兒流浪記》(1987)。唐威很喜歡我的劇本，後來就找我寫了一個連續劇叫《不了情》(1989)，寫了兩年才寫完。《不了情》紅了之後，他就給我

3 《御劍伏魔》海報，1981

拍了一集單元劇叫《海角天涯》，我那時候已經在看楚浮的東西，所以我的腦袋裡面想的已經不是一般的電視了，要寫的東西比較生活化，再加上我跟小棣有一些訓練，我在小棣那邊還拍了台語連續劇，當導演、也是編劇，像是文英演的《快樂車行》(1989)，當時陳玉勳還是我的場記。我覺得我的電視訓練很重要，另外還有劇場經驗。

　　當時華視有編審制，其中有一位編審施先生很喜歡我的作品，他說，那我就給你寫單元劇好了，寫一本給一本的錢。後來我就跟他講，那你要不就讓我拍「單元劇」。於是我就策劃了二十一集的劇集叫《小市民的天空》，也有邀請其他導演像是易智言、陳玉勳參與拍攝。其中我自己拍四集，《麗香的感情線》(1990)和《給我一個家》(1991)連續拿到導演獎，所以後來徐立功就找我，他認識我很久了，因為我是電影資料館的會員，讀大學的時候，有國際金馬獎外片觀摩，因為那時候是他們承包，我就去幫忙買票、撕票，後來大家就變成朋友。徐知道有我這個人，後來我又在電視上得了兩次獎，所以有一天就打電話約我，說讓我拍電影好不好，那個時候已經是1990年，已經大學畢業七、八年了。九〇年代那個時候我最後拍的一部電視單元劇，是小康演的第一個作品叫《小孩》(1991)。《小孩》好像是台視的，是富邦基金會找了幾個導演來拍當時青少年犯罪的社會問題。我拍完《小孩》，距離徐立功跟我講要拍電影已經隔了一年，我動作很慢。而後來我最想提的是《愛情萬歲》(1994)，但後來沒有寫成，我就拍《青少年哪吒》(1992)。《愛情萬歲》是我最早構想的劇本，但是沒有寫，後來就覺得拍比較熟悉的青少年場景這樣子。

　　小棣說我做電視就像做電視，做電影就像電影，做劇場就像劇場，因為受眾、畫面都不太一樣。我的電影主要受歐洲電影影響，好像是老天的安排，一開始就不讓我去做商業片，也沒有嘗過商業片的甜頭，但是我也不覺得我需要這些東西，慢慢就覺得好像沒有什麼必要。作品比較重要。而我唯一比較商業的東西就是連續劇。我拍電視的時候就已經在找尋一些方法，看能不能比較新穎、深刻一點。天下文章一大抄，每個東西都差不多，可是怎麼樣做得更好、更深，我覺得這個滿重要的。這些思考基本上是被歐洲電影影響，他們有很多電影比如說法斯賓達，他跟你平常看的電影是完全不同的，帶給我很大的震撼。而這樣的追求，

A-tong, what do we do now?

Truely, it feels different from watching films or TV

(Composition Contest:First Prize, "A Day on the Beach")

到了電影更是。我養成在創作過程中，無論電視、電影或劇場，所有過程裡都要有一些追尋。我也試圖傳達「為什麼要拍電影」、「幹嘛拍電影」，就是想造成一些影響，使人更敏感，如果每次都是一樣的、別人也是一樣的，那些作品是無法產生什麼力量，當下看完就算了，所以我的電影的效果是比較被人家討論的，好惡比較兩極，因為比較直接觸動觀眾的感覺。

　　台灣電影會有一些成績，國家的補助也滿重要的，大概也是從侯孝賢那時候開始，到後來我的年代，就開始有獎金、輔導金之類。可是侯孝賢那個年代，會看到台灣也有一個論述，叫做「台灣電影死了」，是相反的、是影評人寫的。所以你就知道說兩邊的人對電影的觀念是很不同，有的人覺得電影應該是創作的，有的人覺得電影幹嘛要創作？那我也是常被質疑或者根本不管了。反過來說，我其實不管這個世界。為什麼我不管？因為我還活著，如果我快餓死了，我可能就要管了。當然我有拍很多短的東西、做了很多劇場，可是認真說我拿到街頭去賣的，就是十一部片，而且都賣得很差。

黃建宏　從《青少年哪吒》到《日子》(2020)，是一個讓影像本身有生命發展的過程，從「作者電影」到錄像、再到展覽，跟大多數新電影導演不同，你沒有進入商業，而是從八〇年代開始，就一個人走自己的路。是否你在某一天出現比較明確的想法，可以讓我們了解你八〇年代做的事情跟你後來創作的關聯？

蔡明亮　八〇年代我應該也經歷幾段爆發期，我的訓練是從基礎開始，並不是忽然間就會拍電影。我從中學開始寫作，當時文字書寫不太成熟、著眼也不在文字上，而是對畫面的經營、描述。我從小看電影、直到來台灣才讀影劇系。從《青少年哪吒》到《臉》(2009)，現在回頭看我都不知道怎麼拍的。這些電影我怎麼拍出來的？我怎麼會這麼想？後來覺得那是因為年輕。我應該是三十五歲開始拍第一部電影，到四十歲拍《河流》(1997) 時，有一個感慨是還好自己四十歲了，要不然我拍不出《河流》。所以我自己很明白，創作是跟你的生活經驗、體力、歷練有關聯。後來到了近期，我的生活變得非常封閉，不太管外面的事情，可是好像也是我選擇的。我就說我只要拍小康就好了，可是怎麼能只拍小康就好了？我覺得是有可能的，如果是去發展影像概念或者思考電影本身，比如

說「行者」系列（2012—），怎麼會想要拍十部「行者」或二十部「行者」？到底要拍什麼？拍「行者」很難，每一部都很難，因為它是重複動作，但是那個點不一樣、空間不一樣，所以你自己在那邊掙扎說你要花多少力氣去做，這已經超脫一般對電影的概念。

　　我覺得現在已經有一些分水嶺出現，比如說《不散》（2003）就是。我自己跟外界、以及作品的關係，都是從《不散》出現一個段落，後來《日子》又是一個新的可能出現。每個時期都會有一些新的東西，很像畫家的概念。到現在這個階段，很多都是寫生的概念，就出去做、會做出什麼東西自己都不知道，但是我知道那個方法就是這樣子，不是坐在家裡面寫劇本、不是構想完整的結構，電影工業的可怕就在於使得人只能處在生產狀態，而我現在則是隨著創作與自己身體、生命力進行深度連結，而隨著年紀、體力大不如前，創作的樣態更會隨著身體的狀況改變，就好像印象派畫家最後面對眼力不行的問題那樣。我也會問自己當體力不行了，還要堅持創作嗎？我試著在找一條可能的路，比如說藝術界、美術館的介入，試著找到一些新的發展出來，雖然仍不知道最後會是什麼。

1　　　地點：蔡明亮工作室，時間：2021年6月17日。訪談整理：張瑋倫。

青年放浪記

鴻鴻：「劇場就像一個平台，它讓所有人自由進出」[1]

受訪｜鴻鴻（詩人、劇場及電影編導）

採訪｜王俊傑

王俊傑　我們發現台灣目前在處理這些藝術史的過程中，不是一種斷代史的書寫，就是一種類型化的研究。基本上都還是一種線性的脈絡，也較少提出觀點，較少提出針對「史觀」的問題意識。尤其目前很少對於「跨領域」、「跨類型」的討論，雖然六〇、七〇年代的確有一些新的嘗試，但並沒有像八〇年代如此大鳴大放。所以我們覺得有必要針對八〇年代做一個有系統的討論，並且這個系統是從所謂「跨領域」的角度切入。鴻鴻你從高中就相當活躍，參加許多大學詩社，經歷過台灣新電影和小劇場的時代，甚至你還去「雲門」學過舞蹈。可否談一下，你的學習歷程，以及為何你的經歷會如此多元？

鴻鴻　我想我是從文學啟迪的，因為是在外省家庭長大，唐詩、演義小說算是我閱讀的基礎。後來到高中，接觸到現代詩，便開始寫詩、讀詩，也因此接觸到像是「新潮文庫」出版的翻譯文學。

　　表演藝術的部分源自我在菲律賓的經歷。我國中曾在菲律賓住過兩年半，我在「馬尼拉文化中心」看到「雲門舞集」第一

1　許斌攝影。鴻鴻提供

鴻鴻　國立藝術學院戲劇系畢業。歷任台北詩歌節策展人、新北市電影節策展人，創辦黑眼睛跨劇團、黑眼睛文化及《衛生紙+》詩刊。與楊德昌合著劇本《牯嶺街少年殺人事件》獲金馬獎最佳原著劇本獎，另為第36屆吳三連文藝獎文學類得獎人。

次到菲律賓的演出。那時看到雲門早期的《孔雀東南飛》、《白蛇傳》，覺得非常的震撼，因此我馬上決定要回台灣。回台灣後，我考上板橋高中，從高二時決定到雲門的補習班學習舞蹈。其實並不是因為我特別喜歡跳舞，而是我想了解新鮮事物。高二、高三時，剛好碰上「金馬影展」創立，同時又有許多國外表演開始被引進台灣。那時是七〇年代末、八〇年代初，雲門恰好在扶植郭小莊，同期「新象」開始運作。那時我立志要成為一位舞蹈家。但國立藝術學院剛成立時，第一屆並沒有舞蹈系，於是我選擇進入戲劇系，預計之後再轉入舞蹈系。那時我已經在接觸「實驗劇展」、「蘭陵劇坊」、李國修等。同時也在看「金馬影展」，那時引入了香妲·艾克曼（Chantal Akerman）、柏格曼（Ingmar Bergman）的作品。進入藝術學院後，我的老師是汪其楣老師，我在戲劇系發現劇場可以收攏我喜歡的文學、電影、表演藝術、舞蹈等，於是便決定留在戲劇系。第二年在戲劇系便碰到賴聲川，第三年是王小棣，到了大四、大五便是馬汀尼、陳傳興。那時陳傳興在戲劇系開了「環境劇場」與「電影表演」。他的環境劇場非常有趣，他把學生帶到蘆洲，要學生表演「龍發堂」，但每個學生都沒有概念到底要發展什麼，所以到學期中他也很氣餒。我們戲劇系的基礎是史坦尼斯拉夫斯基（Konstantin Stanislavski），每天都念契訶夫（Anton Chekhov）。根本沒有人知道龍發堂是怎麼回事，後來才了解他是以傅柯（Michel Foucault）的概念在我們身上做實驗。這種東西我覺得跟台北市的那些「小劇場」是有共通性的，當然在當時我們說是「現代劇場」。但各個領域之間很多概念、東西是共通的，甚至老師群也是共通的，大家多多少少有些關係。例如像是蘭陵的卓明、黃承晃、黃建業，他們都非常喜歡電影，但沒有辦法直接拍電影，所以進到劇場。蔡明亮也是另一個例子。我當時和黃承晃、王耿瑜、老嘉華一起閒混時大家在聊的都是電影，沒有人在談劇場。甚至老嘉華後來變成侯孝賢的副導演。

　　相較於戲劇系的同儕，我比較特殊。我對外來引進的東西非常著迷，「蘭陵」已經很屬害，但是看到「筆記劇場」就讓我更興奮，尤其是「進念」和「白虎社」。到後來看到「河左岸」、田啟元，我覺得這些作品甚至都比學校裡的東西有趣許多，當然那時候的老師都不認可這些作品。但我還是喜歡和這些人攪和在一

起。我第一次看「河左岸」的作品是《闖入者》，看完之後我就跑去認識黎煥雄。後來「河左岸」的陳奐廷到法國研究波特萊爾（Charles Baudelaire），我在他之後到法國，他給我非常多養分。

在藝術學院的時期，我看完雷奈（Alain Resnais）的《生死戀》後，在課堂做了柏格曼的《婚姻場景》，我自己翻譯他的舞台版劇本，用一種多角度、很多暗場的方式來做。像黃建業、金士傑等很多人來看，看完後普遍評價還不錯，他們於是對我頗有印象，我之後在外面找他們一起做東西，他們都非常樂意。另一個方面就是和老師之間的互動，像是賴聲川、馬汀尼。因為「蘭陵」的緣故，賴聲川、楊德昌與張毅的關係非常緊密。我因為非常想學電影，因此拜託賴聲川介紹，才有機會認識楊德昌，跟著他一起做《恐怖份子》。那時大部分的事都會有很大的發展空間，沒有老師、前輩，所有人做的事情都是第一個，像是黎煥雄的《闖入者》、李永萍的「環墟」，我覺得這是八〇年代最有趣的一點。我們透過像是《劇場》雜誌接收到很多來自國外的二手資訊，卻根本不知道那是什麼。像是我把《生活的甜蜜》、《八又二分之一》的劇本看到滾瓜爛熟，之後才有偶然機會可以看到電影原作。這種傳播模式帶給大家非常大的想像空間。又或者說大家在做碧娜・鮑許，在做羅勃・威爾森的時候，大家其實並沒有看過原作，只是憑藉一、兩張劇照跟文字描述，就跟自己的生存經驗或自己的藝術觀連接起來，發展成另一種東西去發洩我們生存的感受。因此，可以說我們都是用借來的語言去發揮我們真實的感受。

另一個影響我非常深的是馬汀尼。她雖然教表演，但她很常跟學生攪和在一起。那時她讓我學到生活就是要攪和才對。而透過攪和可以連結到更多不同的領域。所以八〇年代的中後期，其實非常多像「發條橘子」、「甜蜜蜜」的Pub。那時我非常喜歡去這些地方和大家攪和在一起。像是田啟元那時就在「發條橘子」做《一個少尉軍官和他的二十二道金牌》。那時候看得愈多，想參與的事情就愈多。後來因為非常崇拜陳傳興，所以決定到法國留學。

王俊傑　其實你剛剛說的是一個文藝青年的個人經驗。但整個八〇年代除了藝文圈裡的生態，整個政治環境，或者說是社會氛圍變動也非常大。例如像是後期的解嚴、國民黨黨爭等。這整個龐

2 右頁上　「河左岸」《闖入者》劇照，1986，吳忠維攝影。河左岸劇團提供
3 右頁下　淡江大學校園張貼的《闖入者》海報，1986。河左岸劇團提供

大的社會環境關係對你有沒有什麼影響，或者說你當時怎麼在這個環境下思考？

鴻鴻　我覺得八〇年代的社會氛圍是一個非常騷動的狀態，幾乎每個禮拜都有遊行。尤其那時很多劇場都跟遊行有關。當時我對政治和劇場的關聯不是非常了解，但我覺得整個騷動的社會氛圍的確鼓動了藝文圈所有這些出格的事。就像是大家都在找一些方法，把原本壓抑的東西給發洩、爆發出來。當然那時最猛的絕對不是我們藝術學院的人，而是陳界仁、王墨林、「無殼蝸牛」這些人。他們有的是具有高度政治敏感性的，像是李永萍就非常清楚她要做的是什麼。但也有些人就是有點被氛圍所影響，他可能崇尚左翼、無政府主義，但他可能沒有那麼的行動派，某個程度他還是想追求藝術的美學性。所以我覺得大家當時的目標其實不盡相同。像是我看《武·貳·凌》這齣戲，我覺得非常震撼，但對於藝術學院的人而言，這個戲其實滿失敗的，因為它的意識型態非常單一。所以我當時並不喜歡那個製作。但在當時強烈的社會氛圍下，不管你喜不喜歡，都會受到這個氛圍很大的影響。那時大家任何事情都可以不分統獨、不分輩分地合作，社會運動、政治運動跟藝術完全不衝突。整個氛圍就好像鼓勵你去嘗試做一些瘋狂的事。雖然沒有任何補助或資源，但就是不計成敗、不計後果的去嘗試。雖然當時我並沒有一下子就投入進去，但整個社會的行為模式應該有潛移默化地影響我。

王俊傑　在我們的研究中，有一個我們稱之為「翻譯術」的脈絡，就是在八〇年代從外界引進回台灣的思潮或方法。那時我們似乎有個欲望，想把這些東西轉化為我們自己的語言，或者說找一個東西可以代表我們。你怎麼看待這些外來思潮？那時身分認同的議題也不斷在社會當中翻攪，回想整個八〇年代，你有什麼看法？

鴻鴻　我覺得那時比較厲害的創作者，他吸收與融會貫通的能力非常強。他拿出來的作品常常會標示出一種新的高度，甚至成為一種典範。我覺得最好的例子就是田啟元，因為他有非常好的中國文化修養，但同時他的作品又非常怪異，像是《白水》、《狂睡五百年》。他的作品高度的視覺化、儀式化，好像

4上　「奶·精·儀式」《第1類型──
試爆子宮：IV.潛回古典行動》，
1986，劉振祥攝影，陳界仁提供

「奶・精・儀式」《第1類型——
試爆子宮：III. 環抱性花園》，
1986，王俊傑攝影／提供

吸收了所有東西，卻變出另一種原創性。你會覺得他的作品中什麼都有，但卻也完全是他自己的東西。那種獨創性、原創性，我覺得是八〇年代非常具有代表性的。這些東西的確是有原創性的，而且這些作品是跟我們的社會進程環環相扣的。田啟元、魏瑛娟的早期作品就是這樣。但反而像李永萍或「環墟」，我認為他們的技術很前衛，他們想要追求的一種美學也好，或者意識型態也好，我覺得他們受到西方的影響還是比較明顯的，反而使他們的作品本身沒有讓人意識到作品自身的原創性。

所以我還是覺得劇場是一個很好的領域。劇場就像一個平台，它讓所有人自由進出，音樂的、視覺藝術的、舞蹈的、文學的、電影的，全部都可以穿越劇場。然後大家在這裡都可以用很低的成本做出一些作品。而且看到劇場裡面那種自由性，八〇年代的那種自由性我覺得也是這個社會賦予的。我最近在看周逸昌那本書，裡面提到香港《重：重・力／史II》到台灣演出時，演員在台上失控，失控到李銘盛在觀眾席衝上台去。失控和暴走，在八〇年代就是時常發生而且司空見慣的。我還記得我去看「洛河展意」在國立藝術館演出時，我也曾經跑上台去。那個演出本身是開放性的。那時整個社會氛圍是隨時都有遊行，而且你在路上想加入就加入，是沒有人會攔著你的。就是這麼一個社會，呈現在劇場當中。

那回到個人身分認同來談，其實整個被歸類到第一代的「小劇場運動」也好，或者說是「現代劇場運動」也好，其實當時的參與者並沒有那麼強烈的文化意識。基本上大家都只認知自己是在做現代的、好玩的事情。像是「京劇現代化」就是一件很好玩的事。可能那時候大家的困惑會是，中學如何為底，西學又如何為用。或者說中西如何調和現代和傳統。包括最早的「雲門」和「蘭陵」，其實都在討論如何將中國的東西現實化、當代化。這也是為何「雲門」選擇培植郭小莊。但畢竟我們跟中國文化有一個很大的隔閡，因此在台灣這裡就可以展現自己的創意。但後來大家也覺得不能總是止步於這樣的隔閡之中，所以後來大家開始找尋方法來抵抗這樣的隔閡，也就是用西方的方法。因此到了八〇年代，不論是日本、法國、美國，只要外來文化被引進時，大家就會一窩蜂地去追隨。這

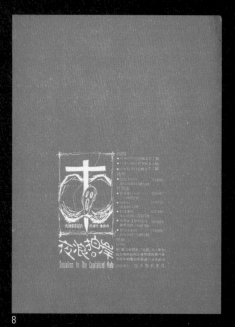

6　「臨界點劇象錄」《夜浪拍岸》劇照，1989。國立清華大學圖書
　　館珍藏資料
7　「臨界點劇象錄」《夜浪拍岸》劇照，1989。國立清華大學圖書
　　館珍藏資料
8　《夜浪拍岸》傳單，1989。國立清華大學圖書館珍藏資料

個過程其實也是在擺脫中國的包袱，這個轉譯的過程當中，中國的影響也的確變小，但也沒有哪一種方法可以取代中國或者成為主流。但創作者如何去統合這些方法，還是必須回到自己的統合能力，那時應該只有非常少數的創作者很清楚地意識到，自己做的就是台灣的東西。那時大家談的「尋根」其實還是非常抽象，因此他們什麼都必須吸收。比如說「優劇場」的尋根，包含了中國大陸的一些民間技藝，但同時他們也要學習台灣的東西。像阿毛、台灣渥克就認為自己必須從台灣最低俗的東西著手。甚至連林懷民要尋找台灣也必須透過碧娜·鮑許。「雲門」停擺的時候，林懷民和張照堂在藝術館做了一場「林懷民實驗演出」，那場演出完全脫離了雲門的影響，展現非常強烈的當代性。從這裡就可以看出他正在重新思考如何丟掉中國、雲門的各種包袱。我想那時候，每個人多多少少都有一個先往西方走，再回到台灣的過程。

　　台灣人就是因為在八〇年代的認同混亂，讓大家覺得要解放。但也只是解放而已，至於解放之後要幹嘛，那是解放之後的問題。所以整個時代就是一直在破壞，和找工具來破壞，所有這些外來的都變成是一種工具。鬆動這個「黨國體制」、「中華文化復興運動」這一套系統之後，每個人才會冷靜下來思考，我為什麼要做這件事、我接下來要幹嘛。於是大家的選擇就開始不一樣，所以後來的發展中，每一個人的立場、走向就變得很清楚。要左的、要右的、要統的、要獨的。八〇年代可能最有趣的地方就是它是一個不清楚的狀態，就是大家一起拆房子的狀態。整個解嚴和後來「刑法一百條」的抗爭就是一個大爆炸的過程。

　　但「新電影」是一個跟劇場非常不同的景觀。我覺得「新電影」的參與者，不管是編劇還是導演，吳念真、小野、楊德昌、萬仁、侯孝賢，都非常清楚他們正在做的是什麼。我那時一直在思考，這個差異何在。為什麼劇場這麼百花齊放，然後開出這麼多奇花，但同時也混沌了很久。但是「新電影」一出來就是一部又一部的經典。我覺得可能因為電影是一個必須利用現實來創作的媒介，因為攝影就是在記錄。這些有才華的人其實是在關注如何用攝影機呈現一段真實狀態。但台灣幸也是不幸的是商業電影完全是垮台的狀態。「香港新浪潮」的徐克、許鞍華給了台灣創作者很大的打擊，也是很大的鼓舞。但也因為台灣的狀況，使得

台灣這邊的電影創作可以做得非常個人、非常純粹。每個電影創作者都好像有點想要彌補過去幾十年來台灣電影沒有拍到的紀錄片，每個創作者都想拍自己的童年往事。像是侯孝賢拍了朱天文、吳念真的童年。楊德昌可能受到了《悲情城市》在威尼斯影展得獎的刺激，於是那時也啟動了《牯嶺街少年殺人事件》的拍攝。這也是他唯一一部拍自己的童年往事。他其實在1986年拍《恐怖份子》之前，就已經有這個故事的想法了。

侯孝賢在國際間竄起的聲勢多多少少也影響到了台灣影壇。楊德昌對比侯孝賢就像是西方美學對比東方美學的概念。楊德昌喜歡將所有敘事梳理清楚，他不會去著墨所謂的詩意。所以我在《牯嶺街少年殺人事件》的編劇過程，主要負責資料搜集。我去圖書館將那些年的報紙資料影印、筆記後，帶過去跟楊德昌一起討論。他的觀點時常是由我搜集的資料來佐證的，當然其中也包括他自己外省家庭的生活經驗，以及從生活圈裡聽來的消息。比方說小孩睡在衣櫃、榻榻米這些事絕對來自於楊德昌自己的記憶。而《牯嶺街少年殺人事件》警總審問小四父親的一幕，其實完全是楊德昌根據一些朋友的口述想像出來的。我覺得他的編劇方法是非常厲害的。在八〇年代末，他幾乎是將台灣檯面上的人物，透過電影將他們的人生回放到他們的小時候，幾乎是回到一個過去。並用現在這些人的過去、典型，來呈顯整個社會的縮影。我認為楊德昌想要解釋，為什麼這些人生存的如此卑微。他對於歷史詮釋方法的思考是根深柢固在一種理性邏輯裡頭。但這在當時帶給我很大的疑惑，因為他的人物角色總是非常鮮活，但是呈現在電影裡每個人卻都那麼渺小，甚至根本分不清誰在說話。

這跟我的想法其實有些許矛盾。那時我想做一個詩人，我寫的都是短短的事情，我便在思考短小的微妙東西能不能成為一部電影。我跟我的一些詩人朋友，包括像曾淑美也常有這樣的討論，我和曾淑美討論從楊德昌身上學到的事情後，她就覺得電影不見得只有這個面向。比如像珍‧康萍（Jane Campion）的《伏案天使》，她提醒我電影也可以是非常詩意、非常個人的，不見得一定要對社會脈絡進行全面的分析。所以我後來一直在個人詩意、社會研究二者之間掙扎。後來我拍第一部片已經到1998年了。

9 《3橘之戀》劇照，1999。鴻鴻提供

　　這段時間，我在法國看了米洛斯・福曼（Miloš Forman）早期在布拉格之春的時候拍的一些作品，像是《黑彼得》、《金髮女郎之戀》。他拍一個男生在舞會看一個女生，拍了四十分鐘。如果楊導看到這部電影一定會飆出髒話，覺得完全是浪費。電影很好看，哈哈，那個狀態也是非常妙的，除了他也沒有人拍得出來。所以我突然就解脫了。拍完《3橘之戀》後，有點往研究、理性的方向走。我拍的第二部片《人間喜劇》其實已經開始有結構了。雖然是一個隱形的結構，不像楊德昌那樣非常緊密的結構，是一個有點鬆散、但是背後的理性邏輯還是一直有他的影響在，有點像是矯枉過正的階段。

　　我覺得台灣的意識型態轉變也是在一個矯枉必須過正的階段。像是強調台灣意識也好，其實意思是讓更多人去針對台灣過去失落的歷史、文化進行研究。這也是我參與《日曜日式散步者》的想法。我們必須找到一個座標來思考我到底在原本座標的哪裡，才能知道要往哪裡去，要怎麼發展。意識與意識之間總是有矛盾的，但藝術發展、文化發展、個人創作都不能只有意識型態。個人如何去學習、瞭解，然後在這中間找到你個人的價值。藝術在這之中有其非常珍貴的價值，因為包含了各種各樣的，可以定義和無法定義的可能性在裡頭。

1

地點：北美館，時間：2021年8月31日。訪談整理：許修豪。

覆寫台灣
八〇年代文學觀察

許修豪

　　八〇年代文學書寫，承接七〇年代意識型態在文藝思潮上的遺緒，使得寫實傳統得以外溢於「鄉土」之外，開拓出對台灣社會多元化的書寫關懷。並且，蓬勃的黨外運動、政治衝突的檯面化、鬆綁的言論自由，也讓彼時作家不斷試探寫作題材、形式與美學的禁忌空間。進入消費社會後，大量西方理論的引進，以及新興媒體技術的普遍化，使得新世代作家也開始嘗試新的美學形式語彙，進而開啟國際化與都市化後的書寫實驗。但文學書寫在八〇年代的發展，並非是朝向一線性方向發展。八〇年代複雜且並進的書寫關懷，以及美學形式之間的攻訐，使得八〇年代難以透過單一史觀的考察陳述。雖說如此，八〇年代紛雜的文學書寫仍具有一個共通關鍵核心，亦即「台灣文學為何？」。從鄉土文學論戰、政治書寫，甚至到後現代主義在台灣的興起，都可以視作是文學作家試圖以各種語彙貼近「台灣」此一命題的試驗。正是台灣在國際局勢上的消亡，以及官方文藝史觀上的空缺，迫使文學作家必須透過政治意識型態、社會現實體察、外國理論語彙等多重形式，回答「台灣文學為何？」。因此，對於八〇年代文

學書寫的考察並不應該是以線性發展的觀念，囿限整個年代的繁複試驗，而應當將八〇年代視為文學作家反覆覆寫台灣的過程。並且唯有透過一種「覆寫」觀點進行觀察，才有可能陳述出八〇年代在意識型態與美學觀念上的實驗意圖，而並非是一種蓋棺式的陳述。故本文將以「鄉土文學論戰」作為開端，將其視為開啟八〇年代作家對台灣論述渴求的欲望關鍵。透過政治書寫、多元社會體察，以及外國思潮引入等方面的觀察，回應八〇年代對於覆寫台灣的迫切。而極為重要的是，縱使這一系列的陳述在書寫上必須依從於時序的限制，但實際上在八〇年代的各種書寫試驗與觀點仍是以一種層疊、並進且交纏的方式發生。

鄉土文學論戰之後

　　若無七〇年代鄉土文學論戰的迸發，恐怕很難造就日後八〇年代「台灣意識」與「台灣論述」的崛起。七〇年代下半葉，台灣連續發生「中壢事件」、「橋頭事件」乃至於「美麗島事件」的政治衝突。這些衝突一方面動搖了既有的政治權力結構，另一方面也使得民眾得以提高自身對內部政治結構的反省及覺察能力。同時台美斷交的國際局勢也使「台灣」與「中華民國」地位與既有民族論述，產生必然被全面攻訐的縫隙。而五〇、六〇年代所建構的文藝思潮不但無法面對這一連串的政治巨變，於此同時更加劇了台灣人民的認同挫折與內部矛盾。

　　1977年《夏潮》的創刊，開拓對「本土」思想的討論熱潮。葉石濤曾在《夏潮》發表〈台灣鄉土文學史導論〉，以台灣為書寫核心，將鄉土文學立論於「反帝、反封建」的共通經驗，並企圖反映台灣人民生活的書寫意識。隨即陳映真發表〈鄉土文學的盲點〉，嘗試將台灣文化脈絡歸攏至「在台灣的中國文學史」敘事之中。於此渲染出七〇年代末一系列鄉土文學論戰的攻訐。

　　其後迸發的鄉土文學論戰可被視為是五〇、六〇年代所建構文藝思潮在七〇年代下半葉的全面檢討，同時也可以將其認知為對民族構成，甚至是「台灣」此一概念構成的檢視、提議與抗辯。雖然「鄉土文學」一詞在文學史上並非是第一次出現，但在七〇年代的討論中，「鄉土」一詞儼然成為台灣意識在寫實主義上的投射。換句話說，在鄉土文學論戰中，雖然內部各有路線與定位

上的紛爭，但論戰整體並不脫離對「介入社會」乃至於「構成社會」的迫切期待。迥異於七〇年代持續發展的現代主義文學，強調內心挖掘與私密感覺，伴隨論戰所衍生的文藝理念強調對於反映現實的實踐，以及對社會底層的深切關懷。而這也直接命定了八〇年代文學與文藝的多元發展與社會關懷，以及台灣意識崛起的必然。

是文學？還是政治？

八〇年代前的思潮，隨著保釣運動的興起、十大建設竣工、台美斷交等國際局勢惴慄而動盪。經歷了七〇年代的書寫者，不僅面臨了官方文藝美學所無法滿足的現實情狀，還有經濟崛起所帶來的環境、污染問題，以及加工出口區等產業轉型導致的勞動結構改變。這些前所未有的情境，都迫使書寫者面對另一種經濟成長的社會、跨國資本的全球化流動、以及對既有文藝思潮與自我認同的質疑。然而，這些質疑與動盪的能量在七〇年代尚未能夠成為切分斷代的依據。真正迫使台灣民眾進入八〇年代的斷裂點，莫過於1979年，高雄爆發的「美麗島事件」。並且在1980年春天，「美麗島大審」首度在國際媒體的關注下公開審理。在各方媒體報導中，施明德在法庭上一抹詭譎的微笑，正式開啟了八〇年代此一衝突、矛盾、曖昧並挑釁的時代。

1

在鄉土文學運動後，鄉土文學代表作家王拓與楊青矗成為1978年中央民意代表增額選舉的黨外候選人，此次選舉因同年台美斷交而停辦。其後二人加入《美麗島雜誌》，並在美麗島衝突爆發之後，先後遭到清算逮捕。此舉深切影響並加速鄉土文學陣營轉向台灣意識的書寫發展。甚至可以說，從衝突爆發到美麗島大審，伴隨八〇年代而至的不只有逐漸浮現於檯面之上的政治反對運動，另一方面，美麗島事件也激發了文學的政治化與台灣意識的具體化。

甫邁入八〇年代的政治景觀衝擊，讓《笠》、《臺灣文藝》等本土文藝刊物開始觸碰各種敏感議題，同時也自鄉土文學論戰之後，更進一步激化與政治化「何為台灣文學」的討論。如彭瑞金、陳芳明等投稿作家不僅繼承葉石濤以「台灣意識」建構的文學論點，甚至進一步呈現了將台灣文學「去中國化」的激進論調。

1981年1月，時任《中國時報》藝文組主任的詹宏志發表〈兩種文學心靈——評兩篇聯合報小說獎得獎作品〉，其中提出：「如果三百年後有人在他中國文學史的末章，要以一百字來描寫這卅年的我們，他將會怎麼形容，提及幾個名字？」[1] 隨詹宏志「邊疆文學論」的提出，一時間各方作家蜂擁提出各自之論點反駁或延伸。其中，彭瑞金強調台灣文學的迫切性，應是確立一種本土化的台灣文學，而非是台灣文學的本土化。其關鍵在於結構出一種抵抗外來壓迫精神的「台灣意識」，並以此作為台灣文學的基石。[2] 李喬則強調台灣文學的性格，應是注意反映現實，並關心多元社會的諸像，以幫助具有「流亡心態」的人重拾面對現實的人生。另一方面，陳映真則提出一種「第三世界」的共同經驗，企圖以第三世界經驗並置台灣與中國的文藝情狀，並提出「現實主義」、「干涉生活」的文藝精神，作為文學傳統的立基點。[3] 而陳芳明在1984年發表的〈現階段台灣文學本土化的問題〉中則反駁陳映真的第三世界論，認為其概念反映的是不切實際的「中國意識」，並且中國民族主義的壓迫本質，奠定了國民黨獨裁統治與省籍議題的基礎。其認為在反對運動蓬勃發展的時局之下，台灣文學作家必然致力追求其「本土化」與「自主性」。[4] 此一系列關於「台灣文學正名論」的討論，顯示了「台灣文學」一詞的正式浮現。並且對於台灣文學的討論已非如鄉土文學論戰時期，被圍限在「左／右」、「中國／台灣」等二元對立的框架下。台灣文學討論關鍵，已經上升到台灣的社會現實，如何被具體的實踐在史觀的詮釋之上。

　　八〇年代初，浮現在檯面上的不僅有「台灣文學」一詞，同時以「政治」為名的文學書寫也逐漸浮出水面。《臺灣文藝》與《陽光小集》也先後提出了「政治詩」此一術語，並各自製作了「政治詩」專輯。《陽光小集》第十三期刊出〈我看「政治詩」座談會〉一文中，葉石濤提出了政治書寫的四個要義：「歷史意識」、「正義感」、「寫實主義」、「淺白明朗並大眾化」。[5] 李勤岸並進一步區分「社會詩」與「政治詩」，強調「政治詩」的個人批判觀點與控訴。這顯示了八〇年代的文學不只繼承了鄉土文學論戰對於介入社會的渴求，並且進一步揉合了黨外運動的反對精神。1982年，台灣最後一批政治犯獲釋，白色恐怖的歷史記憶進一步

23

每月短篇小說評介
——
兩種文學心靈
評兩篇聯合報小說獎得獎作品

詹宏志

有時看得很傷心，一起是看看我們用多年的文學努力會不會最後一種就自然的消費？如果三百年後有人在他中國文學史的末章，要以一百字來描寫這卅年的我們，他將會怎麼形容，提及幾個名字？小說家當年曾經對我說：「這一切，在將來，都只能算是邊疆文學了。」他將會

2

1~2　詹宏志，〈兩種文學心靈——評兩篇聯合報小說獎得獎作品〉，《書評書目》第93期，1981。洪建全教育文化基金會提供。

補足了作家在社會批判中的台灣歷史意識。如陳映真在1983年
發表的小說〈山路〉，便以五〇年代白色恐怖政治犯為主體，以
政治受難者的觀點重建缺失的歷史記憶。而施明正的〈渴死者〉
(1980)、〈喝尿者〉(1982)，雖然並非是以寫實主義的傳統反映人民
的生命狀態，其描寫極限狀況下人性的乖張與扭曲，卻也是以一
種極端的情狀去重構一種歷史意識。雖然彼時的文學作家並不一
定實際投入政治體系當中，但透過政治題材與受難者記憶的建
構，使得文學書寫本質上就是一種政治批判，以及對於威權體制
的反抗。

書寫社會中的多元聲音

八〇年代的文學作家一部分具有深刻的使命感與歷史意識，
隨著言論自由的鬆綁，開拓了政治書寫的道路，勇於揭發台灣威
權下的政治處境。同時，也有另一部分作家選擇以一種「超越政
治干擾」的態度，潛伏在大眾的日常裡埋頭創作。這一類型的作
家往往更貼近於八〇年代民眾所遭遇的生活日常，迥異於具有歷
史意識，或者強調意識型態的書寫方法。這些埋頭觀察日常困
擾，甚至是生活困境的文學作家，則是透過貼近消費社會、普羅
大眾的方式，在副刊等更為普遍的書寫平台上，以另一種溫柔卻
也銳利的方式，抨擊消費社會以及生活日常的文化結構。從七〇
年代起的副刊風氣，以及七〇年代中期陸續開辦的報刊文學獎，
也整合了文壇資源，近一步引導了年輕作家的創作風氣，也開啟
了相較傳統文學刊物，或者官辦刊物更為活潑的文學書寫，為八
〇年代作家的多元與創新奠定了平台基礎。在「副刊就是文壇」
的年代，文學創作與批評可以更為直接的展陳在民眾眼前，並且
也因為副刊的消費性質，使得創作者在書寫風格上更貼進大眾，
在題材選擇上也更為多元。其中，八〇年代最為顯著的便是「女
性書寫」的崛起。

1983年，廖輝英的《不歸路》與李昂的《殺夫》先後獲得《聯
合報》中篇小說獎。但這並非意味在八〇年代前，沒有觸碰女性
議題的文學書寫。在八〇年代前，已有作家開始關注女性受壓
迫的身體與情慾狀態，只不過這些被視為「踰矩」的書寫仍會遭
到官方以道德主義圍剿而列禁。並且七〇年代現代主義的書寫風

潮，使得作家對於女性的觀察與書寫多數專注於女性內在心理狀態的探求，以及個人精神意識的深掘。而八〇年代的女性意識，則受到引進台灣的女性主義思想、黨外運動蓬勃所影響。另一方面，產業變革所造就的人力結構改變，社經結構逐步進入消費社會，也使得女性在社會實質地位與過往有明顯的不同。因此可以說，七〇年代所探求的「女性」普遍專注在個人意識與精神上的概念層次，大多未直接觸及女性的身體描寫。而進入八〇年代後，這些「女性」角色逐漸找回原先失去的「身體」，並且找回「女性族群」在台灣經濟社會結構下的脈絡，從概念化的「女性意識」進展為實體化的「女性主義」。而李昂的《殺夫》，為長久以來女性壓抑的氛圍撕開了一角宣洩出口，明確地書寫女性身體意識。而廖輝英從《油麻菜籽》到《不歸路》以文字迫使讀者目睹台灣在經濟奇蹟之後，女性命運與遭遇在社會轉型下的動盪。兩位作家的書寫，並非是以緊張而沉重的方式，將女性議題處理為一種政治態度，而是透過貼合生活語言與日常經驗的書寫，以一種冷嘲熱諷的姿態，回應了八〇年代一種戒嚴封閉文化末期，似開未開的社會氛圍與歷史階段。

　　同樣在八〇年代浮出水面的是白先勇的《孽子》，這部從七〇年代連載至八〇年代的小說，在 1983 年正式發行單行本。《孽子》所處理的同性戀題材，在早先已有多部作品提及，甚至也早已暗示性地出現在白先勇先前的書寫之中。《孽子》的時代意義在於其描寫的不只是同性戀，而是同性戀在整個社會處境脈絡的互動，尤其是同性戀與自身傳統異性戀家庭的內部衝突。並且，《孽子》當中的同性戀正是透過在社會衝突中，得以形構自身作為同志的主體意識。而在《孽子》之前，《席德進書簡——致莊佳村》在 1982 年公開出版，內容收錄席德進於 1963 年至 1966 年間，書寫給莊佳村的書簡七十二封。《席德進書簡》一書首度在報紙上公開時，甚至被媒體冠以「席德進致『戀人』信簡」等標題。雖未明言，但可想而知當時的媒體試圖以暗示的方式，以席德進的同志身分進行炒作。雖然書寫於六〇年代，但該書以席德進在國外的經歷回望台灣性別經驗的書寫方式，與八〇年代出版的同志文學不謀而合，如陳若曦的《紙婚》以及馬森的《夜遊》。二者都是以東方女性的視角，觀看「外國」非異性戀男性。

3

4

3　廖輝英，《不歸路》，聯經出版，1984
4　李昂，《殺夫》，聯經出版，1983

機則新聞

鹿城故事
殺夫
李昂　林崇漢/圖

大風起兮
聯合報第八屆小說獎得獎作品
中篇小說獎第一名

1

2

玻璃墊上
掩埋法果然難解決
／何凡

新聞眉批

三春爭及初春景
／高陽

關天羽飛
／司馬翎

●酒者的話：找對本稿的看法是：雞小道，必有可觀焉（中庸　賴英豪）

雖然二者並未如《孽子》般，嘗試刻畫同性戀在台灣社會結構中的位置，但卻也以一種寰宇驚奇的方式將「愛滋」、「雙性戀」等非主流的性別議題，展陳在讀者眼前。

在性別議題之外，原住民議題也在風起雲湧的八〇年代被創作者們所書寫。1980年胡台麗在《臺灣文藝》發表了短篇小說〈吳鳳之死〉。〈吳鳳之死〉的關鍵不只揭露了漢人吳鳳「為革除原住民出草的習俗而捨生取義」背後事實根據的缺乏，同時拆穿了原住民主體在漢人中心主義下的被閹割。這也意味著以原住民為主體的文學書寫，必然相對於前述種種認同與反對運動而更加曲折且複雜。除了漢人中心主義的影響之外，原住民的口述傳統與藝術想像如何借道漢語轉譯並被書寫，也是原住民文學無法被準確錨定的原因。在〈吳鳳之死〉後，隨著1984年成立的「台灣原住民（族）權利促進會」，各項原住民身分認同、權益保障與自覺運動，也隨著八〇年代民主化浪潮展開。許多部落知識青年也在書寫中表達出部落傳統消逝的無奈，並提出對原住民文化保存的危急必要。如田雅各在1983年的〈最後的獵人〉，便試圖以漢語表達出身為原住民，目睹部落消失的震撼。而其後的正名運動、蘭嶼反核廢運動、「湯英伸事件」到「反雛妓運動」，使得原住民作家也透過描寫原住民的苦難經驗，反映出以漢人為中心的社會構成，對原住民權益的漠視與歧視。如排灣族作家莫那能出版的詩集《美麗的稻穗》(1989)，便直指原住民在消費社會下的被商品化，並且描寫漢人社會對原住民的冷漠與決絕。1989年7月《民眾日報》刊出〈論台灣原住民現代文學〉系列篇章，其中便提及台灣漢人社會對原住民族的壓迫，產生了第一批原住民社會培養的優秀作家。這意味著原住民文學的形成不僅是一個主動尋求族群主體性的過程，更多被客體化的苦難經驗才是原住民文學塑形的重要基石。

5左頁　李昂，〈殺夫〉獲聯合報第八屆中篇小說獎首獎，《聯合報》1983年9月22日

都市與後現代

台灣文學在八〇年代一方面朝向多元化發展，聚焦於台灣本土社會的觀察與書寫。另一方面，經濟奇蹟下的都市化，以及國際化影響下的知識引入也逐漸在八〇年代的書寫中發酵。1986年起，《文星》雜誌復刊。於此同時，《當代》雜誌創刊，並推出

「米修‧傅柯專輯」。同年，羅青發表〈七〇年代新詩與後現代主義的關係〉、〈詩與後工業社會：「後現代狀況」出現了〉，「後現代」與「後工業」等辭彙正式浮出檯面。雖說如此，但這並不意味著「後現代」或「解構主義」的概念在八〇年代中期後才出現，也不表示1986年可以作為台灣現代主義文學與後現代主義文藝思潮的斷代方法。實際上，在羅青詩集《吃西瓜的方法》（1972）以及夏宇在副刊發表的詩作〈連連看〉（1979）、〈說話課〉（1979）、〈歹徒丙〉（1982）、〈社會版〉（1979），足以看出詩作中的遊戲、反形式、解構性質。惟彼時尚無可用以指稱的名詞，故余光中在1972年於《幼獅文藝》發表〈新現代詩的起點〉，以「新現代詩」一詞指認羅青詩作，此種迥異於當時現代詩書寫的寫作模式。因此，八〇年代中期的書寫並不應該被視為是後現代主義被發明的關鍵。外國思潮或後現代浪潮在八〇年代中期的爆發，應該被視為是外國思潮被引入台灣後，經手台灣知識份子的轉譯，試圖追溯本土作品以符合外國史觀，或是使外國理論適應於台灣環境的一系列實驗。這種後現代狂熱，以及對當代「外國」批判理論的渴求，在隔年1987年到達鼎盛。1987年，詹明信應邀來台，成為學術界以及當代文藝青年的一大盛事。在解嚴令頒布的同時，《當代》雜誌與《文星》雜誌，也先後刊出詹明信在北京大學的講座，以及後現代思潮翻譯等專題內容。而1987年解嚴令的頒布同時也對後現代理論、當代左派理論等被視為是當代「外國」理論的文藝思潮，形成一波推波助瀾的作用。這波以「後現代」一詞為名的浪潮，也在1987年後數年間出版多本專書，陸續熱賣並具有一定的公眾與消費影響力。如羅青《什麼是後現代主義》（1989）、鍾明德《在後現代主義的雜音中》（1989）、孟樊《後現代併發症》（1989）等。

6

一方面是外國理論引介的熱潮，另一方面則是八〇年代崛起的作家普遍已少有省籍與歷史脈絡的隔閡感。如林燿德《一九四九以後》所標誌的，1949年後出生的作家所面臨的除了歷史創傷的遺緒之外，更大的刺激來自於劇烈都市化，以及消費社會新興媒體所帶來的強大刺激。如黃凡、王幼華、張大春等作家透過小說書寫，面對都市與消費空間所帶來的新興感受。甚至林燿德提出「都市文學」一詞，以「都市即正文」的方式尋找別於

7

6　羅青，《什麼是後現代主義》，
　　五四書店，1989
7　林燿德，《一九四九以後》，爾
　　雅叢書，1986

傳統鄉土寫實的美學體驗與批判位置。「都市文學」出現，一方面意味著八〇年代新世代作家的崛起，另一方面也標誌著這些新世代作家普遍具有強烈的實驗欲望，意圖透過新語言和新形式建構與「過去」和「寫實」的斷裂。或者可以說，「都市文學」並非是對「寫實」的一味否定，而是對於前輩作家所建構起「文學正當性」的質疑，並且實驗性的擴展因新興媒介而展露的「內在現實」。因此，與其說「都市文學」的發展是為了對現實主義的抗陳，更可以說「都市文學」嘗試開展的是不同於傳統文學審美，以意識型態、地域、種族、正義感所建構起書寫的正當性。

在鄉土文學論戰之後，「台灣文學」的書寫意識已然不只是統獨情結以及意識型態上的鬥爭。但八〇年代的確繼承了鄉土文學論戰現實主義傳統的遺緒，卻也已然超越於鄉土情節之外，以更為貼近台灣社會的觀察與體會，描寫台灣社會在經歷國際孤立局勢、經濟奇蹟、政治開放等多方力量下的劇變。如開篇所述，八〇年代的文學書寫面貌多樣且紛雜，但其面貌的繁雜都是根植在文學作家對「台灣文學為何」的覆寫與試驗。政治書寫以最為直觀的方式，企圖構造一種可以滿足於台灣現況的意識型態，以及文學史觀。多元化的文學書寫，嘗試以體察的方式，切實回應台灣社會轉變下的性別、種族、階級的道德矛盾與生命狀態。而新一代作家在接受國際化的洗禮後，試驗將外國理論移植到台灣脈絡，並實驗新興的語彙形式，回應邁入消費社會的台灣境況。透過不同形式對台灣境況的描繪，台灣文學的覆寫不一定是為了產出一個可以被蓋棺蔽之之史論或美學形式。相對的，八〇年代文學書寫最為精彩之處，便是對「台灣」命題的覆寫嘗試與紛雜實驗。

1   詹宏志，〈兩種文學心靈——評兩篇聯合報小說獎得獎作品〉，《書評書目》93期（1981），頁23-32。

2   彭瑞金，〈台灣文學應以本土化為首要課題〉，《文學界》2集（高雄：春暉，1982），頁1-3。

3   〈訪陳映真談傷痕文學〉，《山路》（台北：遠景，1984），頁326-327。

4   宋冬陽（陳芳明），〈現階段台灣文學本土化的問題〉，《臺灣文藝》86期（1984），頁10-40。

5   〈我看「政治詩」座談會〉，《陽光小集》13期（1984.6），頁22-38。

「在地、寫實與認同」

主題論壇[1]

主持｜黃建宏

與談｜楊凱麟、郭力昕、劉振祥

黃建宏 我想先談談我們整個計畫的架構。我在反思台灣藝術文化發展的研究，以及台灣最近所興起的一種檔案熱與田野調查，似乎都沒有辦法真的落實到對一個地方比較真切的歷史。相對的，我們所面對的比較多是對歷史片段的搜集以及重組，然後放大輸出進而大張旗鼓地好像在做一個國家形象的慶典。所以我和王俊傑就在反思有沒有可能試著來做一些比較踏實的工作，進而對台灣的某段期間有一種特別的關注。而我們共同興趣源自於台灣今天所謂的「新媒體藝術」和「科技藝術」，它到底是怎麼樣發生的？它到底從哪裡開始？以俊傑館長的經驗來談，他雖然參與非常多的新媒體藝術和科技藝術，可是他不是一味地去追逐最新的科技。其實在這些參與中，他有非常多在地的、地下的經驗。所以我覺得他在追求新的語言，以及思考國外引入的新介面時，他自身其實是有一種「本土的經驗」作為基底，而不是很單純的進口與模仿。所以這個研究計畫有兩個很基本的關懷，一個是到底台灣關於一個時代的檔案該如何被思考？另外一個其實就是台灣這種「跨域」的經驗，到底建基在哪裡？

楊凱麟 巴黎第八大學哲學博士。曾任台北藝術大學美術學院院長，現任北藝大藝術跨域研究所教授，研究領域為當代法國哲學、美學與文學理論。曾獲《中央日報》海外小說獎，2012年發起當代華文文學書寫的基進實驗「字母會」。

郭力昕 倫敦大學金匠學院媒體傳播學系博士，現為政治大學廣播電視學系兼任教授。研究領域為紀實攝影、紀錄片、視覺文化批評，著有影像研究論集《真實的叩問：紀錄片的政治與去政治》、《製造意義：現實主義攝影的話語、權力與文化政治》。

劉振祥 復興商工美工科畢業。曾任《自立早報》攝影主任。於解嚴前後，拍攝記錄各個社會運動現場。始於1987年參與「雲門舞集」攝影工作，並擔任《戀戀風塵》、《恐怖份子》等電影劇照拍攝。2000年出版《台灣有影：劉振祥攝影集》，2010年獲第33屆吳三連獎藝術獎攝影類獎項。

1 　圖為劉振祥。
2 　圖左起：楊凱麟、黃建宏、郭力昕、
　　劉振祥。
3 　圖左起：楊凱麟、黃建宏、郭力昕。

　　今天我們討論的主題是「在地、寫實與認同」，這其實是
涉及到台灣一個非常根本的問題，特別是從七〇、八〇年代開
始。從中，台灣又必然面臨到一個最尖銳的問題，也就是「認
同」。我想我們先從三位各自的經驗來談對於八〇年代一個概
略的印象，我們就先從郭力昕老師開始。

郭力昕　談八〇年代其實我稍微有一點點心虛，因為我八〇年
代有一半的時間，從1980年到1985年我正在美國念書。那時
解嚴前其實是有一種山雨欲來的氛圍，雖然通訊並沒有像現在
那麼方便，但我實際上還是非常關切台灣。我想會有很多人跟
我看法雷同的是，我與八〇年代的關係開始於1979年12月的
「美麗島事件」。我記得那時我正在部隊裡，老三台公布了逮捕
名單。我其實非常驚訝，也非常錯愕，因為有很多我所尊敬的
或者熟悉的前輩都在名單內，像是陳忠信。他是我東海大學外
文系的學長，我在七〇年代後期受他影響非常大。還有王拓、
楊青矗，我那時曾邀請他們到外文系來做演講。王拓那時分享
了黑人詩歌，甚至現場吟誦了幾首詩。在封閉的年代，這樣的
演講對我們來說是為我們打開了另一扇窗。但這些人都在逮捕

名單中，我著實是非常驚訝的，也開啟了我八〇年代的經驗。我後來退伍後到美國愛荷華大學，在那裡看到了一些兩岸三地的狀況，包括了前仆後繼的黨外雜誌，這算是我的政治啟蒙。到八〇年代中期回到台灣，感受到台灣一種即將狼煙四起，快要大爆炸的氛圍。我在1985年回來參與《人間》雜誌，但對我來說我並沒有參與到《人間》雜誌真正衝撞文化與藝術的時期。當時真正讓我興奮，我覺得啟發我很多的是小劇場。我本來就對劇場有興趣，我看到黃承晃的「筆記劇團」，我很難記得細節，但我認為「筆記劇團」是對我在劇場上的一個啟蒙。當然我在1978年看過「耕莘實驗劇團」，自己也玩過一些，但主要還是「筆記劇團」讓我印象深刻。後續還有李永萍，以及李永喆在台大的「環墟劇場」，他們也給我非常大的衝擊，我還記得劇名叫《舞台傾斜》，從形式到社會現實與政治的暗喻都讓我非常驚艷。還有黎煥雄的「河左岸」，但他們就是比較文藝氣息一些。整個小劇場界都非常厲害。

當時還有新電影，從成長電影碰到社會現實，例如像是《恐怖份子》、《牯嶺街少年殺人事件》、《悲情城市》。八〇年代出現了一些空間，讓創作者得以去回望歷史、觸碰一些禁忌的話題。雜誌的部分，除了《人間》雜誌以外，像《南方》雜誌、蕭孟能的《文星》雜誌、金恆煒的《當代》雜誌。這些雜誌都是非常重要的養分，同時裡面也有非常多跨領域的討論產生。裡面當然有一些立場意識，但也都有深刻的文章。另外就是報紙副刊，八〇年代後期有幾位「人間副刊」的主編，也都還維持著高信疆那種人文性的報導文學傳統。還有像是龍應台的《野火集》，以及《自立早報》的劉克襄、顧秀賢，他們把批判性一直延續到九〇年代初。1988年的《中時晚報》，1989年之後由張大春交給羅智成，整個把副刊的文學改為論述的形式，大量評論、專欄的出現，這些都是非常重要的養分。我能說我是一個八〇年代的人，因為八〇年代確實是一個百花齊放、非常有養分的年代。

劉振祥　我1981年畢業後，就擔任謝春德先生的助理。他那時已經在拍攝一系列《美的饗宴》以及白先勇的《遊園驚夢》。這

些都是以前比較少有的跨界——從文學到舞台劇的形式，並由李泰祥將詩詞改編成歌。從 1981 年到 1983 年的參與主要是跟著這些前輩學習。

　　1983 年我已經接觸過楊德昌、侯孝賢兩位導演，也和「筆記劇場」的陳懷恩一起參與他們的電影籌備。1985 年退伍後，陳懷恩從劇照師轉向成為電影攝影師，因此他就邀請我接下《戀戀風塵》的劇照拍攝。籌備過程因為跟「新電影」的人一起共事，也逐漸熟絡。當時剛好要換第五代身分證，我就幫「新電影」這群人全部拍了一遍身分證照片。同時，楊德昌也在籌拍《恐怖份子》，他也來找我擔任電影中照片影像的攝影師。後來邱復生、詹宏志主導要成立電影合作社，雖有行動，但後來也就沒後續了。

4　《戀戀風塵》工作照，1985，劉振祥攝影／提供

緊接著，我進入《時報雜誌》（小本的政經文化雜誌，並非時報周刊），彼時剛改名為《新聞週刊》。他們因應國際局勢的變動，派人到歐美新聞現場，同時大量海外歸國的人進來，那時我在一個非常國際化、國際資訊充沛的環境工作。剛好1986年有一場大選舉，我們被派駐到各地，所以我在高雄待了一段時間，記錄高雄政治情勢的變化。後來在1986年的「桃園機場事件」，我就跟著高雄余登發這一組到桃園去迎接許信良，也目睹了現場爆發的衝突事件。基本上，我是被推到前線，但也因為報社編輯部的立場，在第一線也不免被民眾質疑。1988年，我轉任《自立晚報》和《自立早報》，也有比較多自己的主導性。正值社會運動風起雲湧的關頭，我都在這些新聞現場攝影，直到1993年才離開新聞攝影。

　　除了拍社會運動，我也同時與「蘭陵劇坊」合作，他們在晚期的作品也由我拍攝。其他像是汪其楣老師的《人間孤兒》、「屏風表演班」、「表演工作坊」等主要視覺也都是由我負責。「優劇場」一部分是我，一部分是潘小俠。但我自己對跨界的觀察主要是在社會運動方面，像是周逸昌整合數個小劇場參與進社會運動，如1988年的「蘭嶼反核廢運動」、「520農民運動」事件聲援等。

　　另外，印象深刻的是鍾明德邀請彼得・舒曼（Peter Schumann）的「麵包魁儡劇場」來台灣做工作坊，他住在松山的慈惠堂。我認為他的工作坊也間接影響到台灣街頭運動的一些視覺表現。尤其是在台灣工運的身體展演，這些手法、表現都與小劇場非常相關。

　　音樂部分則是陳明章、以及「黑名單工作室」，都常參與到社會運動。尤其是「抓狂歌」的專輯照片是我在「攤」幫他們拍攝製作。在整個社會氛圍裡，好像做各種不同創作的人都會跟當時的社會環境與運動沾上邊。甚至有完全臨時起意的合作，像是吳中煒的「破爛生活節」，就真的臨時起意的在河邊辦起展演。小劇場對當時社會運動影響也有非常大的幫助，在媒體上不會只是一種聲音的呈現，很多團體也樂見其成。

楊凱麟 鬧哄哄的八〇年代是我由國中到大學的漫長階段，對我而言是一種沉浸式的體驗。如果需要為此找到一個起點，這個決斷點應是 1980 年 3 月的美麗島大審，發生在高雄的事件實在太過驚悚，審判也不再是暗夜裡進行，而是在報章、電視及國際媒體的關注下展開，這似乎揭示了三十八年的戒嚴已經開始鬆動。如果美麗島大審是序幕，1987 年的解嚴來到年代的高潮，一切剛萌芽的力量不斷衝撞，目眩神迷。解嚴作為一個時間點，其實並不是多元力量的終結，而是大門敞開的開端，甚至可以說是終於什麼都可以做，卻不知要做什麼於是做了再說的自由。這樣的時代，或許以 1990 年 1 月繁體中文版《資本論》的出版作為結束。從 1980 年蕭殺的美麗島大審，到《資本論》的正式出版，充滿了顛覆與衝撞，與其說是單純的對立，更是為了徹底地打開另一扇門，面對更多元的生命構成與虛擬的能量。

在這個頭尾顛倒、乾坤逆轉的十年裡，1986 年 5 月創刊的《當代》雜誌深深地影響了我的視野。我永遠記得《當代》雜誌創刊號打開來的傅柯照片，它的發刊詞說：「這是當代，也是反當代。」這種叛逆、反抗而且引進全然陌生的西方理論、論述與人名，真是當頭棒喝。傅柯、布希亞（Jean Baudrillard）、拉岡（Jacques Lacan）、阿圖塞、李維史陀（Claude Lévi-Strauss）等名字開始大量出現。現在來看，當年講述這些思想的方式可能已不合時宜，甚至是錯誤的。但重點不是內容，而是形式。《當代》創刊號在傅柯頭像旁寫著的是「五四運動的批判與肯定」，這本雜誌同時在處理傅柯與五四的問題，整個環境處在新舊混雜，而且舊比新多出許多的狀態。守舊、封建與保守其實在校園與媒體裡仍佔據多數，但這種對「新」

6 《當代》雜誌創刊號封面，1986。金恆煒提供

的想像，還是觸動非常多年輕人的心。最震撼的除了街頭運動外，是 1980 年 9 月台北市議員林正杰被判刑。他在入獄前連續十多天帶領數千名群眾在台北街頭狂飆流竄，那種身體感現在已經感受不到。而且不僅是街頭，立法院裡朱高正也跟其他委員撕扯打架，議事規則已經不可能了。許多影像紀錄我們直到現在才能看到，而那時是非常身體性的進入街頭。我在黨外集會場所買禁書、黨外雜誌以及演講錄音帶，現在也還保留了很多遊行時的傳單與黃色綁帶。如果不追隨這些黨外活動，很難接觸到不同的訊息，只會被限制在電視與報紙的閉鎖環境中。解嚴之後，蔣經國提到「我在台灣居住，工作四十年，我是台灣人」，隨後鄭南榕在台北金華國中演講時大聲喊出「我是鄭南榕，我主張台灣獨立」，這個在地轉向其實非常漫長，也不只是簡單地由中國意識轉往台灣，而是轉向一個更大、更當代、更為可能的世界。同時，各種當代思潮已開始席捲大學，年輕的留美學者陸續回台任教使得大學也已經燃燒起來。這是一個非常重要的斷裂，如果沒有八〇年代的騷動，學院裡可能仍然被困在卡繆（Albert Camus）和沙特的苦悶之中。

今天把認同、寫實與在地相連結，我也思考能否轉而把認同與虛構相連結。八〇年代我們很急迫想打開自己的眼界觀看世界，但現實沒有被虛構是無法被呈現的。如果要談認同，除了這種以寫實與空間為主的在地想像，是否有另一種可能是以虛構與時間性為主的認同。剛剛談的那種認同雖然產生了前衛的劇場，但不可漠視的是，更多表達是保守的。以攝影來說，更大眾的是沙龍攝影，而文學則處於鄉土文學論戰的遺緒當中，真正的文學大爆炸要等到九〇年代才發生。八〇年代的文學可能很艱難跟上劇場、攝影與電影的狀態。

黃建宏　我們剛剛聽下來感覺八〇年代讓整個台灣起了一種心靈的變化，我們或許可以從這裡來處理寫實與在地的問題。我們似乎都會很自然的把「寫實」與「在地」連結在一起，但其實剛剛聽起來這之中有非常複雜的脈絡，或許我們可以來聊聊七〇年代的「原鄉」，到八〇的「本土」、「在地」與「寫實」乃至於認同有什麼樣的聯繫？

郭力昕 我就化繁為簡的從攝影來談起。我覺得八〇年代的攝影，都有三重的任務，第一是因為政治禁忌的消解而使得攝影急於見證社會現實，以及過去的社會經驗。然後，1984年第一家麥當勞在台北民生東路開店，整個台灣打開了全球化浪潮。第二重任務，就是面對招架不住的全球化浪潮，以及各種藝文形式如何去抗拒數位時代的來臨。既然突然出現這麼多工具，紀實攝影去描述複雜現實的可能性其實是不足的。也因此，我覺得很可惜的是紀實攝影在很短的時間內就被放棄，轉往當代藝術，例如張乾琦、周慶輝。台灣在八〇年代衝撞後沒有時間能夠沉澱，就迎來了全球單一式消費形式。那第三重就是，這整個紀實攝影形式上的轉變，我們馬上用西方理論來理解這種形式。但紀實對台灣的意思是什麼？寫實、政治跟歷史到底是什麼樣的關係？我覺得這是非常重要，但也是未盡的工作。

劉振祥 解嚴後，新的報紙問世，因此需要大量的攝影記者。整個紀實攝影師的社群也跟著流動。這正是當年《時報新聞週刊》蕭嘉慶，也找了我、葉清芳、高重黎、連慧玲。後來我到了《自立早報》與謝三泰、侯聰慧、潘小俠、吳忠維、林俊安、劉美玲等人共事。比如說《首都早報》就是以蔡明德為主，他在《人間》雜誌結束後到報紙媒體工作。甚至黨外雜誌的攝影師也都被吸納到報紙體系來，因為他們在沒有明確媒體身分時很多場合是進不去的。

在我自己的經驗裡，從 1987 到 1990 這段時間，每個攝影記者都想組織拍攝自己的專題，恰好報社在週日新聞較少時，給攝影組一個全版版面作為舞台。那時我們會用「積假」的方式，去做自己想做的專題，像是潘小俠就到蘭嶼去拍攝原住民、謝三泰就回到澎湖拍攝。我們也與張照堂老師合作，透過他與不同的中國攝影家聯繫，發表在報紙版面上。

日後，報紙媒體勢微後，這些人又轉戰各種媒體。這些拍新聞出身的大多還是堅持在紀實攝影的範疇，只有少部分的人轉向其他攝影領域。至於「在地」的部分，社會運動裡頭是最常被使用的。劇場方面，像是陳明才《七彩溪水落地掃》在淡水河口的展演，當然也有一些小劇場是與社區做結合。「屏風表

我的鄉愁・我的歌

1978年　張照堂主編的「生活筆記」，出現了這張照片。
　　六個男子，兩個娃娃，一隻猴子，在冬天的海灘上做什麼呢？這幅照片彷彿有呼之欲出的親切與神秘，也因此引發了許多猜測與討論。
　　更有趣的是——張照堂說照片是跟朱銘要來的。
　　然而，朱銘說他從來沒見過這張照片。

1979年　畫家奚淞根據這張照片創作了一系列的木刻版畫，題爲「冬日海濱」。

1986年**12**月　多年的構思之後，林懷民把這幅版畫搬上舞台，編作了一齣本土而又現代的舞蹈……

12月11日至19日　板橋台北縣文化中心

演班」雖然沒有很大力著墨於台灣議題，但《三岔口》是用兩岸的觀點在切入，讓我印象非常深刻。而林懷民在暫停「雲門」之前做的《我的鄉愁，我的歌》就完完全全是用台灣民間的符號、蔡振南的歌，作為他舞蹈的架構。後來「雲門」暫停後，1987年「新港文教基金會」成立，他回到老家組織當地人重新經營在地社區的概念，其實也可以算是開啟「社區營造」的風氣之先。

楊凱麟 我在想我們今天把認同與寫實、在地相連結，但我也想提問的是我們能否轉而把認同與「虛構」、「與時代共時」相連結。八〇年代我們很急迫的是想打開自己的眼界看世界在做什麼。但我也認為現實沒有被虛構是無法被呈現的。因此，如果要談認同的話，除了這種以空間為主的在地想像之外，有沒有另一種可能是以「虛構」以及「時間性」為主的認同。但回到剛剛在談的那種認同，雖然的確有非常前衛的劇場形式，但我們不可漠視的是更多表達是保守的。以攝影來說，可能甚至當時更大眾的是沙龍攝影。但這相對於文學已經算是走在非常前面的。整個八〇年代處於鄉土文學論戰的遺緒當中，可能真正的文學大爆炸要等到九〇年代才算發生。八〇年代的文學可能很難跟上劇場、攝影與電影的狀態。

黃建宏 我覺得剛才提到的整個又複雜化了討論「認同」的問題，也就是認同可能不只是一種空間的概念，同時各個藝術的表現形式也都有各自發展的時間差。今天的整個論壇的討論，大大地豐富了在地、寫實與認同的複雜性。但由於時間的關係，今天非常感謝三位與談。

7 左頁　雲門舞集《我的鄉愁，我的歌》傳單，1986。雲門基金會提供

1　　地點：北美館第二會議室（閉門會議），時間：2021年12月13日。側記整理：許修豪。

失速內飆的文化運動
跨域人的未知之域

王俊傑、黃建宏

八〇現身的跨域人

　　在台灣八〇年代現當代藝術歷史、實踐與展演的特殊處境下，包含政治對於藝術文化的決定性影響、資源流動對於網絡的塑形、個體堅持的創造性工作，對於歷史變動的重要性、人與人的協作在未系統化狀態下展現的能動性、與後殖民狀態共生下衍生的潛殖倫理等等，經由計畫研擬的基本關鍵詞研究與跨域網絡的問題意識框架，推進相關的資料比對檢視、重整與彙集等工作，由此以人之間的協作和創新實驗重新勾勒出八〇年代不同領域的樣貌，重新認識該時代社會與文化動力背後的「跨域人」，並從時代與社會的真確面貌重新認識目前歷史與檔案之外的事件，藉此我們能夠開始嘗試以台灣現象作為論述框架，以討論藝術文化的一般性現象，並從這帶有社會學意味的藝術認知，深化對於「跨域人」作為台灣人（在這地方生長的人們）特性的人類學式考察，並以這些階段性的概略發見，了解並模擬台灣如何作為一個生機論的文化生態環境。

　　這項研究工作對於相關材料進行檢視之初，便已發現八〇年代這個正值威權鬆動、經歷政權變革、以全球化重新對世界開放的年代，對於「跨域」經驗的爬梳與理解具有非常獨特的歷史重要性：台灣「知識域」的浮現。究竟八〇年代的「知識域」是什麼，或說形成了什麼樣的「集制」？「鬆動」的狀態事實上是一種

不斷隨資訊爆炸而「膨脹」的共在，然而，這種狀態對當時檯面上的世界而言，特別是「政治」，卻是難以動彈前進的，一如當時一些人（包括詹宏志）已經關切到的「受挫」與「社會情緒」聚積的現象，換言之，當時的膨脹與鬆動所形成的，並非純粹而實質的擴張，而是刺激更多樣化與繁生出的大量實驗……而這些由許多湍流所聚合成的巨大能量，則生成出一種不斷「形變」的「懸置」，許多受訪者和對話者（包括詹宏志、王墨林、陳芳明、金士傑、金恆煒、黃建業、劉若瑀、吳瑪悧）在回溯中，諸如「無法複製」、「不可能再發生」、「斷裂」、「已經過去」、「沒有後續影響」或是「最美好」、「未完成」……等等，當他們分別用上這些無論是帶著興奮、鄉愁或是感傷的詞彙來描繪八〇的輪廓時，我們能夠確認的是夾身於七〇和九〇之間的八〇年代是一種「失速」卻幾近「內爆」的「懸置」，無論是「另一種電影」宣言、「後現代」甚至連「解嚴」都很難被確認為一種清晰的「扭轉」或「轉向」。即使很難清晰描繪出那個情景，但身處那個年代的人們確實親歷了「跨域人」和「動」的狀態。

　　「跨域人」意味著當時被環境所觸動而誘發出主動「跨出」的人，當我們聚焦在八〇年代暨其前後的相關文獻、事件與現象進行研討，並期許從中研擬出適應台灣發展脈絡的認識論與方法論，以發展具有歷史脈絡的文化美學特色時，可以見到台灣當時的「跨域」並非因為各個不同的完整領域自身的需要，而是各種領域自身當時的系統不足所召喚出的「臨時組隊」或「協作」；此外便是在地論述（文化與政治主體）與通行國際的「西方」論述（其中非歐美的資訊也大多透過英文轉介來取得）不斷在對應、融合和對抗等等的辯證關係中生成各種藝術性與具文化意涵的實驗；對於新生活、新社會、新知識與新主體有豐富想像的經濟環境，意即就八〇年代的經驗而言，需要培育出活潑的中產階級文化，才能有效地推動藝術文化資源的流動與整合；人與人的串連和連動一直都是台灣民間推動創新和改變的重要動能，相應需要的也就是「關係之術」或說藝術文化工作上的「混雜之術」，八〇年代不同於六〇、七〇年代對於純粹性或根源性的現代性追求，是一個在強大內部驅動力下經驗並創造關係與混雜的時刻，意即在複雜的政經歷史發展下，關係性與混雜性就作為台灣特質。

　　這項研究的起手式從不同領域已經刊行的年表出發,先行整合視覺藝術(含錄像)、電影(含實驗影像)、劇場(含行為)、思潮與出版、文學相關出版與研究所發表的年表。一、從年表中標定的事件進行文獻閱讀和關鍵詞篩選,由此得出跨域的概括面貌與關鍵詞的分布,以報紙、雜誌、專業期刊、書籍為主要研究材料和篩選來源。關於八〇年代的研究很難倚賴學術論文和專書,因為後續許多論文生產(學報與科技部計畫)都已經被限定在單一領域的特定議題,許多當時發生協作與動能的社會連結與關係性生產都會在高舉或深化「理論課題」的過程中被略去,難以直接提供與現實現象的確切連結。反之,當時在政治閉鎖的狀態下以及六、七〇年代嬰兒潮後中產階級的形成中,報紙副刊成為主要的知識網絡和論述實驗場,雜誌則更機動地以深入探討和對話來回應並再現現實處境。二、接續在關鍵詞之間找到事件、地點、作品與人的關係,以事件和作品為導向,逐次勾勒出以人和人交織出的關係網絡,與「跨域人」並生的正是「合作者」與「對話者」,由此整理出的關鍵詞群就是由這些跨域人與合作者構連出的「關係」,而且這些關係就是當時動力的可見形式,因此,各種關鍵詞群就可以被視為當時無意識下試驗出的動力機制。甚至是能夠一窺八〇年代台灣在「前全球化」時刻發生「跨域」的地形圖。三、各種不同關鍵詞群交集出的強度關鍵詞(intensive keywords),就可以被假定為跨域地形圖上的重要節點,這些節點能夠協助甚或啟發我們跳脫過往領域區分與英雄榜式的歷史書寫,以時代中的場域位置和發生時間的空間關係,以「場」的概念重新理解八〇年代。例如蘭陵劇坊、台灣新電影、北藝大戲劇系、電視就會連結出一個場,或是田野、小說、思潮、論戰和電影也會形成另一個場,又或是雜誌、報導文學、紀實攝影、電影也能連結成為場……。這些領域之所以交互穿透並構成力場,就是因為人的快速流動與連結所形成之動力,這是一種「前全球化」狀態與領域「未系統化」下發生的「跨域」。

　　因此,涉及到當時如此大量的人物、事件、作品和地方(機構),指涉所有這些時代要素的關鍵詞,在這個研究裡不僅僅是重點的擷取,或是研究題旨的構成,而是理解該年代中許許多

多「關聯」的節點，換言之，關鍵詞是重建「時代地表」的點布，而關鍵詞之間的連結（關係）就呈現為當時瞬息萬變、變幻莫測的動態，如此由關鍵詞所鋪展出的場域或說空間，就相當於將八〇年代空間化的拓樸圖式。在初步以各個領域分別地毯式篩選出的關鍵詞約有一千兩百多個，然後在跨域的考慮下經由重疊比例的關係，篩成八百多個關鍵詞，接著便是深入討論到在當時具有代表性與關鍵性的「關係網絡」，這時大約分出五大區塊，並整合出二十多個關鍵詞群，約莫總共有706個關鍵詞，再扣除重疊的部分，主要涉及到603個關鍵詞，其中有兩百多個關鍵詞高度相關，意即這些關鍵詞作為深刻影響再現八〇年代面貌的施動點（agents）。簡言之，本研究透過年表與關鍵詞的分析和檢討，得出約莫248個形塑八〇年代的關鍵要素（跨域人、跨域場、跨域事）。

　　這些關鍵要素的搜尋、指陳和說明會改變很多原本對於八〇年代藝文的概括想像，或說可以重整並進一步確認各個時期的地誌學關係，例如俞大綱和奚淞、林懷民之間的連結；王淳義和黃永松、奚淞、蔣勳的連結；詹宏志和瘂弦及後鄉土文學論戰的論辯，以及之後與侯孝賢、楊德昌的連結；又張艾嘉和楊德昌、柯一正、羅大佑乃至於新電影的連結；杜可風、金士傑、蘭陵與新電影又是另一個連結；我們又該如何捕捉李昂、吳靜吉、施明德、新電影與小說以及社會運動的連結；而紀實攝影（如張照堂、王信、謝春德、劉振祥等）又如何在七〇年代的風土紀錄後開始連結藝術文化與社會運動。同時間，這樣的研究呈現也會將以往荷馬英雄式的歷史書寫回歸為「場域現象」，如周逸昌對於電影、劇場、民俗和政治的連結，如何同時回返到雲門舞集或連結到受葛羅托夫斯基啟發的劉靜敏對於民間身體的探索，又如何回返到小劇場與社會運動的連結和劇團之間在運動中的結盟，如「五二〇藝術實踐聯展」、《驅逐蘭嶼的惡靈》或是實驗性的政治結盟（如《拾月》）；邵懿德如何參與陳界仁發起的前衛運動、投入對歐洲電影新潮和台灣新電影的影評書寫（特別是《電影欣賞》），又加入滾石的流行音樂企劃等等所連結出的網絡；或是應該深刻面對王墨林在當時以戒嚴和左翼的切入視角，連結了文藝、視覺暨行為藝術、小劇場等等的重要論述，也大力引介舞踏、「白虎社」與日本小劇場運動而進至提出「身體論」；而八〇年代的兩次「息壤」，

其參與成員（陳界仁、高重黎、林鉅等）則同時連結了美術、劇場、實驗電影、動漫、新聞攝影及評論書寫（報紙副刊、《長鏡頭》、《電影欣賞》）甚至開設匯聚藝術圈同好的酒館（「攤」）；而張艾嘉、楊麗音、楊惠姍、陸小芬或江霞等演員又如何在新電影中呼應到李元貞、韓良露和黃玉珊在「婦女新知雜誌社」的相關活動中呼之欲出的新「女性主體」，抑或是《人間》雜誌在展開各種政治與公民社會議題的同時卻無法在新電影、流行音樂和新女性課題上提出適切的論述策略。這項研究凸顯出八〇年代的「跨域人」和當時的「跨域場」（如詹宏志、張艾嘉、吳靜吉、周瑜、林鉅「綠色小組」、黃建業、李壽全或陳界仁等開啟或試驗的場域）息息相關，並以此創生出各種「跨域事」以牽動或觸及更多的「跨域人」與「跨域場」，轉出「失速內飆」的文化運動。

以未知作為方法：成為文化運動的八〇

　　雖然這項研究無法窮盡重新發現的各種關係所涵蓋的議題，然而針對這些關係鏈與透過關係鏈溯回的場域現象進行釐清，才讓我們更能思考台灣在八〇年代沸沸揚揚開啟的「跨域濫觴」，或想像出一種我們從未充分體認的「八〇文化運動」。人、事、地、機構、媒體、作品、行動和整體的經濟條件、政治狀態、意識型態以及國際關係，在八〇年代彼此之間都交互產生著或大或小的影響，「訊息」正作為新的社會能量匯聚、流通（轉導）、轉化。由於政治的逐漸鬆綁、經濟生產的活力與新興中產的社交方式，雖然工具環境仍然以電訊為主而尚未進入數位化，但已經足以讓七〇年代到八〇年代出現了朝向訊息社會的關係認知改變，從報紙、雜誌到電視、電影、錄影。換言之，當時經由大量訊息連結個體動能而轉化生成的關係網絡，一如「李師科搶案」、「十信案」、「湯英伸案」如何引發社會關切並凝結成「知識域」，或說副刊的知識網絡如何政治化為各種內容多元的雜誌，令社會轉型成某種能夠接收並回應大量遞迴訊息的有機體。八〇年代的特殊性不只是經濟起飛、戒嚴與解嚴的交際或是人們的激情，而是人流、訊息流（影像、敘事、新聞）、資本流在文化調查的積累與政經狀態的移轉中，得以接受甚至創造更多的偶發關係或偶發事件，這些大多處於未知狀態下所發生的偶然，又能夠有機地遞迴到各種網絡與臨時團隊中，形成一種由多重與連續殖民下的感性意志爆發出的開放自動體。

這個研究的階段性成果就像是對於感性意志的地誌學進行了初步描繪，示範性地標示出更多回溯到社會關係與歷史關聯性的節點，並嘗試凸顯出八〇年代如何同時顯現出對於台灣整體發展和台灣特質匯集的重要性與不可取代性。而這個「前全球化」與「前資訊社會」並俱，並衍生出各種協作、實驗、融合和斷裂，以及激昂（躁動）的個體能動性的不可取代性，早已在七〇年代在文化與政治上的沉潛工作和對於民族命運、國族體制和民族文化的激越討論、以及傳媒對於在地風土的記錄和彰顯，就醞釀出厚實的運動底氣，並順著科技產業、金融整合的強流而在1990年讓股票衝破萬點，進入泡沫化全球經濟的狂熱時期，「失速內飆」在九〇年代末衍生出「華麗絢爛的」斷裂。其中許許多多的細節都必須從這個計畫進行的訪談和閉門論壇中，由受訪者和對話者進行更為充分的陳述，這些陳述讓我們領會到七〇年代的經驗是不可忽略的，而八〇年代的特殊性更要從九〇年代呈現出的竄升和滑落才能獲得更深的理解。

　　當已知之價值路徑無法提供進一步的思考，更必須積極透過相互游移於不同領域，自行建構具共同價值之社群，創造彼此之連結介面，模糊既定的模式邊界，產生創新的跨領域行動方法，這種態度是對任何成規定見的恆常跨越，並有了觸發開創性的前衛機會。愈是激烈、動盪的狀態與時期，就混雜著愈多的壓抑、卑屬、暗黑和氣憤，而這些共同編織出的就愈是「未知」，即使法蘭西斯・福山（Francis Yoshihiro Fukuyama）在1989年以「歷史終結論」提出人類發展出現控制並複製歷史的現象與意識型態，九〇年代似乎不可避免在全球化的詮釋術、後現代的虛無主義、批判的消亡與過度的再生產等全球現象，以及台灣尋求國際身分、建構台灣主體性、對於系統化的迷思中展現出對於「已知」的全面控制和追求。如此更顯現出八〇年代「未知之域」的可貴，讓我們有機會思考保留並好奇「未知」對於生成「跨域人」有著決定性的影響。前衛精神必然在某種投向「未知」的意志中可能存在於任何時空，這樣的前衛取徑在尚未完全系統化的台灣，除了突顯「自我啟蒙」的重要性，也成就出獨特歷史階段的「自我啟蒙技術」。我們可以說，若無同時對境內「傳統」與境外「支配」的質疑和思考，並以各種拼裝式的啟蒙技術進行「內飆」，也就難以想像所謂台灣曾經發生的「前衛」。

「奶‧精‧儀式」《第1類型——試爆子宮：Ⅲ.環抱堆花園》，1986，王俊傑攝影／提供

	國內政治經濟事件、社會運動	思潮與出版	藝術事件與作品發表
1976		・《夏潮》雜誌創刊 ・《中國時報》「人間副刊」以系列專欄報導朱銘 ・《中國時報》「人間副刊」以系列專欄報導洪通 ・王淳義於《雄獅美術》雜誌發表〈談文化造型工作〉	・「耕莘實驗劇團」成立（蘭陵劇坊前身） ・李雙澤淡江事件呼籲「唱自己的歌」，引發中國現代民歌論戰與討論
1977	・中壢事件，台灣民眾首次自發性上街抗議選舉舞弊，開啟街頭運動序幕	・《仙人掌》雜誌創刊，發行12期後停刊 ・《現代文學》雜誌復刊，白先勇《孽子》上半部於此連載	・王拓、銀正雄、朱西甯等人於《仙人掌》發表鄉土文學論述，揭開鄉土文學論戰序幕 ・楊祖珺與胡德夫編錄李雙澤遺作〈美麗島〉於其告別式中演唱 ・瘂弦擔任《聯合報副刊》主編
1978	・蔣經國就任第六屆總統 ・美國宣布將與中華人民和國建交	・《雄獅美術》「青年繪畫比賽」更名「雄獅美術新人獎」 ・《漢聲》雜誌中文版創刊 ・第一屆「獎勵優良實驗電影金穗獎」徵件 ・「國際新象文教基金會」成立 ・「金穗獎」創立	・高信疆二度擔任《中國時報》「人間副刊」主編 ・吳靜吉參與「耕莘實驗劇團」 ・「中華民國電影事業發展基金會附設電影圖書館」成立 ・蔣勳擔任《雄獅美術》總編輯，增闢文學、音樂、攝影、舞蹈、戲劇等內容，雜誌更名《雄獅》 ・「春之藝廊」成立 ・楊祖珺發起「青草地歌謠慈善演唱會」，為台灣戰後首次戶外大型演唱會 ・雲門舞集發表《薪傳》
1979	・美國宣布與中華民國斷交、中共發表《告台灣同胞書》 ・開放國人出國觀光 ・美國總統卡特簽署《臺灣關係法》 ・蔣經國發表三不政策（不接觸、不談判、不妥協） ・美麗島事件	・「電影圖書館」開館 ・《夏潮》雜誌被查禁停刊，部分成員投入《美麗島》雜誌創刊 ・《八十年代》雜誌創刊 ・《美麗島》雜誌創刊	・姚一葦接任「中國話劇欣賞演出委員會」主任委員，與主任秘書趙琦彬共同推動「實驗劇展」 ・《楊祖珺專輯》發行，其中〈美麗島〉與〈少年中國〉兩曲未通過審查
1980	・《中美共同防禦條約》終止 ・新竹科學工業園區完工揭幕		・「金馬獎國際觀摩影展」創立 ・日本放送協會（NHK）製作《絲綢之路》特輯（與中國中央電視台（CCTV）合作），後引進台灣放映 ・新象舉辦第一屆「新象國際藝術節」 ・「華燈藝術中心」成立 ・「蘭陵劇坊」成立（原耕莘實驗劇團） ・第一屆「實驗劇展」，蘭陵劇坊演出《包袱》、《荷珠新配》 ・「雲門實驗劇場」成立
1981	・土地銀行古亭分行李師科搶劫案，5月7日王迎先因此案遭誣打自盡	・詹宏志發表〈兩種文學心靈〉，引小說家東年「邊疆文學」一詞 ・《臺灣文藝》〈文學十日談〉中多位本土派作家對邊疆文學論加以抨擊，揭開臺灣結、中國結的討論 ・聯合報贊助三毛至中南美洲旅行半年，回台後出版《千山萬水走遍》並進行環島演講	・「紫藤廬」開設 ・台視推出自製電視紀實性節目《映象之旅》 ・《荷珠新配》座談會連續三天載於《聯合副刊》 ・台視推出改編自同名小說之電視電影單元劇《十一個女人》
1982	・鄧小平提出「一個國家，兩種制度」	・「婦女新知雜誌社」成立，《婦女新知》雜誌創刊	・「101現代藝術群」畫會成立、「笨鳥藝術群」成立 ・《光陰的故事》上映 ・香港「進念‧二十面體」劇團應亞洲戲劇節受邀來台演出 ・羅大佑推出《之乎者也》專輯，為台灣首個開個人演場會的歌手 ・中視播出《楚留香》，自此港劇熱潮帶動錄影帶業及盜版蓬勃 ・國立藝術學院成立（國立臺北藝術大學前身）

年代			
1982			· 「蘭陵劇坊」演出《代面》 · 「杜十三郵遞觀念藝術探討展」以郵遞的方式展出 · 「新象」推出改編自白先勇同名小說之自製大戲《遊園驚夢》 · 「進念‧二十面體」來台演出《龍舞》、《中國旅程之五—香港‧台北》
1983		· 《電影欣賞》雜誌創刊 · 陳傳興於《雄獅美術》評介〈德國文件大展——前衛到超前衛〉 · 張愛玲重新譯寫《海上花列傳》,分為《海上花開》、《海上花落》兩本出版 · 李昂以《殺夫》獲聯合報中篇小說獎首獎	· 「台北前進者藝術群」成立 · 搖滾唱片行「木棉花」頂讓給李壽全,更名為「小西唱行」,其一半店面提供「麥田咖啡館」使用 · 白先勇《孽子》單行本出版 · 蘭陵劇坊推出《演員實驗教室》 · 《小畢的故事》、《兒子的大玩偶》、《海灘的一天》上映 · 李銘盛發表《生活精神的純化》行為作品,徒步環島40天 · 記者楊士琪於《聯合報》發表〈兒子險些失去玩偶〉、〈中影「削好」蘋果今再送檢〉,引發「削蘋果事件」討論 · 新象第四屆國際藝術節,演出馬歇‧馬叟默劇 · 雲門舞集推出《紅樓夢》 · 陳界仁於西門町街頭發表《機能喪失第三號》 · 臺北市立美術館開館
1984	· 蔣經國就任第七任總統,李登輝任副總統 · 海山煤礦礦災 · 《勞動基準法》正式實施 · 江南血案 · 內政部警政署開始執行「一清專案」	· 宋東陽(陳芳明)於《台灣文藝》發表〈現階段台灣文學本土化的問題〉引發意識型態的台灣文學論戰 · 龍應台〈野火集〉在《中國時報》「人間副刊」開始刊載	· 李銘盛於南畫廊即興演出《包袱119》 · 「新象藝術中心」成立 · 北美館「1984中國現代繪畫新展望」展,莊普《顫動的線》、陳幸婉《作品8411》獲首獎,賴純純《讚美詩》獲榮譽獎 · 香港「進念‧二十面體」劇團受雲門舞集邀請來台,演出《百年之孤寂第二年—往事與流言》、《列女傳》 · 北美館推出「法國VIDEO藝術聯展」 · 春之藝廊推出「異度空間展—空間的主題與色彩的變奏」 · 「新繪畫‧藝術聯盟」成立 · 陳界仁「告白25」於美國文化中心開展後被要求撤展,後轉往神羽畫廊展出 · 「表演工作坊」成立 · 「新象藝術中心—新象小劇場」落成 · 「洛河話劇團」成立 · 「皇冠藝文中心小劇場」成立
1985	· 十信案	· 李昂《暗夜》出版 · 《人間》雜誌創刊 · 龍應台《野火集》出版	· 「台北畫派」成立 · 表演工作坊創團作品《那一夜,我們說相聲》首演 · 「筆記劇場」成立 · 《林鉅繪畫實驗閉關九十天》行為表演於嘉仁畫廊展出 · 「舊情綿綿咖啡廳」成立 · 北美館展出李再鈐《低限的無限》引發「紅星事件」爭議 · 北美館推出「德國現代美術展1945-1985」
1986			· 李銘盛《非線》行為作品因發表日期涉及「二二八」,遭警察攔阻,未能實現 · 「當代傳奇劇場」成立 · 「環墟劇場」成立 · 廣電基金會(公共電視前身)與王小棣導演「民心工作室」合製《百工圖》電視紀錄片 · 「表演工作坊」推出《暗戀桃花源》 · 「白虎社」來台演出 · 「息壤1」於台北金帝大廈展出

1986	・湯英伸事件 ・519綠色行動，要求政府解嚴 ・民主進步黨於台北成立 ・滯美的許信良試圖闖關回台，爆發「桃園機場事件」	・《當代》雜誌創刊 ・《文星》雜誌復刊 ・《南方》雜誌創刊	・北美館「1986中國現代繪畫新展望」 ・賴純純《讚美詩》獲「新展望」優選、《無去無回》獲「現代雕塑展」首獎 ・《戀戀風塵》上映 ・「洛河展意」於台北車站地下道演出《交流道》，遭警察持棍棒驅打 ・「洛河展意」於國立藝術館演出《傳聞—時間》不久後解散 ・賴純純與莊普等人成立「SOCA現代藝術工作室」 ・「綠色小組」成立 ・「屏風表演班」成立 ・綠色小組拍攝《桃園機場事件》 ・黃承晃、周逸昌、黃建業、鍾明德、馬汀尼、張照堂等人共同成立「當代台北劇場實驗室」 ・「奶・精精式」首次發表《試爆子宮I－創世紀以後……》 ・「當代傳奇劇場」演出《慾望城國》 ・「雲門舞集」演出《我的鄉愁，我的歌》 ・《恐怖份子》上映
1987	・30多個民間單位及機構為救援雛妓，展開遊行、靜坐 ・台澎地區宣布解除戒嚴，實施國安法 ・《臺灣省戒嚴期間新聞紙雜誌圖書管制辦法》宣告廢除 ・開放大陸探親	・《長鏡頭》雜誌創刊 ・兩廳院正式完工啟用	・「華燈藝術中心」於台南聖心堂成立 ・〈民國76年台灣電影宣言〉發表於《文星雜誌》、《中國時報》「人間副刊」 ・北美館推出「科技　藝術　生活—德國錄影藝術展」 ・侯俊明大學畢業展作品《工地秀》充斥情色文化符號與性別議題，飽受爭議 ・北美館推出「實驗藝術—行為與空間展」 ・「河左岸劇團」根據陳映真短篇小說改編《兀自照耀著的太陽》，於新象小劇場演出 ・「環墟劇場」於北美館「BO2展覽室」演出《流動的圖象構成》 ・《海盜版・我的鄉愁我的歌》於新象藝術中心演出（王墨林監製，王俊傑、陳界仁、胡民山等人共同創作） ・詹明信（Fredric Jameson）及哈山（Ihab Hassan）訪台，掀起對「後現代主義」的討論風潮 ・「表演藝術聯盟」籌備會成立 ・《拾月》結合筆記劇場、環墟劇場、河左岸劇團，在三芝廢棄造船廠與飛碟屋進行展演 ・「零場121.25實驗劇團」成立
1988	・解除報禁，接受新報紙登記及增張 ・救援雛妓「華西街大遊行」 ・蔣經國逝世，李登輝接任總統 ・蔡有全、許曹德台獨案判刑 ・520農民運動 ・「還我土地」運動 ・嘉義吳鳳銅像破壞事件	・「臺灣省立美術館」成立（國立臺灣美術館前身） ・陳傳興於《自立早報》發表〈腹語者的國歌〉，回應新電影「一切為明天」事件	・楊德昌、陳國富、吳念真、朱天文發起，詹宏志擔任總經理之「電影合作社」團體成立。 ・太古踏舞團由林秀偉於台北市成立 ・王墨林、周逸昌、黎煥雄、王俊傑與蘭嶼青年會郭建平等人策畫反核廢料「行動劇場」的《驅逐蘭嶼的惡靈》 ・綠色小組拍攝《蘭嶼反核廢料》 ・《李銘盛＝藝術》第一至三部分於台北東區街頭、北美館演出 ・「優劇場」成立，推出創團作《地下室手記浮士德》 ・省立美術館舉辦「尖端科技藝術展」 ・進念・二十面體、屏風表演班演出《拾月／拾日譚》 ・「伊通公園」成立 ・「時代映畫」更名為「臨界點劇象錄劇團」，田啟元與祁家威合作創團作品《毛屍》 ・陳界仁、高重黎、林鉅、王俊傑於映象觀念工作室展出《息壤2》 ・侯孝賢與陳國富、小野、吳念真為國防部拍攝軍教宣傳片《一切為明天》

1989	・鄭南榕自焚 ・詹益樺自焚 ・六四天安門事件 ・「無住屋者團結組織」成立，發起「無殼蝸牛運動」	・帝門藝術教育基金會成立 ・《影響》雜誌創刊	・「臨界點劇象錄劇團」演出《夜浪拍岸》 ・「臨界點劇象錄劇團」演出《亡芭彈予魏京生》 ・藝文界發起「520藝術實踐活動」、「後520的社會實踐討論會」和「突破舊體制尋求新空間—520藝術實踐聯展評論會」 ・「零場121.25」、「環墟劇場」合作《武・貳・凌》於耕莘文教院演出 ・北投廢火車站「五二〇藝術實踐」聯展 ・「零場121.25」支援「425環境劇坊」演出《孟母3000》大傀儡劇 ・「優劇場」開始研究台灣傳統技藝與民間祭儀，進行身體文化溯源的「溯計畫」 ・北美館推出「包浩斯1919-1933」展 ・響應無殼蝸牛運動，「萬人夜宿忠孝東路」行動聚集近五萬人上街，「反U0」、「四二五環境劇場」與「零場121.25」等劇團也於街頭演出 ・「二號公寓」成立 ・王俊傑、鄭淑麗《歷史如何成為傷口》，由紐約紙老虎電視與台灣綠色小組發行 ・「臨界點劇象錄劇團」《割功送德—台灣三百年史》於台北社子島搭帳蓬演出 ・《悲情城市》獲第46屆威尼斯影展「金獅獎」 ・蔡明亮於「華視劇展」推出電視劇《海角天涯》 ・周逸昌結合「零場121.25實驗劇團」與跨劇團成員成立「葉菊蘭劇場工作隊」，為葉菊蘭及新國家連線候選人助選 ・「優劇場」演出溯計畫《鍾馗之死》 ・綠色小組推出《綠色電視台開播片》
1990	・野百合學運 ・李登輝當選第八任總統	「戰爭機器叢刊」發行	・綠色小組解散 ・蘭陵劇坊停止活動 ・「優劇場」「七彩溪水落地掃」至全省廟口、街頭巡演
1991	・李登輝宣布廢止《動員戡亂時期臨時條款》 ・「一〇〇行動聯盟」成立，要求廢除《中華民國刑法》第100條 ・海峽兩岸關係協會成立 ・萬年國會全部退職	・三毛自縊身亡 ・「財團法人國家電影資料館」成立 ・《島嶼邊緣》創刊	・「身體氣象館」成立 ・「蘭陵劇坊」解散 ・「台灣檔案室」推出「怪、力、亂、神」展 ・北美館開闢「B04前衛與實驗」展間，首檔「公寓—1991」為二號公寓成員展覽，作品在展出期間意外遭受火災破壞 ・倪再沁於《雄獅美術》發表〈西方美術・台灣製造—台灣現代美術的批判〉、〈台灣前衛美術探尋〉、〈台灣美術中的台灣意識〉等專文

主　　編　王俊傑、黃建宏
總 編 輯　龍傑娣
副總編輯　徐明瀚
責任編輯　徐明瀚
特約編輯　唐慧宇
特約執行編輯　張瑋倫
特約文字校對　王淳眉 黃茂善

美術設計・徐睿紳
印刷・凱林彩印股份有限公司

讀書共和國出版集團
社　　長　郭重興
發行人　曾大福
出版者　黑體文化
發　　行　遠足文化事業股份有限公司
傳　　真　02-2218-8057
客服專線　0800-221-029
E-Mail　service@bookrep.com.tw
官方網站　http://www.bookrep.com.tw
法律顧問　華洋國際專利商標事務所・蘇文生律師

共同出版　國立臺北藝術大學
地　　址　臺北市北投區學園路1號
電　　話　02-28961000分機3113
網　　址　https://w3.tnua.edu.tw/

國家圖書館出版品預行編目(CIP)資料

台灣八〇：跨領域靈光出現的時代/王俊傑,黃建宏主編.－初版.－－
新北市：黑體文化出版：遠足文化事業股份有限公司發行, 2022.12

　　面；　公分.--(灰盒子；5)

ISBN 978-626-96680-7-6(平裝)

1.CST: 文化產業 2.CST: 台灣文化

541.2933　　　　　　　　　　　　　　111018973

指導單位・文化部
本研究計畫由文化部「重建臺灣藝術史」補助

定價・新台幣650元　　初版一刷・2022年12月